〔以色列〕加布里埃尔·哈列维（Gabriel Hallevy）/著
陈萍/译

审判机器人

CRIMINAL ROBOTS:
ARTIFICIAL INTELLIGENCE AND
CRIMINAL LAW

上海人民出版社

献给哈蕾尔(Harel)和阿里尔(Ariel)

主编序

彭诚信

前段时间，一篇名为《谨防法学研究的人工智能泡沫》的文章广泛流传并引发热议。其实，学术同行间或也会讨论我国人工智能法学研究是否真的存在学术泡沫。某种质疑或反思声音在社会上的出现，往往事出有因。2016 年被认为是我国人工智能研究的元年，相关数据显示，仅仅一年的时间，2017 年人工智能法学研究的论文就已井喷。但不可否认，人工智能法学研究在我国毕竟是一个崭新的学术热点，多数学者也是初涉该领域；更为关键的是，我国乃至世界范围内实际发生的人工智能案例又着实太少，这些原因导致当下人工智能学术研究缺乏针对性且不够深入。然而，我们也不应扩大这些不足，认为整个有关人工智能的学术领域都存在泡沫。

相反，只要我们承认互联网时代已经到来，人工智能时代的到来就不可避免。因为在互联网世界中产生的数据、信息，犹如虚拟世界中的阳光、空气与土壤，孕育出了人工智能的果实。当下人工智能已经渗入工业、商业、医疗、金融、交通、法律、军事等各个领域，型构了人类生活的人工智能图景，这些应用具体包括人脸、语音识别在内的智能防控系统，外科机器人在内的人工智能辅助医疗系统，无人机、无人车、无人艇在内的自动驾驶系统，各种智能生活工具、智慧城市系统的设立等。在这样的背景下，法律人如果回避人工智能的学术研究，便等于是对现实生活的无视。实际上，目前诸多企业对人工智能的研究与开发已远远走在理论研究者前头，这更应引发学界正视人工智能法学研究。

正是基于这一紧迫的时代情势，“独角兽法学精品 · 人工智能”第二辑继续推介国外法学学术精品，期待通过持续努力，能够为人工智能的法学学术研究提供有益素材，为“谨防法学研究的人工智能泡沫”作出实际贡献。

二

本辑是“独角兽法学精品 · 人工智能”的第二辑，在第一辑出版三部译著的基础上，本辑又精选了三部著作进行翻译，分别是美国学者柯林斯(Ronald K.L.Collins)和斯科弗(David M.Skover)教授的《机器人的话语权》(王黎黎、王琳琳译)、以色列学者哈列维(Gabriel Hallevy)教授的《审判机器人》(陈萍译)以及英国学者赫里安(Robert Herian)教授的《批判区块链》(王延川、郭明龙译)。

《机器人的话语权》主要是围绕美国宪法《第一修正案》为什么必须包含并保护机器人表达提供辩护和理由。作者对通信技术及其引发的审查制度进行了历史性回顾，提出机器人表达所传输的是“实质性信息”，即使是机器人发送或者接收的信息，但只要这些信息对于被接收方而言是可识别的，那么这些信息就是交际性言论，而应被视为“言论”。在此基础上，通过“无意图言论自由”规则界定机器人表达具有“效用”价值，从而提出《第一修正案》能够包含并保护机器人的表达。较为难得的是，本书作者特意邀请的几位评论教授也作出了针对性评论，甚至是争论，如格林梅尔曼(James Grimmelmann)教授明确指出将机器人传输视为言论的观点有待商榷，甚至并不正确；诺顿(Helen Norton)教授认为作者提出的“效用”准则也值得质疑。作者对这些评论和质疑作出积极回应：本书关注的是机器人言论表达的潜力；要正确区分《第一修正案》可能包括的活动和受其保护的言论之间的区别；强调“效用”是一种保护机器人语言的概念框架；针对潜在危险，可以通过技术和法律进行功能性解决，同时不影响保护知识的生产者。因此，机器人表达在许多情况下不仅需要被《第一修正案》所囊括，而且也需要被宪法所保护。相信作者与评论者的评议以及针对评议的回应，将有助于读者更为深入且有趣味地了解本书主题。

《审判机器人》是以色列奥诺学院法学院哈列维教授探索人工智能刑事责任的最新力作，并且是用中文在全球首发。哈列维教授是国际社会中较早关注人工智能刑法问题的法学专家，他的系列文章和相关著作在全球学术界已经产生非常广泛的影响。本书试图解决的问题是，随着人工智能在商业、工业、军事、医疗和个人领域的使用日益增多，如果人工智能系统对人类社会造成损害，现有的刑法制度该如何应对？ 哈列维教授的答案十分明确：在世界各国现有的刑法体系中，追究刑事责任都要求事实要素和心理要素；对于这两种要素的要求，人工智能都能够符合，因此其可以承担刑事责任。对人工智能的刑事处罚，也与自然人一样，涵盖死刑、自由刑、财产刑、社区服务、缓刑。他同时强调，人工智能实体承担刑事责任，并不减少涉案自然人或法人的刑事责任，根据不同情况，可以通过间接正犯、可能的后果责任机制等对其予以追责。据此，哈列维教授阐述了一个关于人工智能刑事责任的综合性法学成熟理论，从现有刑法中识别并选择出类似原则，提出针对多元情形下各种自主技术的刑事责任的具体思考模式，并通过列举人工智能现实应用场景中可能发生的犯罪案例，据其理论作出了相应解答。

《批判区块链》一书在肯定区块链颠覆性的基础上，对目前的区块链“生态系统”进行了多层次批判。作者认为区块链的应用并未惠及普通民众，而只是大企业赚取钱财的工具。从这个角度上而言，区块链偏离了设计者的初衷。国家对区块链这个新业态的发展，基本上持观望态度，目前针对区块链的规制模式亦因此主要表现为民间模式。由于缺乏国家力量的推动，区块链为全民服务这个目标难以实现。作者认为，为了实现“区块链向善”的目标，应该杜绝“区块链技术万能论”这种错误观点的炒作，加强对普通民众的区块链教育，同时建议政府提前介入，引导区块链走向促进社会福祉的道路上来。

整体来看，本辑既有从宪法话语权视角对人工智能体（机器人）言论问题的讨论，也有从刑法视角对人工智能体犯罪问题的研讨，更有从政府管制或政治经济学视角对区块链规制问题的审视。与第一辑集中于人工智能私法具体问题的讨论相较，本辑三部译著的立意更为宏大与高远，两辑相应和共同构成了人工智能法学研究的多维视角。这也从另一个侧面说明有关人工智能的研究已经渗透到更为广泛的法学领域，如果不是全部的话。

二

三部译著宏大理论视野中体现出来的观念与理论分歧，仍在提醒着学界切莫忽视有关数据、信息及人工智能等基础理论研究，因为所有争论在某种意义上都可归因于相关基础理论的模糊甚至缺失。

《机器人的话语权》是有关机器人话语权应否适用《第一修正案》的争论。其要点在于，在越来越多具有语音或语言功能的机器人中，其表达是法律上的言论，抑或仍为机器人处理和传输的数据？ 如果构成言论，那是谁的言论，是机器人自身，还是公司、公司员工、数据源、用户或其他对培训数据作出回应的用户的言论。总结说，核心的法律问题是，机器人能否作为独立的法律主体？ 其表达内容是言论，是算法，抑或是数据的表现形式？ 只有清楚了这些基本问题，才能更好地讨论机器人的话语是否适用《第一修正案》。

尽管哈列维教授在《审判机器人》一书中的观点明确而肯定，即人工智能体符合承担刑事责任的事实要素和心理要素，也可跟自然人一样，也可被处以死刑、自由刑、财产刑、缓刑、社区服务等各种刑罚；法律并可根据具体情况，依据间接正犯或其他可能的后果责任机制，令相关的涉案自然人或法人承担相应的刑事责任。但具体到机器人的犯罪构成与刑罚承担，还是有诸多问题需要深入讨论。例如，应如何判断机器人犯罪事实构成中的行为要件以及故意或过失心理要素？ 是判断具体机器人的行为或心理，还是判断算法设计者或机器人生产者的行为或心理？ 当依据间接正犯理论判由机器人或相关自然人或法人分别承担刑事责任时，应如何确定机器人与相关自然人或法人的法律关系？ 对于诸如正当防卫、紧急避险等免责事由的判断，对人工智能系统应如何认定？ 所有这些疑问涉及的核心问题依然是，机器人能否以及如何作为法律主体？ 如何认定机器人的意志与行为？ 机器人与算法设计者、机器人生产者的关系如何？ 上述问题不仅涉及法律，而且也涉及伦理学、工程学等多学科知识。

《批判区块链》一书尽管形式上讨论的是政府对区块链的管制，甚至论及了政治与社会经济政策问题，但实质上，该书却触及更为深刻的有关数据与人工智能的核心基础理论。应该说，区块链（更广意义上的智能合约）当中所有的数据都应该是公用的，亦即区块链上的数据皆应为公共数据。在此基础上，区块链事后记录不能被更改或删除，唯此方能确保区块链的永恒不可变性，这被认为是区块链最令人满意的特性。区块链所谓的透明度创造和信任能力的培养都是基于该特性产生。但 2018 年 5 月欧盟《一般数据保护条例》（General Data Protection Regulation, GDPR）的颁布，尤其是其中个人数据删除权（被遗忘权）的赋予，与区块链的设计原则相冲突，并从根本上动摇了这一特性。因为在区块链环境中，其体系结构的设计目的就是要在技术上防止个人数据的删除或擦除。若承认并严格遵守个人数据删除权制度逻辑的话，则要建立实施解锁链（undoing chains）机制，区块链透明度的创造以及培养信任的能力便会从根本上发生动摇，其永恒不可变性自然也会因此消解，甚至可以说区块链的生存环境便不复存在。由此提出的更为核心的法律问题是：在区块链环境中谁来控制个人数据？ 个人数据本应属于谁、应由谁来控制？ 这是《一般数据保护条例》与区块链争论的关键问题。要厘清这些问题，就必须回到人工智能法学研究的基础问题上来，即须从数据、信息以及隐私的基础理论说起。

三

数据是一种资产或资源，有观点甚至认为，如果数据（尤其是在网络空间中）不让人（含企业法人、非法人组织等）自由利用的话，便是一种道德上的恶，因为它阻碍了数据以及人工智能产业的发展，也从根本上阻碍了互联网社会的发展。这种观点尽管凸显了网络数据的积极价值，但却忽视了任意使用数据（信息）的潜在危害，尤其是数据中包含个人隐私的话。包含个人隐私的数据若被他人任意使用，不仅会损害人的尊严，而且也会造成人在社会上更大的不自由；这不仅违反了法律，也是更深层道德意义的恶。因此，在法律上厘清数据、信息以及隐私的关系便尤为重要。

（一）何为隐私?

我国《民法总则》同时规定了隐私和个人信息，但并未界分两者的具体内涵，由于这一立法格局在未来《民法典》中也几乎也不会发生变化，因此正视并科学界定隐私与个人信息的区分便成为法释义学上的一项重要任务。互联网时代的到来催生了社会对个人数据与信息流转的迫切需求，也倒逼法律对个人隐私范围作出相对明确的规定，从而为数据、人工智能产业的发展清除模糊区域、扫除相关障碍。

隐私在我国法中的应然内涵应当采取狭义理解，即主要是关涉自然人自然存在与社会存在的在自由与尊严方面不愿为他人所知的信息，如关涉性的取向与选择、基因等信息。既然我国《民法总则》同时规定了隐私与个人信息，那么隐私便不应被个人信息所包括。学界通常使用的敏感信息与非敏感信息等术语，并非严格规范意义上的法律术语。法律上的隐私与敏感信息的关系也远非清楚，因为若敏感信息仅是对《民法总则》中个人信息的分类，那这种分类本不应涵盖应然意义上的隐私内容；反过来，若敏感信息可包含隐私内容的话，那这种分类便混淆了

《民法总则》中隐私与个人信息相互独立的界限。这也是我国学界和实务界混淆隐私与信息内涵的其中一个具体表现。

隐私权的人格权定性无论是在理论界还是实务界，几乎没有任何争议。狭义的隐私内涵与严格的人格定性也决定了隐私不能自由交易和公开，哪怕权利人同意，也不能任意处分，因为它关涉人在社会上自由与尊严的基本存在样态，法律必须要严加保护。无论现实社会对数据的利用有多迫切，数据与人工智能产业的发展也不能突破法律底线：即自然人的隐私权利不容任何方式或理由予以侵害与妨害。

（二）何为个人信息？

在对隐私采狭义理解的基础上，个人信息应是去除隐私之外作为独立保护客体的信息。对个人信息的这一界定尚有若干要点需要明确。第一，有关个人信息的法律属性是人格利益还是财产利益的争论，尽管有多种观点，但将其界定为人格利益属性还是相对更为合理。因为信息多属于人的社会属性，是人的社会存在形态的体现，而人格便是人的社会存在基础，即自由和尊严。把信息界定为人格利益，体现了对人的社会（包括虚拟世界）存在样态的尊重。个人信息的人格利益定性并不妨碍个人信息中包含财产属性。把隐私跟个人信息严格区分的主要目的之一，便是要让个人信息可以为他人利用。也就是说，信息主体可以将其个人信息行使商品化权或公开化权的方式为他人（含法人等主体）利用，只不过要征得信息主体的同意以及其他法律的外在限制。

第二，至于被界定为人格利益的个人信息如何被利用，现在讨论的核心问题是事前征得信息主体的同意，实践中发展出了所谓的“三重授权许可使用规则”。依据这一规则，开放平台方直接收集、使用用户数据需获得用户授权，第三方开发者通过开放平台 Open API 接口间接获得用户数据，需获得用户授权和平台方授权。然而，这种同意模式一则对信息控制者与使用者来说很不效率，而且信息主体的同意内容也不尽相同，为保证信息主体同意相同内容与提高效率，那也只能通过格式合同的方式。这无疑会大大增加信息控制者与使用者的成本，且在发生争议时也难以起到应有的风险防范作用。在根本上，这种同意模式也并没有实现对信息主体应有的基本尊重与利益保护。信息主体或是不得不同意；或者即便同意也得不到应有的利益保护，甚至有时交出去的是个人信息，换来的却是伤害，如大数据杀熟、算法歧视、预测性识别等现象的存在。可见，一对一的事前同意规则并不符合网络社会发展的客观要求与应然逻辑。因此，需要予以强调的是，对于个人信息的利用，即便是以个人同意为前提，但也要设计出一种既能符合互联网社会要求，又能体现尊重与保护信息主体利益的现代而科学的同意方式。

第三，掣肘个人信息使用的深层矛盾不在于个人信息的定性（无论是否定性为人格利益，都可以让渡），也不在于同意规则的设计（人类总能设计出更为理想的同意规则），而在于如何让个人信息所有者在最低程度上不受到侵害，在中级程度上得到信息利用者所得利益的分配与分享，在终极意义上感受到对自由与尊严的尊重。经常有人说，个人信息在单个人手中并无价值，而只有通过收集、加工与整理等过程，其价值才得以彰显。但这并不能证成让信息所有者放弃其个人信息的正当性，一个人不看电视，并不能证成放在其家里的电视可被他人随意取走。上述观点更不能证成信息加工者任意、无偿取得他人信息的正当性，何况这会给信息加工者带来利益。尤其是当信息加工者通过大数据的整理，反过来又侵害无偿信息提供者时（如大数据杀熟现象的产生），就更具有"恩将仇报"的意味。因此，如何设计出能让信息提供者切身感受到信息利用的制度红利，或许是解决当下个人信息使用现存矛盾的关键，如通过设立特定税收、基金或信托方式，均不失为一种新的探索途径，但关键是这些税收、基金、收益的使用目标与路径，能让信息提供者获得制度红利的反哺。在这个意义上，除了隐私，没有不可让渡不可利用的信息，关键是利益分配方式。这种利益分配（直接表现为个人信息的价格）未必是信息控制者、利用者与信息所有者之间谈定，而是应通过符合互联网社会发展的应然制度设计。我们有必要再次强调，让信息提供者感受到制度红利，未必是利用者与信息提供者之间通过合同买卖来实现，或者本不应通过此种途径实现，而是可通过宏观的分配制度间接实现信息提供者利益的保护。

第四，对个人信息主体予以尊重的法律途径是赋予其特定权利，比如同意权、知情权、查询权、可携带权、删除权(被遗忘权)以及红利受益权等，其中有些权利名称(如红利受益权)主要是在描述意义而非在法律规范意义上使用。这些权利的具体实现可通过各种更为实效的符合互联网络思维的路径来实现，比如同意权的设计，即需要突破现行的一对一签约形式；知情权、可携带权的范围也要进行准确界定；删除权与区块链的矛盾也要从根本上解决；而红利受益与分配制度，更要通过多元的制度相配合等。

(三) 何为数据?

尽管《民法总则》也同时规定了个人信息与数据，但从个人角度来看，个人数据与个人信息难以实际区分，或者说两者在本质上应该是相同的。如果一定要从信息学技术意义上把两者区分开来，将数据(date)界定为以0和1二进制单元表示的信息，数据就是以适合通信、解释或处理的形式表现的可复译的信息，国际标准化组织(ISO)即采此定义；而信息即指在特定上下文中具有特定含义的关于特定对象(例如事实，事件，事物，过程或想法，包括概念)的知识。然而，这样界定的个人数据难以具有法律意义，具有法律意义的实为信息。当我们在法律内部谈论数据时，主要不应站在个人的立场。而现在在世界范围内，站在个人立场设计的相关法律文件，无论使用的是个人数据，还是个人信息，在本质上都是个人信息。

其实，数据概念主要是为信息主体之外的数据控制者、加工者与利用者所使用，对于这些主体而言，他们拥有的客体仅为数据。尽管在这些数据中也包含众多主体的个人信息，但由于数据经加工已对个人信息进行脱敏、加密处理，该信息已不再跟具体个人发生关联，所以可把他们整理、交易的客体称为数据。

数据主要体现为财产属性，可以为数据主体自由交易，为他人利用。但数据毕竟在本质上是众多个人信息的整合或集合，只不过经过脱敏等技术使得信息与其主体无法或不能直接发生关联。因此，一定要尽力避免数据交易的法律风险，即一定不能泄露、侵害他人信息与隐私，否则就会有承担民事、行政乃至刑事责任的法律后果。这也决定了数据与个人信息的具体法律关系，必须要由法律专门作出相应规定，比如对信息加工、脱敏的具体要求，如何设计个人可携带权、知情权等权利类型与具体保护方式等。

厘清数据、信息与隐私等概念的基本内涵与法律界限，是讨论虚拟空间中各种法律关系的前提，也是讨论人工智能如何健康发展的前提。正是在此意义上，数据才是人工智能的阳光、氧气、土壤与食粮，是人工智能得以存在的前提。而数据若要成为人工智能的养分，那还必须通过光合作用(即算法)来完成。

四

目前，具有全面思考能力，能够自主从事创造性劳动的通用人工智能体尚未出现，更不要说超级人工智能体了。所以，我们讨论的还仅是单一功能的专用人工智能体，如人脸、语音识别功能、自动驾驶功能、单一医疗诊断功能等。算法也主要是依附于人工智能体所要发挥的具体功能来设计。算法的复杂程度取决于人工智能体所欲实现功能的精细度与准确度等因素。复杂算法的实现则取决于具体算法层次以及各个层次之间的相互关联。算法做到何种程度的层级划分以及实现何种程度的关联，人工智能体才具有深度学习能力，完全是技术问题。法律主要关心的问题是，一旦人工智能体具有深度学习能力，法律则极有可能确认其与自然人相似、相同或甚至超越自然人的意志能力，而将其作为法律主体对待。当人工智能体具有意志能力并有深度学习能力的时候，此时的算法已经摆脱了人的控制。当人工智能体摆脱人为设计的算法控制之后，才是真正意义上的人工智能体，也将成为法律主体；当下的人工智能体还主要是表现为智能工具、智能产品，在法律上一般还是应作为客体对待。

在算法为王的大数据环境下，基于数据驱动的人工智能自动化决策常常表现出算法“黑箱”，算法解释和监管问题因而浮出水面。否则，内含算法黑箱的人工智能产品由于偏见势必对现实世界造成很大的价值观冲击，极端情况下甚至会引发新的社会治理矛盾与危机。问题是，如何能够实现算法的可解释性？

首要路径是算法透明。然而，对于专用智能体，要求设计者或研发者公布其算法是否具有正当性？如果法律强制算法公布，又当如何对算法进行审查？实质审查还是形式审查？其实，如同自然人的出生，谁能要求公布自然人的产生密码？又是如何能够做到必须公布？对于人类的产生主要有两大理论：一是上帝造人，另一个是进化论。无论遵循哪一观点，人类一旦产生，我们即不能了解彼此的想法，外人无从知悉我正在思考什么。尤其是当人工智能体有了深度学习能力之后，试图让算法透明更是无从实现。在此意义上，尽管在技术上可以进行各种克服黑箱的尝试，但人工智能体的算法黑箱在本质上已是一种客观存在。

客观存在的算法黑箱是否就无法控制？答案显然是否定的！就像自然人一样，尽管个个都有自主思考能力，但仍受法律的控制，途径就是课以法律责任。对于人工智能体也同样如此，即便存在算法黑箱，也可以通过课以法律责任予以控制。问题是如何设计出妥适的责任分配机制，是让人工智能体自己承担责任？还让其背后的研发者、生产者、销售者、使用者等主体承担责任？还是若干主体之间共同承担责任？若让人工智能体独立承担责任，此时人工智能体就像公司一样成为独立的法律上的人。当特定股东利用公司为不当行为时，法律利用“刺破公司面纱”制度否认公司人格，从而追究有责股东的责任。同样的，当人工智能体利用算法“黑箱”为侵害行为乃至犯罪行为时，法律也应否定人工智能体的人格而追究那些有意设计或生成恶算法的特定主体的责任。此点跟哈列维教授在《审判机器人》中的观点非常近似，即人工智能体、算法设计人及其他相关主体可各自承担相应的刑罚。问题是，若人工智能体自身创造了“不良数据”、“不良算法”造成对他人的侵害该怎么办？法律责任应该如何设计？此种情形，刑事责任或者可以让人工智能体独立承担，或者该问题的讨论因过于遥远已无实际意义。因为我们所讨论的人工智能体的意志能力（如果有的话）仍旧位于自然人之下，即属于弱人工智能（即机器智能）的情形。如果其意志能力大于或等于自然人的话，即社会已处于通用人工智能体或强人工智能体时代，自然人或最多只能与人工智能体共处，或自然人已经成为通用人工智能体或强人工智能体的客体。用当下自然人的理解去讨论那个时代的问题，可能不合时宜。

五

算法“黑箱”提出的问题本质是，如果人工智能时代真的到来，人类仅靠技术、法律能否理想地解决人工智能体引发的社会问题。一个假想的问题是，若人工智能时代真的到来，我们希望通用人工智能体或强人工智能体是什么样的人？希望他们会为那时的社会带来什么？期望人工智能体与自然人的法律和伦理关系应该怎样？我们希望人工智能体是魔鬼，还是天使？即便人工智能体成为恶魔，那也恰是自然人自己创造的，是自然人自己喂它含有“魔鬼 DNA”的数据以及恶的算法造成的。算法是人工智能体的魂灵，若要使之具有天使般情怀而非魔鬼般恶毒，设计算法之始就应包含尽可能完善的法律规则与尽可能崇高的伦理规则，如此才会尽可能确保人工智能体作出正确选择。

人工智能体所有功能的实现，都是通过算法并利用数据加工的结果，数据因此成为人工智能体得以存在的阳光、雨露、空气、土壤与食粮。人工智能体能否健康发展与成长，或许会受其产生土壤、呼吸空气以及入口营养(即数据)质量的影响。如果人类希望人工智能体具有天使般情怀的话，就应该让人工智能体在未受污染的土壤中生长，呼吸没有雾霾的纯净气体，饮食含有“天使般DNA”的健康食粮。一句话，人工智能体依附的数据要健康。所谓健康的数据就是一定不能包含侵害他人隐私的数据，须是经得信息主体知悉同意并有效脱敏加工的数据。

在互联网世界中，数据是一种资源，也是资产，应该且能够为人类所共享，只不过此种共享应该受到法律与伦理等规则的限制。最重要的是要把这种追求公正的法律规则与追求善的伦理规则嵌入算法之中，让人工智能的发展不但有健康的外部生长环境，更要有天使般的内在心灵。这不仅需要融合技术、逻辑、统计以及控制理论等科学知识，更要融合法律、伦理、哲学等人文情怀，将基于科学知识的人工智能、包含人文情怀的人工智能附加于数据驱动的人工智能之上，才是人工智能发展之正途。

再一次予以强调的是，人类为谋求所谓的经济发展，曾对自然生态环境尝试采用先污染后治理的方式，这也已经让人类受到了足够教训与尝尽苦头，且在一定程度上也在减损着人的自然健康与生命存在。伴随着互联网络社会的到来，无论人类为谋求所谓的数据经济及人工智能的发展，对于数据、信息的利用有多么迫切，提出何等全面的正当性论证，但为了人类在终极意义上的生存，对于关涉人之自由与尊严的隐私绝不能采用先自由使用后严加管理的方式，否则，后果将不堪设想。应然法律意义上的数据可以相对自由地予以利用，但要避免其中存在的法律风险；应然法律意义上的个人信息尽管也都可以为他人利用，但要受到法律相对严格的监管与控制；应然法律意义上的狭义隐私，无论如何都不能为他人利用，法律会予以绝对保护。如果个人信息，尤其是隐私，能为他人自由利用的话，这就不仅仅涉及某一个体的自由与尊严问题，也不仅仅涉及国家安全问题，更为重要的是，它已涉及人类的基本安全问题，涉及人能否在最终意义上存在的问题。当人没有或不再在意最后一块遮羞布的时候，再讨论其他已经毫无意义!

六

人工智能时代的到来让人类兴奋，但缘何又让人类极度担心，甚至焦虑？ 个中原因除了人们担心的个人隐私、信息等个人尊严受到侵害之外，最为关键的是人类恐其自由意志被人工智能所控制。

意志自由是人类的本质，但现实中人无时不被外因所操控，情感、虚荣、荣誉等，都是干扰自由意志的外在因素。一个小小的奖励，一个虚荣的头衔，一次荷尔蒙的骚动，都可以影响人们的意志。这些原本可以为人类所控制的东西，很多时候都不能控制，甚至无意识地被外力牵引。这也促使我们不得不思考，人类的意志能否避开由算法驱动的人工智能体的影响？ 人工智能发展带来的各种理念变化、价值观选择，在某种程度上也很有可能，甚至很容易植入人类的意志，使得人类的生活轨迹逐步发生偏离。多少有些可悲的是，人类的自由意志始终难以摆脱被操控的命运，而科学、技术的进步与成熟，却又在加重人类的这种宿命。人类自己能否摆脱这一宿命，意志自由到底应该由谁决定与掌控？我们或许永远不得而知，但我们至少可以提醒自己，尽最大可能保持自我，不要偏离生命的底线。

对于人工智能体，亦当如是：我们要时刻提醒自己尽量在人工智能算法中预设尽可能完善与崇高的法律与伦理规则，方有可能使人工智能在未来以天使之心对待人类。《机器人是人吗？》一书正文最后一句话说的也是这个道理："如果我们把机器人当成人类一样对待，它们也会使我们更具人性。"用天使般的心彼此对待，人类与人工智能体才能互不伤害，也才能各自放飞自由意志，实现人类之尊严。这或许就是数据、算法、人工智能体与自然人的应然法律与伦理关系。

上海交通大学凯原法学楼

2019 年 7 月 4 日

目录

第二章 故意犯罪中人工智能的刑事责任

第三章 过失犯罪中人工智能的刑事责任

第四章

严格责任犯罪中人工智能的刑事责任

第五章

一般抗辩对人工智能刑事责任的适用性

第六章

人工智能实体的量刑

中文版序 8

在绝大多数现代国家，自动驾驶汽车、手术机器人、工业机器人、交易算法、个人机器人和其他人工智能实体正在被普遍使用。这些用途可以是个人的、医疗的、军事的、商业的或工业的。当自动驾驶汽车涉及交通事故罪、手术机器人涉及医疗事故罪、交易算法涉及欺诈罪等情况发生之时，就会产生刑事责任问题。那么，谁应对这些罪行承担刑事责任：制造商、程序员、用户或人工智能实体本身?

技术世界瞬息万变。在从事简单活动方面，机器人和计算机正更加频繁地取代人类。只要人类仅仅将计算机当作工具，计算机和螺丝刀、汽车或电话之间就没有任何显著区别。但是，随着计算机变得越来越复杂，我们开始认为，它们为我们“思考”。当计算机从“思考机器”(thinking machine)(被编程来执行计算等特定思考过程的设备)进化成不加引号的思考机器(换言之，人工智能)之时，问题开始出现。人工智能就是机器模仿智能行为的能力。

人工智能是在计算机上模拟人类行为和认知的过程。因此，它是对整个智能思维领域本质的研究。人工智能研究开始于 20 世纪 40 年代和 50 年代初。从那时起，人工智能实体已经成为现代人类生活不可或缺的一部分，它的运行方式比其他普通工具复杂得多。这些实体会变成危险吗? 事实上，正如上述事件所证明的那样，它们已经成为危险。

人工智能和机器人正在进入日常现代生活。目前，法院或监管部门正面临上述某些问题。但是，很少有文献全面地分析并评估具有不同程度自主权的机器人、机器或软件的责任。

9 涉及人工智能系统犯罪的责任概念尚未得到广泛研究。先进的技术使社会面临全新的挑战，不仅包括技术挑战，也包括法律挑战。特定情况下，人工智能系统的刑事责任理念正是这些挑战之一，应当予以深入探讨。其中的主要问题是，谁应该对涉及人工智能系统的犯罪承担刑事责任。答案可能包括程序员、制造商、用户，或许还有人工智能系统本身。

2009 年，我在美国和澳大利亚发表了几篇具体探讨该问题的文章。这些文章探讨的具体内容似乎对开启该问题的学术讨论发挥了重要作用。这些文章的主要思想是，刑法不应该改变技术，而是应该主动适应现代技术的发展。我的文章还呼吁思考并反思对机器和软件赋予刑事责任的理念。也许，并不应该对机器赋予刑事责任，但是，如果刑法的基本定义没有改变，那么这一怪异的结果却是不可避免的。

我的每篇文章都获得了许多评论，对此，我需要对这一理念进行限制性概括。该理念的第一个概括是，它仅限于有形机器人，这些机器人配有人工智能软件，实施杀人罪的具体犯罪，而且并非衍生性刑事责任(derivative criminal liability)。2013 年，拙著《当机器人杀人之时》(When Robots Kill)由新英格兰大学出版社(UPNE)和东北大学出版社在美国合作出版。尽管该书是一本学术性书籍，但它的目标受众却旨在涵盖法律学者之外的广大读者。

这本书被认为是具有创新性的。《华盛顿邮报》(Washington Post)、《波士顿环球报》(Boston Globe)、《纪事评论》(the Chronicle Review)①和《喧嚣》(the Hustle)②等媒体均发表过相关书评。相关评论更是不胜枚举。其中，一些评论呼吁对这一问题进行最终的、全面的学术概括，不局限于有形机器人，亦不局限于杀人罪，应涉及衍生刑事责任问题。

① 译者注：《纪事评论》(the Chronicle Review)是《高等教育纪事报》(the Chronicle of Higher Education)的下属杂志，涵盖文化、学术趋势、出版、高等教育政策和学术生活等领域。

② 译者注：《喧嚣》(the Hustle)是美国同名公司为政治、高等教育和非营利组织等领域提供的一款点对点文本消息平台。

但是，随着机器人的使用与日俱增，更多的问题不断涌现。虽然《当机器人杀人之时》已经给出明确答案，但法律界之外的同事和科学家邀请我撰写一部新的专著。这次是关于人工智能系统。于是，拙著《涉人工智能系统犯罪的责任》（Liability for Crimes Involving Artificial Intelligence Systems）于 2015 年由斯普林格（Springer）出版社在欧洲出版。

人工智能技术界对法律问题的认识也相应有所提高。很多学术论坛 10
（文章和学术讲座）以及学术论坛之外的其他场合（包括高科技产业和志同道合之士），都邀请我解释如何实施这些理念。现在的情况似乎是，学术界之外的公众所要求的答案，确实是官方法律系统无法提供的。

2016 年和 2017 年，匈牙利布达佩斯“脑吧”（Brain Bar）[①]公开节两次邀请我就相关问题发表演讲（2016 年：涉及杀人罪的机器人；2017 年：与机器人的爱与性）。2018 年，鉴于超级智能和后生物学（post biology）的发展，罗马尼亚布加勒斯特的特德克斯（TEDx）邀请我就“思考的未来”发表演讲。当然，我还接受了很多其他邀请。每次，我都能感觉到人们对答案的渴望。这种渴望如此真实，它与我在美国和欧洲关于这个问题的学术讲座中所感受到的学术界对答案的渴望毫无差别。

2019 年，上海人民出版社邀请我向中国读者介绍这些理念。不过，在此期间，人工智能已经出现了全新的发展，它们应当纳入新的专著之中。于是，本书应运而生。

我们所需要的是一本专业的学术教科书来解决这个问题，尽管它可能不太适合广大公众阅读。这本书是对这一问题最终的、全面的学术概括。这本书表达的整体理念涉及所有类型的先进人工智能系统（自主运行的系统和遵循计划的系统）的所有类型的犯罪的所有刑事责任模式（直接责任和衍生责任）。涉及这些犯罪的人工智能系统可能是主犯、共犯，

① 译者注：“脑吧”节创立于 2015 年，融合技术会议和音乐节的年度盛大节日，专注于自由交换思想而非单向沟通，鼓励观众直接与演讲者沟通，旨在创造一个具有挑战性、智力性和包容性的环境。2018 年，该活动吸引来自世界各地的 10000 多名参会者以及超过 38000 人的直播观众。

也可能仅仅是犯罪工具。本书的主要观点之一是，或许至少目前尚不应当赋予技术系统刑事责任。但是，如果刑法的基本定义没有改变，那么这种怪异的结果则是不可避免的。

本书的目的是发展出关于人工智能和机器人刑事责任的综合的、一般的和复杂的法学理论。除了人工智能实体本身之外，该理论还涵盖制造商、程序员、用户和所有其他相关实体。通过对现有刑法原则的确认
11 和类比，该理论提出在各种合理状况下由各种自主技术承担刑事责任的具体思维方式。

第一章包括一些基本概念的探索，本书展开的后续章节均以这些概念为基础予以构建。本书讨论两个主要问题：(1)什么可以被认为是人工智能实体？(2)追究刑事责任的必要条件是什么？

因为刑法并不依赖于道德(moral accountability)，所以关于机器道德责任的争论与这些问题无关。虽然，有时刑事责任、某些类型的道德责任和某些类型的伦理责任之间存在重叠，但对于追究刑事责任而言，这只是巧合，而非必要。

刑法适用于机器的问题还涉及两个相互关联的次要问题：(1)刑事责任是否适用于机器？(2)刑事处罚是否适用于机器？

第一个问题是刑法的核心问题，是否追究刑事责任取决于是否满足刑事责任的要求。只有满足刑事责任的要求，惩罚——即人类社会如何惩罚机器——的问题才会出现。本书中提出的答案对这两个问题都是肯定的。第二章至第五章研究第一个问题，第六章研究第二个问题。如果接受本书中的肯定答案，那么事实上，我们已创造了一个全新的社会实体，即机械犯罪人(machina sapiens criminalis)。①第一章研究机械犯罪人的出现。最后，本书的研究回答以下问题，即人工智能实体是否可以被

① 译者注：machina sapiens criminalis 是作者原创词汇，源自 machina sapiens(可译作机器智人、机械智人)。因一般在生物史学中多严格使用智人(sapiens)，通常语境亦可译作——人(sapiens)，另与 robot(机器人)相区别，并借鉴电影《机械姬》(Ex Machina)的内容和译法，machina sapiens 在本书中译作“机械人”。machina sapiens criminalis 是 machina sapiens 中的特殊主体，对应于“犯罪人”与“人”，故 machina sapiens criminalis 在本书中译作“机械犯罪人”。

认为应对犯罪行为承担法律责任(如果不是道德责任的话),并应受到刑事处罚。

本书聚焦于人工智能实体的法律责任,故而并未正式涉足伦理(包括机器人伦理)和道德的相关领域。然而,本书中关于刑事责任的讨论为深入考虑相关伦理问题奠定了基础。鉴于日常生活中人工智能实体数量不断增加,这些探讨将是必要的。对此,本书构建了一个应有的框架,有助于对这些问题进行具体性和功能性的探讨。

我非常感谢上海人民出版社邀请我向中国读者介绍这些理念。另 12
外,我非常感谢陈萍博士将书稿翻译成中文。最后,我非常感谢我的女儿们——哈蕾尔和阿里尔,感谢她们一直以来与我展开硕果累累的探讨。

以色列奥诺学院(Ono Academic College)法学院教授

加布里埃尔·哈列维

推荐序

非常高兴看到《审判机器人》的中文翻译能够成功出版。人工智能的刑事责任问题是我最早关注并将其作为重点研究主题的。近年来，本人的相关论作在国内外学术界业已形成一定规模、特色和影响。本书作者哈列维教授的很多论证和观点与我不谋而合，阅读本书时，颇有惺惺相惜、相见恨晚之感。

第一，关于人工智能社会风险的刑法应对。我的主要观点是，面对人工智能技术现在已经带来和将来可能产生的风险，刑法应发挥为社会稳定健康发展保驾护航的作用。对于智能机器人的研发者和使用者的行为，以及智能机器人产生独立意识和意志之后自主决定并实施的严重危害社会的行为，刑法的干预和刑罚的设置应保持适当的限度，既不能让滥用人工智能技术的行为破坏社会的稳定发展，又不能让刑法的过度干预阻滞人工智能技术的创新。哈列维教授也持相似观点，他在书中表达的整体理念涉及所有类型的先进人工智能系统（自主运行的系统和遵循计划的系统）的所有类型犯罪的所有刑事责任模式（直接责任和衍生责任）。书中的核心观点是也许目前尚不应当赋予人工智能实体独立的刑事责任，但随着人工智能技术的突飞猛进，将来让人工智能实体独立承担刑事责任这一结果是不可避免的。

第二，关于智能机器人的刑事责任主体地位。我的主要观点是，在弱人工智能时代，智能机器人在设计和编制的程序范围内实施严重危害社会的行为，实际上是研发者或使用者行为的延伸，应当由研发者或使用者承担刑事责任。与传统犯罪相比，研发者或使用者之间的刑事责任分配会随着智能机器人“智能”的增长而有所不同。智能机器人“智能”的增长还会影响对行为人量刑的轻重，甚至可能影响对行为人行为的性质判断。智能机器人在自主意识和意志的支配下超出设计和编制的程序范围实施严重危害社会的行为时，应将其作为刑事责任主体进行刑罚处罚。对此，哈列维教授从犯罪事实要素和心理要素要求的角度，分别论证(1)强人工智能实体(即自主运行的人工智能系统)不但能够符合犯罪事实要素(行为、情节、后果)的要求，同时也能够符合心理要素(故意、过失、严格责任)的要求，应当独立承担刑事责任。在此基础上，哈列维教授还进一步探讨了一般抗辩对人工智能系统的适用性问题。(2)弱人工智能实体(即不能自主运行的人工智能系统)由于不具有犯罪所要求的形成心理要素的能力，不能独立承担刑事责任。对此，人工智能实体和自然人“共同”犯罪时的责任分配，哈列维教授认为可以适用间接正犯、可能的后果责任等理论。

第三，关于智能机器人刑罚处罚的机制配置。我的主要观点是，我国现有刑罚体系是由生命刑、自由刑、财产刑和权利刑构成，刑罚处罚对象及刑罚处罚方式均无法也不能涵括智能机器人。重构我国刑罚体系并将智能机器人纳入刑罚处罚的范围符合刑罚的目的，同时也符合人工智能时代发展的需要且并未违背基本法理。建议增设能够适用于智能机器人的删除数据、修改程序、永久销毁等刑罚处罚方式，并在条件成熟时增设适用于智能机器人的财产刑或者权利刑等刑罚处罚方式。哈列维教授则是从现有的死刑、监禁、缓刑、公共服务和罚金等刑罚制度出发，论证这些刑罚适用于人工智能实体的可行性。

本书中，哈列维教授对每章的论述都契入了人工智能现实应用场景中可能发生的犯罪案例，并提供了各个案例的理论解答。这种论证方式使得原本稍显晦涩的教科书类学术书籍，更加活泼生动，更加便于理解，也更加适合非专业的广大读者。

总体而言，本书的整体论证全面而系统，理论构建深入而细致，引用案例丰富而经典。我相信，这本译著的出版十分有助于推动国内学者对哈列维教授理论的认知，十分有助于拓宽国内学者对人工智能与刑法关系问题的研究视野，十分有助于促进国内外有识之士学术互动的进一步深入。人类社会正处于承旧时代在前、启新时代于后的弱人工智能时代，回顾、梳理、展望人工智能与刑事责任的昨天、今天与明天，不仅可能，且意义重大。

本书译者陈萍博士在南京大学法学院连续接受法学本科、硕士和博士教育，具有牢固的法学理论基础，同时，两次赴法深造，精通英语和法语，能够潜心钻研学术。我是陈萍博士的博士后合作导师，经过这两年的师生交流，我对她的学术能力和学术态度非常肯定。她的翻译行文流畅、逻辑分明，显示出良好的遣词造句功力，我深以为可。期待她能以本次翻译为契机，继续深度拓展人工智能与刑法关系问题的研究。

是为序。

刘宪权

华东政法大学刑事法学研究院院长，教授，博士生导师

2019 年 5 月 20 日

于上海

第一章 14

机械犯罪人的起源

第一节　对机械人的无尽探索

一、人工智能的历史和史前史

自人类诞生之时起，我们便一直在寻找工具以更易于生存。石器时代，工具由石头制作而成。后来随着人类逐渐发现金属的优势，金属便代替了石头。随着知识的拓展，工具数量也随之增加，并在人类日常生活中发挥着越来越重要的作用。由于任务日渐复杂，工具也面临着不断挑战。一旦工具不能应对挑战，更复杂的工具便应运而生；如果工具成
功应对挑战，那么这些工具便会面临更多全新挑战，周而复始，延续至 15
今。自古以来，机械装置一直都为人类生活提供便利。公元 1 世纪，亚历山大人士海伦(Heron)一生发明无数，曾设计当时世界上第一台蒸汽机和风力发电机。[1]然而，直至 18 世纪第一次工业革命，机器才首次大批量投入使用。

随着对人类所具有的创造理性思考的系统性方法之能力逐步洞察，思考机器的想法也随之成熟。1637 年，笛卡儿(Descartes)首次开启人类

对系统性方法的探索，[2]尽管他自己并不相信机械设备可以实现理性。[3]但是，笛卡儿却为现代符号处理机器奠定了基础。1651 年，霍布斯(Hobbes)将理性描述成符号运算。[4]17 世纪时，莱布尼茨(Leibniz)希望能够找到数学、科学以及形而上学的一种通用语言，这种通用语言可以用计算来代替思考。帕斯卡(Pascal)设计了加法机和乘法机，甚至可能是第一台机械计算机，[5]这些机器完全由人类操作，并不能思考。自然而然，我们并不期待这些机器能够独立思考。

一般认为，思考机器的现代理念与诗人拜伦勋爵(Lord Byron)的女儿阿达 · 洛夫莱斯(Ada Lovelace)有关，她曾赞助查尔斯 · 巴贝奇(Charles Babbage)发明设计分析机(analytical engine)——第一台机械编
16 程计算机，可惜未能完成。1843 年，在接触巴贝奇的工作之时，阿达 · 洛夫莱斯曾经询问巴贝奇，他的机器是否能够真正地“思考”。在那个年代，机械思考的观念可谓天方夜谭，但是这个问题本身却启迪人们对非自然的或“人工的”智能可行性的思考。

但是，直到电力和电子计算机成为现实，人工智能的理念才最终得以在现实中进行检验。20 世纪 50 年代，机器—机器翻译的重大发展使计算机之间的相互交流成为可能；随后，人—机器翻译的发展使人类操作员开始与计算机进行有限沟通成为可能。在此之后，计算机科学家学会了分析推理和用符号来代表知识，进而推动人工智能的重要领域——知识表达的大力发展。[6]

电子计算机储存大量信息并高速处理信息的能力激励科学家创造能够展示人类能力的系统。从 20 世纪 50 年代起，电子机器已经不断获取并实现人类的技能和能力。随着个人计算机的不断发展和普及，这些能力对很多人而言，都是可以负担的。如今，计算机的内存容量、速度和可信度不断增加，个人计算机行业生机盎然，正在世界范围将人工智能工具引入桌面系统。

20 世纪 50 年代计算机领域进展迅速，与此同时，人工智能作为一项融合技术调查、逻辑学以及最终的控制论的独立研究领域，也逐渐发

展成为处理人机沟通及其他事项的交叉学科领域。20 世纪 20 年代和 30 年代，逻辑学研究促进了推理方法的形成，并产生了一种名为命题与谓词演算的新型逻辑形式，这种逻辑形式得益于无数前辈的研究成果，比如：邱奇(Church)、哥德尔(Gödel)、波斯特(Post)、罗素(Russell)、塔斯基(Tarski)、怀特海(Whitehead)以及克莱尼(Kleene)等。[7] 20 世纪 50 年代，心理学、神经学、统计学以及数学等领域的发展也给人工智能研究领域的不断进步提供了巨大支持。[8]

20 世纪 50 年代后期发生几项重大进展，标志着人工智能将会广泛 17
进入公众生活。其中意义最为非凡的两项发展就是棋类博弈程序以及通用问题解决方案(GPS)，后者可以解决从符号组合到文字谜题的各种问题。这使得满腔激情的公众开始关注人工智能的能力，与此同时，对人工智能产生了不切实际的期待，而第一部关于机器人反抗人类并试图控制人类的科幻小说也随之产生。[9]

人工智能研究主要围绕两个方向展开：研发与数字计算机相结合的物理设备，以及发展符号表达。第一项努力促进了机器人学的诞生；第二项努力追求训练感知力，以确定某些特定模式是相似还是相异。人工智能研究假设常识性知识问题是可以解决的，如果人类可以解决该问题，那么机器也同样可以。该问题可以理解为，在信息提供不充分时利用常识收集事实的能力。多年以来，该假设都阻碍了理论人工智能的发展，并将人工智能研究导向联结主义(神经网络模式)。[10]

直到 20 世纪 70 年代，人工智能的重要性才在全球大多数地方凸显出来。发达国家和发展中国家政府都正在寻求长期资源投入来资助人工智能的深入研究项目。[11] 政府和私人组织经常会就机器人、软件以及各种计算机产品领域的发展项目展开合作。这些项目之所以能够推动，是因为人们意识到发展系统来展示人类某些能力(如理解语言和虚拟场景、学习并定义知识，以及作出独立决策的能力)已经具备可行性。

20 世纪 70 年代伊始，工业领域拥抱人工智能技术。某些人工智能
的能力，如自然语言处理能力，至今尚未完全实现，但是，人工智能却 18

成功地被越来越多的工业领域所采用。[12]这些行业包括生物医学显微技术、材料分析和机器人技术。成功采用人工智能技术的领域已经变得完全依赖人工智能技术，因为普通人的能力不如这些人工智能工具精准、快速和高效。

20世纪80年代，人工智能研究在医学、金融和人类学领域专家系统的设计和开发方面取得了巨大进步。专家系统的最主要挑战是在相应领域研发合适的知识表达。为适于访问，知识的储存方式必须能使其由系统界面、人类或其他实体进行自动检索或展示。很多专家系统都已成为非常成功的工具，随着新知识的产生不断拓展，可借助更优的启发算法(heuristics)不断改进。[13]

第二个挑战是在专家系统投入使用后短期之内，将新技术融入专家系统之中。专家系统的研发引起了机器学习和问题解决行业的深入研究，这在很多全新领域已扩大了专家系统的使用范围，因为研发工作正超出学术研究范围，并且人工智能技术也正日益取代传统的人类能力。[14]随着人工智能研发的行业需求日益高涨，人工智能技术的优势早已不再是争论焦点。

工业领域越来越多地介入人工智能研究的原因包括以下三点。首先，人工智能的成就，尤其是在知识工程领域的成就是毋庸置疑的。其次，硬件的进步使人工智能工具更具可行性，而且用户更易获得人工智能产品。最后，为了提高生产效率，工业对更加便捷、更加完善的问题解决工具的需求不断增长。因此，很多工业领域已采用人工智能技术，比如，工厂自动化、编程、办公自动化以及个人计算。[15]

19 人工智能技术的提升能力、人类的好奇心以及工业需求是人工智能技术在全球范围扩大使用的主要原因。由于更多传统的人类功能正逐渐被人工智能技术所取代，该趋势会一直延续至第三个千禧年。例如，韩国政府现在正使用人工智能机器人作为士兵戍守在韩国和朝鲜边境，作为老师在学校教学，以及作为监狱守卫(自2012年起)。[16]

2016年，一位法国女性与她用3D打印机“打印”出来的机器人订婚，并想要和它结婚。[17]2017年5月，配备人工智能技术的自动驾驶汽车获得授权在美国公路行驶。然而，2018年3月18日，一名妇女在亚利桑那州坦佩市被一辆自动驾驶汽车撞击身亡。[18]2018年12月，以色列警方开始使用人工智能技术来监控囚犯，并逮捕警方有权逮捕或拘留的嫌疑人。[19]

《2009年—2047年无人驾驶飞机系统飞行计划》报告长达82页，详细阐述了无人驾驶飞机的未来应用。其中，美国空军写道："无人驾驶飞机是提升效果的关键，同时可能降低成本、前沿基础和风险。"该报告称，与今日可战胜技艺精湛的棋局大师的棋类程序一样，未来无人机一定能够比人类飞行员更加反应敏捷。但与此同时，该报告也提到潜在的法律问题："日复一日，人们将不再是'在圈子之中'，而是'在圈子之外'——监管着某些决策的执行……能否授权机器作出致命的战斗决策，取决于政治和军事领导人能否解决法律和道德问题。"[20] 20

二、定义人工智能以及对机械人的无尽探索

自人工智能诞生之时起，研究者们一直试图研发出能真正"思考"的计算机。这是人工智能研究的"圣杯"。[21]但是，在研发思考机器之前，必须首先定义什么是思考。事实证明，对研究人员而言，如何定义思考才能既适于人类又适于机器，是一项非常复杂的任务。研发具有独立思考能力的机器，对人类来说是一项非常重要的事件，人类一直声称其已垄断"独立思考"的高级思维技能。发明一个真正思考的机器等于地球上出现一个新物种——机械人（machina sapien）。

但是，问题是，人类的科学想要发明新物种吗？ 自远古时期起，人类一直试图通过《圣经》中提到的首个预防步骤来扮演上帝。[22]现代科学研究某些特征含有类似的幻想元素，包括克隆人、生物医学工程、追求抗衰老，等等。探索发明新物种符合该趋势。尽管发明新物种可能造福人类，但是这并不一定是人工智能研究背后的动机。原因可能更加深刻，触及人类探索的最深处。根据《圣经》，人类因其原罪而被禁止进行这些探索。

发明机械人的第一步是定义人工智能。先贤们曾经提出过多种定义。贝尔曼(Bellman)将人工智能定义为“与人类思考相关联的自动活
21 动，如作出决定、解决问题和学习……”。[23]豪格兰(Hauge-land)认为人工智能是“让机器思考的一项非常激动人心的全新尝试……即完全字面意义上的具有思想的机器”。[24]查尼亚克(Charniak)和麦克德莫特(McDermott)认为人工智能是“通过使用计算模型实现心理官能的研究”。[25]

沙尔科夫(Schalkoff)认为人工智能“是一门寻求通过计算过程来理解和模仿智能行为的研究学科”。[26]库兹威尔(Kurzweil)将其定义为“一种可以实现机能的机器发明艺术，这些机能要求人类智力方可完成”。[27]温士顿(Winston)认为人工智能是“一种对计算方法的研究，这种算法让理解、理性和行为成为可能”。[28]卢格尔(Luger)和斯塔布菲尔德(Stubblefield)将人工智能定义为“和自动智能行为相关的计算机科学的一个分支”。[29]里奇(Rich)和奈特(Knight)认为人工智能是“一项关于如何使计算机完成目前人类更加擅长事项的研究”。[30]

乍看起来，这些定义令人更加疑惑，而非澄清疑虑。可是，根据上述及其他定义，可以将人工智能系统大致分为四类：(1)像人类一样行为；(2)像人类一样思考；(3)理性思考；以及(4)理性行为。[31]

1950年，经过英国数学家提出的图灵测试(Turing test)验证可以像人类一样行动的人工智能系统，这为智能提供了一个操作性定义。[32]图灵将智能行为定义为能够在所有认知任务上实现人类水平机能的能力，从而使人类询问者无法区分人类行为和机器行为。图灵测试还涉及人类“倾听”人类通过文字与机器之间进行的对话。若人类交谈者不能分辨出人类行为和机器行为之间的差异，则该机器被视为通过图灵测试。[33]
22 图灵测试预设，所有人类的认知能力完全相同，尽管一台机器和一名儿童、一名智力残障人士、一名极度疲惫之人以及机器设计员之间的对话可能明显不同。[34]

为了确认人工智能系统是否能够像人类一样思考，首先必须对人类

的思考作出定义。人工智能技术作为普通问题解决方案进行研发，是为了使其能够根据相同的信息作出与人类相似的决定。[35]现代认知科学的发展为机械思考（mechanical thinking）和机器思考测试提供了实验路径。图灵提出的另一个测试中，实验人员的目标是在对话中分辨出男性和女性。该测试对人类参与者交流技能的依赖程度，与对机器的交流技能的依赖程度一样高。[36]

原始图灵测试的有效性已经受到质疑，尤其是针对强人工智能（此时，计算机具有与人类相似的大脑）。2014 年，一台机器曾被认为已经通过图灵测试，但这受到了批判。[37]约翰 · 瑟尔（John Searle）在他著名的中文房间思维试验中，[38]描述了一个不懂中文的人独自呆在一个房间里，接收大量书面中文信息。这个试验对象拥有一本以其母语写成的规则手册，他可以通过汉字字形来查找汉字，然后使用这本规则手册来回复信息。图灵测试的实验人员在房间外面，确信房间里的人懂得中文。

在这个思维试验中，房间里的人只是简单地遵照手册的说明，但是无论是这个人还是这本手册都不懂中文，尽管两者都可以假装懂中文。在这种情况下，这本手册就是一个电脑程序。那么，人们懂得一门外语又是什么意思呢？ 如果不先对理性（rationality）作出定义，就很难辨认人工智能系统是否能够理性地思考。如果理性意味着“正确”（right）思考，那么可以用形式逻辑表示，因而一旦提供正确的信息，机器的目的就在于产生正确的结论组合。例如，如果知道所有西红柿都是红色的， 23
而且，X 是西红柿，那么，机器就能得出结论：X 是红色的。绝大多数现代人工智能系统支持形式逻辑，并且知道该如何根据这些逻辑行事。

理性行为的人工智能系统是理性思考的人工智能系统的高级变体。后者作为局外人能够根据正确的信息得出正确的结论，而前者则能够参与到事件中，并根据正确的信息采取正确的行动。例如，足球比赛中，看到足球快速接近球门的人工智能守门员，不仅能够计算出足球接近的速度和角度，还可以确定阻挡足球所需的行动，并采取行动，阻止球进门。

然而，对机械人的探索并不止于上述分类和定义。如果探索成功，这将能回答是什么让人类具有智能的问题，并将促进智能机器的设计。从20世纪80年代末开始，一般认为，可以根据某属性来辨别智能思考，尤其是以下五点属性：（1）交流；（2）内部知识；（3）外部知识；（4）目标驱动的行为，以及（5）创造力。[39]下面逐一探讨这些属性。

交流（communication）被认为是定义智能实体最重要的属性，因为我们可以与智能实体交流。注意，我们不仅可以与人类交流，也能够和某些动物交流，尽管这种交流的范围与人类相比较为狭窄，而且并不是所有想法都能表达出来。例如，你可以让你的狗知道你有多生气，但是你并不能向它解释中文房间思维试验。与一名两岁儿童进行沟通的情况也大抵如此。交流对象的智能越强，与之进行的交流就越复杂。

交流假定能够正确理解其中的信息，并且能利用交流来测试对复杂想法的理解能力。但是交流并不能总是证明理解能力。一些高智商的天才并不善于交流，而一些自闭的天才甚至根本不会交流。与此同时，大多数正常人都具有出色的交流技能，尽管只有很少的人能够探讨复杂的
24 事物，比如，爱因斯坦的相对论、量子力学、平行世界以及指数方程。

交流不仅可以通过语言来完成，还能通过其他途径，包括文字。因此，即使机器缺乏语言能力，它们仍然能够具有非常高的智能，类似于聋哑人。虽然交流属性对于智能而言非常重要，但是仍然会存在许多例外。图灵测试便是以该属性为基础的，但是，如果人类的交流并不是十分准确，我们怎么能相信可以通过交流来识别人工智能呢?

内部知识指的是实体对于自身的知识。这和自我意识相似。智能实体应该知道自身的存在，理解自身是以某种方式发挥功能的，知道自身是以何种方式融入现实之中的，等等。形式逻辑推理通过自我参照展示了人工的内部知识。[40]我们可以使计算机编程看起来“知道它们自己”，而且它们理解何为“知道它们自己”。但是，很多研究者认为这过于武断，而且坚称难以确定这些计算机是否真的“知道它们自己”。然而，迄今为止仍然没有提出测试内部知识的替代方案。问题是，怎么可

能了解到其他人的内部知识呢?

外部知识指的是关于外部世界和事实真相的事实数据。在知识具有商品功能的年代，特别是和专家系统相联系时，外部知识属性就变得至关重要。[41]智能实体应该知道如何发现外部世界的数据，并了解自己所处的事实真相的事实构成。这一属性假定实体拥有记忆技能，以及将信 25
息按照貌似相关的种类进行分类的技能。人类用这种方法积累生活经验并从中学习。如果每次对待所有事实要素都如对待新鲜事物，就很难成为智能实体。尽管每次事实事件都有新鲜之处，但这些事件中也包含共同特性，而智能实体应当能够识别出来。

例如，根据疾病症状进行疾病诊断的医学专家系统，能够判断出千变万化的病例中包含的共同特性。缺乏这种能力的实体与患有失忆症的人相似。虽然他们在给定的环境下表现得当，但是他们并没有将行为累积到经验中。这就是简单机器的操作方式：完成某项任务的同时不能意识到任务已经完成，无法吸收经验指导未来任务。所以，问题在于，如果可以将经验匮乏之人视为智能，为什么不能将具有相似行为的机器也视为智能?

目标—驱动行为标志着随意或任意行为和有意行为之间的差异。目标—驱动行为要求有可操作的计划来实现预期的目标。对大多数人来说，目标—驱动行为可以理解为目的(intention)。如果饥饿的人看到苹果，吃苹果就是目标—驱动行为，目标是缓解饥饿。目标—驱动行为并非人类独有。如果一只狗看到障碍物后面有一根美味多汁的骨头，它就会计划绕过障碍物去取得骨头。执行这项计划就是这只狗的目标—驱动行为。

不同生物可能会有不同类型且不同复杂程度的目标。实体越智能，目标就越复杂。在主人遇难时，狗的目标只限于寻求帮助，而人类的目标可能包括登上火星。计算机能够计划火星着陆，机器人和自动驾驶车辆也已经能探测火星并搜索数据。还原论(reductionist)的目标—驱动行为是将一个复杂的目标解构为多个简单目标的行为；实现简单目标可以看作是目标—驱动行为。目标及其实现计划或许可以编入计算机程序中。可并不是所有人随时随地都会追求复杂的目标。问题在于，机器需要达到什么复杂程度的目标才能视为智能的？

26 创造力包括发现新的理解方式或行为方式。所有智能实体都被假定具有一定程度的创造力。如果一只苍蝇试图逃离一个窗户紧闭的房间，它会翻来覆去地撞击窗户玻璃，一成不变、徒劳无功地进行相同的尝试。这和创造力背道而驰。可是，某个时刻这只苍蝇确实找到了另一种出路，人们会认为这更具有创造性。狗可以在较少的尝试中找到出路；人类则可以在更少的尝试中找到出路。计算机可能被编程为不得多次重复相同行为，而是寻求其他方法解决问题。这种行为类型对于通用问题解决软件至关重要。

创造力并非同源同质，而会有程度和等级之分。并非所有人都被视为具有创造性，有很多人日复一日地以相同方式完成日常任务。很多彩票玩家会年复一年买从未中过奖的相同号码。是什么让他们的创造力和苍蝇的创造力产生不同？ 苍蝇撞破窗户的概率并不低于彩票玩家中大奖的概率。很多每天几小时完成相同操作的工厂工人仍是智能实体。问题在于，要达到什么程度的创造力才能称得上智能？

并不是所有人类都具有这五个属性。那么，为什么我们要用不同的标准来衡量机器和人类的智能呢？ 每次一些新软件成功攻克某一特定属性时，其成果都会因为缺乏真实、交流、内部知识、外部知识、目标—驱动行为或创造力而遭到否决。[42]因此，提出新测试方法就是为了保证有关人工智能技术实现真正的智能。[43]

其中某些测试方法是关于知识表达（机器知道的知识）、解码（将知识从事实真相译成相应表达）、推断（提取知识内容）、控制组合爆炸（预防相同问题的无尽计算）、索引（安排和分类知识）、预测（评估可能现实事件的概率）、动态调整（根据经验自行改变程序）、概括（现实事件的归
27 纳解释）以及求知欲（思考现实事件或试图寻找事件的原因）等。

从生物学意义上来说，上述所有属性都是人类大脑的表现。没有任

何人质疑这一事实。这些属性都是能识别和量化的大脑神经元活动的表现。若是如此，如果可以用激活神经元的方式激活三极管的功能，为什么不能用三极管来再现这些特征呢？[44]答案很简单：因为人工智能实体不是人类。

如果特定人工智能技术成功通过之前设计的测试，提出新测试的过程让人类对机械人的探索永无止境。这个原因更是心理原因，而非技术原因。谈及人工智能时，我们一定不能设想一个拥有机器人金属外表的普通人。可我们却会满足于此，[45]忘记人工智能正是人工的，而非自然的。如果人工智能技术最终成功通过某项测试，这就表明问题不在技术，而在测试。因为人类思维过于复杂，根本不能通过简单的测试检验，所以我们替换了测试，在测试过程中我们更多地了解人类思维，尤其是思维的“官僚性”和目的性，[46]而非技术。[47]

对“将机械人定义为拥有真正智能人格的机械及其可行性”持否定论的论点模板主要如下：

（1）实体若想拥有人格，必须具有属性 X。

（2）人工智能技术不能具有属性 X。

（3）“人工智能技术行为被认定为具有属性 X”表明，它能对该属性进行模仿或模拟。

（4）模拟属性 X 并不等于属性 X。 28

所以，人工智能技术并非真正智能。有的学者将这个论据模板称为“空壳战略”。[48]注意，论点(2)及其结论会导致“第 22 条军规”的困境：因为人工智能技术不能具备智能属性，所以人工智能实体不是智能的。

属性 X 的内容可能完全由高级智能测试编造而成，就此而论，智能测试反映了智能仅为人类特有的信念。只有人类是智能的，所以机器不能具备智能。结果是个悖论。尽管人工智能技术已取得瞩目进步，但人工智能技术能力仍困难重重，因为人工智能研究的进展强调其对人类思维的模仿程度，以及人类思维仍待探索的神秘程度。

20 世纪 50 年代，人们难以相信计算机能在棋局中战胜人类，如果真的发生这种情况，计算机就被视为真的“智能”。可是，1997 年，计算机程序（深蓝）在棋局中击败了世界冠军，人们却不认为它是智能的。[49] 2011 年，另一个计算机程序（沃森）在电视上击败了两位“危险边缘（Jeopardy）游戏”的顶级玩家，人们仍然不认为它是智能的。[50] 尽管这台计算机没能理解节目中的几个笑话，但它赢得了比赛。沃森的研发技术后来经过改编应用在高级专家系统上，尽管这项技术已经足够完善到可以诊断疾病，仍有很多人不认为它是智能的。

人工智能技术为机器学习开辟道路，机器学习是一种归纳学习法，计算机会分析各种事例及其发生情况，然后通过概括，产生事实图像供将来使用。[51] 类似的知识在人类社会称为专业知识，可人类并不愿意称
29 这些计算机系统是智能的。随着人工智能技术的每次进步，似乎人类离机械人的创造反而越来越远，不过人工智能研究却激发了人类对新物种创造的无尽追求。

有两种方法可以积极地并建设性地应对人类对机械人的无尽追求。第一种是通过技术研究，寻找缩短机器和人类之间差距的方法。从 1950 年起，人工智能研究人员就选择这个方法，遵循对机械人的原始追求，他们相信未来某一天技术能模仿人类思维。人工智能研究在采取该方法后已经取得非凡成就。[52]

另一种是工业方法。正如下文说明，工业对人工智能在所有细节上都模仿人类思维并不感兴趣。确实，工业宁愿使用无法展现某些人类品质的人工智能实体。因此，机器的劣势——有限的机器模仿人类思维的方式——成为工业的优势。将机器的缺点转化为优点使工业能够增加人工智能实体的使用率和一体化。人工智能技术的工业化应用是导致机械犯罪人出现的催化剂。

三、化劣为优：人工智能的工业化和私人化

30 人工智能技术的工业应用并不新奇。如上所述，[53] 自 20 世纪 70 年代起，先进工业就已引入人工智能技术。不过，开始使用人工智能技术

是因为它和人类思维相似，后来使用人工智能技术则因为它和人类思维不同。工业很快便了解，尽善尽美地模仿人类思维并不如部分模仿人类思维有用，所以只要人工智能技术并未完整模仿人类思维，工业就会激励人工智能技术发展。另外，因为完整模仿人类思维仍然遥不可期，所以工业和人工智能研究继续合作。

工业是如何将缺点转化为优点的？ 考虑一下计算器。如果我们在计算器上重复输入“3÷3＝”，哪怕重复成千上万次，我们得到的结果无一例外都是“1”。计算器每次激活的过程都是相同的。可如果我们问一个人相同问题，我们可能会在第一次询问——除非这个人认为他正被戏弄——或许再多几次询问后，得到答案，但绝不会在上千次询问后，依然得到答案。在某个时刻，人类会停止回答，因为他感到无聊、愤怒、紧张，或者仅仅因为他失去了回答的欲望。

在人工智能研究人员看来，这就是一个重大问题。它强调这样一个事实：出于非理性等的原因，人类思维可能是专断的。然而，很难想象计算器会拒绝回答哪怕是一千次“3÷3＝”的问题。为了完成这类任务，工业更倾向于使用不会因我们的要求或奇想而感到无聊的实体，不会因我们的问题而感到恼怒的实体，工业会继续使用无论我们多少次重复询问相同的问题都会一如既往提供服务的实体。

绝大多数人类似乎都因为具有人类思维而缺乏这些能力。然而，还不能成功完整模仿人类思维的机器却可以为我们提供这种服务。当然，刚刚提及的例子只是理论上的，因为没有人会真的在计算器上输入上千次“3÷3＝”，这项任务本身就要求非人类的技能。可绝大多数工业正是需要这种性质的机器技能。

想想为成百上千位客户提供服务的客服代表，他们必须礼貌地为各 31
种要求提供有用的回答。在完成一次电话服务之后，这些代表会怎样回答呢？ 上百次之后呢？ 上千次之后呢？ 电话客服的数量将如何影响服务的质量？ 因技术能力不足而不会感到无聊、恼怒或疲倦的机器，对工业而言百利无一害。自动客服系统能自始至终保持礼貌、耐心、效率和精确地为客户提供服务。

专注于医疗诊断的专家系统不会因给不同病人重复提供相同诊疗方案而感到无聊。警察机器人不会因拆卸危险爆炸装置而心生恐惧。工厂机器人不会因为一天内重复操作上千次相同的活动而心生烦闷之感。工业已发挥人工智能实体非人类品质的杠杆作用，将人工智能技术的传统劣势（至少在人工智能研究人员看来）转化为当代工业的优势。[54]

在实践中，这些劣势不只有利于工业。人工智能技术的研究和工业化使该技术也可供私人消费。基于人工智能技术的个人机器人助理已经上市，人工智能技术有望在家庭生活和私人生活中出现，包括最为亲密的情形。有人认为“性爱机器人”或许是比性交易更好的且更有利于社会健康的替代方案。[55]使用人工智能替代品，不会产生羞辱、虐待、精神或生理伤害，而且这不会引起真正的社会变化。

家用机器人不会因重复完成相同行为的指令要求而感到冒犯，更不会要求休假、提出加薪或寻求帮助。教师机器人不会教授没有编入程序的外部课程，而监狱守卫机器人也不会收受贿赂而使犯人逃狱。这些非人类的品质让使得人工智能技术因满足工业需求和私人需求而深受欢迎。

我们可以得出结论：满足工业需求和私人需求的人工智能技术无需
32 尽善尽美地模仿人类思维，而只需拥有一些人类技能并能够部分模仿人类思维即可。如此而成的人工智能实体并不是机械人，但是它们拥有一些人类解决问题的技能，并能模仿人类思维的一些能力。人工智能技术的现有能力正被用于满足工业需求和私人需求，这些能力如今已经被纳入机械犯罪人之中。

第二节　进化与退化：机械犯罪人

在现代社会，技术和法律常常处于两个对立的极端。技术促进新发明的进化，而法律则更倾向于保守。例如，尽管原则上技术可实现人类克隆，但大多数国家的法律却禁止克隆，或者对此发起公共辩论。技术认为的进步，法律可能将之视为退步。法律有时是受社会的道德观念启发，有时则由人类的恐惧激发。以人工智能技术为基础的高级机器人产生的机械犯罪人便是如此。

一、服务与保护：人类对人机共处的恐惧

21 世纪初，先进技术的研究报告就曾在预测 21 世纪的第三个或第四个 10 年之初，新一代机器人将支持人机共处。[56] 2004 年，在福冈(Fukuma)颁布的《世界机器人宣言》中表示，这些机器人有望与人类共存，给予人类生理帮助和心理帮助，而且会为实现社会的安宁与和谐作出贡献。[57]

一般认为，这类机器人可分为两大类型。第一类是新一代工业化机 33 器人，具备制造各类产品、完成多项任务，以及和人类员工合作的能力。第二类是新一代服务型机器人，能够完成房屋清洁、保安、护理、生活支持和娱乐等任务，以此在家庭和工作环境中与人类共处。对该技术进行预测而出版最多作品的作家们，也对使用这些机器人对人类和社会可能造成的危险程度进行了评估。[58]这些评估引发了关于使用机器人的安全性的争论，而不管预测危险的真实水平如何。

只有在确认事物的危险性时，人们才会考虑安全性。人工智能和机器人科学领域技术进展的加速引起诸多恐惧。例如，人们对护理型仿真机器人护理员的第一反应是害怕它会伤害其帮助的人类。是不是所有人类都做好准备让机器人看护他们的婴幼儿？ 绝大多数人并不是技术专家，对他们一无所知的事物十分畏惧。

再者，人类往往会用科学幻想来填补由于知识匮乏和不确定性所造成的空白。过去科幻作品很小众，粉丝很少。现如今，好莱坞使科幻风靡全球。20 世纪八九十年代和 21 世纪中，票房最高的电影都是科幻电影，其中大部分消费了人类的恐惧。在亚瑟 · C. 克拉克(Arthur C. Clarke)小说改编而成的《2001：太空漫游》(1968)中，宇宙飞船的中央

计算机脱离人类的控制并企图刺杀机组人员。[59]在数人死亡后，人类才通过关闭计算机而恢复安全。[60]

在终结者系列电影中，机器控制了人类，人类几近灭绝。为数不多的幸存者奋力抵抗机器，只有关闭机器才能确保人类存续。而拯救者自身恰巧是一台机器，它最终自行关闭。[61]在黑客帝国三部曲中，
34 机器统治地球，奴役人类，以生产能量供其所用。机器通过创造一种被称为“黑客帝国”的虚幻现实来控制人类的思想。只有少数几个人逃离了帝国，为摆脱机器统治实现自由而奋斗。[62]《机械公敌》(I，Robot)(2004)由艾萨克·阿西莫夫(Isaac Asimov)1950 年作品集中的系列故事改编而成，电影中发生了先进机器人伤害人类的案件，一个机器人被怀疑是凶手，而人类主人公之一是一位不相信机器人的警察。整个故事情节都围绕机器企图控制人类展开。[63]

好莱坞的影响巨大，所以，我们可以合理预计，对人工智能和机器人的恐惧将支配公众的思想。越先进的机器人越危险。科幻小说和电影中的热门话题都是机器人反抗人类并控制人类。因此，人们在想到高级机器人和技术时，不仅会考虑到它的实用性和无可非议的优势，还会考虑如何保护自己。人类只有在恐怖异类——机器——身边能感到安全之后，才会接受人机共存的想法。

问题在于，可以用什么保护机制来确保人类在与机器人和人工智能技术共存时的安全？[64]科幻小说首次对该技术发出了警报，并提出了保护建议。建议的第一个保护圈聚焦于安全的道德领域。道德问题是针对这些实体的设计员和程序员，以确保内置软件可以防止任何不安全的技术活动。[65]艾萨克·阿西莫夫是众多试图创建机器人道德的先贤之一。
35 1950 年，阿西莫夫在其九个科幻故事的作品合集《机械公敌》中，曾提出著名的“机器人三原则”：“(1)机器人不得伤害人类，或者是通过不行动让人类受到伤害；(2)机器人必须服从人类赋予它的指令，除非该指令和第一原则产生冲突；(3)在不违反第一原则和第二原则的前提下，机器人必须保护自身存在。”[66]在 20 世纪 50 年代时，这些原则

被认为具有创新性，曾经恢复了恐惧公众的一些信心。毕竟，伤害人类是不被允许的。

阿西莫夫的前两条原则表明，在处理人工智能机器人相关的安全问题时，应当以人类为中心。这两条原则还反映出一个普遍路径，即随着机器人逐渐在工业厂房之外承担着越来越密集和重复的工作，安全条例支持“人类高于机器人”的观念也变得越来越重要。[67]第三条原则跨越了以人类为中心和以机器为中心以确保安全之间的界限。机器人的功能性目的是满足人类的需求，因此，为了更好地完成这些任务，机器人应该保护好自己，并作为人类的财产发挥作用。

但是，正如阿西莫夫坦言，这些道德规定或原则仍然不够充分、有些模糊而且不够广泛。[68]例如，在警局工作的机器人试图保护被罪犯劫持的人质，罪犯企图对一名人质开枪。此时，机器人明白唯一能够避免无辜者受害的方法就是射杀罪犯。但是，第一原则既禁止机器人杀害或伤害罪犯(通过行动)，又要求不能让罪犯杀害人质(通过不行动)。机器人除了遵守第一原则以外别无他选，此时我们期望机器人能怎么做？确实，我们又能期望一名人类的警察做什么呢？ 任何解决方案都违背了第一原则。

审查另外两条原则并不能改变结果。如果一位人类指挥官命令机器人射杀罪犯，机器人仍会违背第一原则。即使指挥官命悬一线，机器人 36
仍不可能采取行动。而且，即使罪犯威胁要炸死 50 名人质，机器人也不得为了保护人质的生命而伤害罪犯。如果指挥官也是机器人的话，情况会变得更加复杂，但是结果不会有任何不同。如果机器人自己身处危险，第三原则也不会改变结果。

在一个人类和机器人共处的社会中，警局的机器人陷入进退两难境地的情况屡见不鲜。在这样的社会中，机器人和人工智能技术的任何活动都会遭遇这种困境。考虑一下，医疗服务型机器人为了挽救患者生命需要完成一项侵入式紧急外科手术，但是却遭到患者反对。机器人无论行动与否都会违背阿西莫夫第一原则，而上级的任何指令都不能解决该困境，因为行动指令会对患者造成伤害，而不行动指令则会造成患者死亡。

如果机器人可以选择不伤害人类，困境会更容易解决，但是这又会引发其他问题。在前面机器人作为监狱守卫的例子中，[69]如果囚犯试图逃跑而唯一的阻止方式就是伤害他，这时机器人又该怎么做？ 性爱机器人被要求施虐时，又该怎么做？ 如果答案是不行动，那么，问题是，既然机器人的目标行为将违反第一原则，那最初为什么要使用机器人呢？

如果人类确定人工智能机器人和其他人工智能实体的命运是在各种情形中服务人类、保护人类，这些实体本身就不免需要作出艰难决定。术语“损伤”（injury）和“伤害”（harm）的范畴可能比特定身体伤害更加广泛，而这些实体可能会用身体伤害以外的其他方式伤害人类。而且，在很多情况下，为了避免产生更大伤害，就必须造成某种伤害。在大多数情况下，这种决定会牵涉复杂的判断，超出简单教条的伦理准则的范畴。[70]

37 人们对阿西莫夫原则的争论引发了关于机器道德责任的探讨。[71]机器人、机器和人工智能实体的道德责任是对机械人无尽探索过程中的一部分。但是，机器人参与到工业环境和私人环境下人类的日常生活之中，不管它们是否受制于道德责任，它们确实会时不时地造成伤害。因此，伦理体系不适合解决这一问题。伦理包含道德责任、复杂的内部判断和不适用规则。那么问题是，什么可以解决机器人功能、人机关系和人机共存的问题呢？ 答案可能是刑法。

二、进化与退化：作为副产品的机械犯罪人

人工智能技术使得很多工业领域和私人领域都能使用机器人。人工智能研究与时俱进，人工智能技术在未来必然会更加先进，而工业领域和私人领域对该技术的应用也会扩大人工智能机器人将来承担的任务范围。任务越高级、复杂，失败的可能性就越大。“失败”是一个广义术语，在该语境中包含了多种情形。常见的情形就是机器人没能成功完成其承担的任务。但是，有些失败的情形可能会对个人和社会造成伤害和危险。

例如，监狱守卫机器人的任务是使用最低武力阻止囚犯逃跑。企图逃跑的囚犯可能会遭到机器人守卫的阻止，而机器人在紧紧控制囚犯时会对其造成伤害；此时，囚犯就会声称机器人滥用武力。分析机器人的行动会发现它本可选择更温和的行动，但机器人却已将真实的风险评估得更为严重。谁应该为这个伤害负责？

这类事例提出了重要问题以及很多关于人工智能实体责任的争论。38
如果从伦理角度分析，正如大多数科学家所主张，该情形下的失败应归咎于编程员或设计员，而不应归咎于机器人。机器人不会强化必要的道德责任，无需对其行为造成的任何伤害负责。就此而言，只有人类能够强化道德责任。机器人仅仅是程序员手中的工具，无论其软件质量或认知能力如何。该论点与机械人争论密切相关。

对机器和人类而言，道德责任都确实是高度复杂的问题。总体而言，没有任何一个关于“道德”的定义能为所有社会中的所有个人都接受。义务论道德（Deontological morality）以及目的论道德（teleological morality）是最广为接受的两种定义，在很多情形下两者主张的行动完全相反。[72]纳粹分子认为自己具有义务性道德，但是大多数社会和个人并不认同。如果道德难以评估，那么在我们已审查的此类案例中，道德可能并不是最合适和最有效的责任衡量方法。

在这种情况下，人工智能实体的责任问题往往又回到关于机器成为类人（human-like）的概念性能力的争论上，因此对机械人的无尽探索就变成对人工智能责任的不断探索。此处的相关问题超出技术问题范畴，而主要是社会问题。在对个人和社会造成伤害的情形中，作为人类社会整体，我们应该如何来评估责任呢？

日常生活中处理这类情形的主要社会工具是刑法，刑法对伤害社会或危害社会的个体的刑事责任作出规定。刑法还具有社会教育价值，因为它教育个体在社会中应如何行事。例如，刑法禁止谋杀。换言之，刑

39 法规定谋杀，并禁止谋杀。刑法的价值在于：在个体实施谋杀行为后，对其进行刑罚，以期在事前教育个体不要实施谋杀行为，而这正是社会共同生活规则的一部分。因此，刑法在社会控制中发挥着主导作用。[73]

在任何社会中，刑法都是最有效的指导个体行为的社会措施。尽管刑法并不完美，但在现代社会环境下，刑法却是最为有效的措施。而且，因为刑法对人类个体十分有效，那么通过刑法审查非人类实体，特别是人工智能实体，也具有合理性。当然，评估刑法对机器有效性的第一步是审查刑法对机器的可适用性。因此，在该情形下，问题在于机器能否成为刑法的适用对象。

因为刑法并不依赖道德责任，所以关于机器道德责任的争论与目前问题无关。虽然有时刑事责任、某些类型的道德责任和某些类型的伦理责任之间存在重叠，但这种巧合对于追究刑事责任而言并非必要。刑法适用于机器的问题还涉及两个相互关联的次要问题：(1)刑事责任是否适用于机器？(2)刑事处罚是否适用于机器？

第一个问题是刑法的核心问题，是否赋予刑事责任取决于是否满足刑事责任的要求。只有满足刑事责任的要求，惩罚——即人类社会如何惩罚机器——的问题才会出现。本书对这两个问题的回答都是肯定的。第二章至第五章研究第一个问题，第六章研究第二个问题。如果接受本书中的肯定答案，那么事实上，我们已创造了一个全新的社会实体，即机械犯罪人。

机械犯罪人是人类努力创造机械人不可避免的副产品。人类对机械
40 人的无尽追求所激发的技术能力促使人工智能技术高速发展，使人工智能能够比以往任何时候都更好地模仿人类思维及其相关技能。目前的人工智能技术具备的能力在几年前来看只属于科幻小说，该情形已经存在于整个 20 世纪后半期，并持续至 21 世纪。

技术发展道路上的每一次进步都意味着机械人的每一次进化。对机械人的无尽追求形成极高的上限和下限，事实上由于界限如此之高，必须成为人类才能被视为机械人。因此，追求永无止尽，技术竞赛永不停

息。但是，刑事责任并不一定要求具有所有人类技能。要成为违法犯罪人，个体根本不需要使用所有人类技能，无论其是否拥有这些技能。

考虑一下，我们在前文已经讨论过的创造力属性。[74]当然，盗窃分为很多类型。有些被认为具有创造性，有些则被认为不具有创造性。在审查特定犯罪的刑事责任时，甚至根本不会考虑其所反应的人类的创造性技能。无论违法犯罪人在实施盗窃行为时是否具有创造性，我们都会追求其盗窃罪的刑事责任。创造力并不是追究犯罪人刑事责任的条件之一，因此任何法律程序都不会予以考虑。

只要满足特定犯罪的刑事责任要求，就无需考虑其他资质、技能或想法。有人可能会反驳道，尽管盗窃并不要求创造性，可人类是具有创造力的，因此刑事责任也应该同样适用。在讨论机械人的无尽探索时，该观点或许有意义，但在刑事责任问题中却毫不相关。在追究刑事责任时，与实施特定犯罪无关的人类技能绝不会被纳入法律程序中。

因此，无论犯罪人在实施犯罪时是否具有创造力都与追究刑事责任无关，因为刑事责任没有这种要求。在实施犯罪之外，犯罪人是否具有创造力也无关紧要，因为法律程序只会关注与犯罪实施相关的事实。对于宣告机械人诞生的其他必要属性也是如此。

因此，创造机械人的竞赛似乎还发展出了意义非凡的副产品：一种 41
因缺乏机械人技能无法完全模仿人类思维而不能称之为机械人的机器；但是，该机器的技能却足以完成工业环境和私人环境中的各类活动。确实，就工业和私人应用而言，缺乏某些技能甚至可以视为一种优势，尽管这在人工智能研究看来是种劣势。[75]该副产品能够完成的活动之一就是实施犯罪。

换言之，尽管这种副产品无法完成很多有创造力的活动，但却足以实施犯罪。原因在于刑法对赋予刑事责任和处以刑事处罚规定了定义和要求。追究刑事责任和处以刑事处罚需满足的要求远远低于创造机械人的要求。在刑法范畴中，只要满足这些要求就足以追究刑事责任，无论刑法主体是否为人类。该逻辑适用于人类犯罪人和非人类犯罪人，例如公司法人。

因此，只要满足刑法的相关要求，就能将人类个体和法人之外的主体加入现有的庞大刑法主体群中。这些主体可能就是所谓的机械犯罪人，不是一般机械人的子类型，而是机械人的一种副产品。该副产品的科技能力尚不够发达，因为它可能属于这种机器类型，它们缺乏理想机械人（如果实现的话）应有的高级技能属性。

从技术科学角度来看，机械人的每次进展都应视为一种进步（或“进化”），[76] 而副产品——机械犯罪人更多的是一种退步（或“退化”）。机械犯罪人是登顶征途上的一个停靠点。这是一座相对低级的山
42 峰，因为刑事责任的要求远远低于理想机械人的要求。但是，机械犯罪人并不是一场奔向低谷的竞赛，而是登顶征途上的一个停靠点。从刑法角度来看，技术研究可能正是停在该点之上，因为刑法可适用的实体已经存在。

如果机器的范畴技术在基础型（“傻瓜型”）机器和机械人两极之间延伸，那么机械犯罪人则处于中间的某个位置，或许更加靠近机械人一端。但是，如上文所述，机械犯罪人的出现是刑法要求与机器的相关技能和能力两相符合的偶然事件。有些研究人员主张，目前的法律不够完善而不足以应对人工智能技术，有必要开发一个名为机器人法律的全新法律领域。[77]

本书认为现行刑法足以应对人工智能技术。而且，如果技术能向着创造机械人快步前进，这将使现行刑法更适于应对人工智能技术，因为该类技术模仿人类思维，而人类思维已经受制于现行刑法。因此，人工智能技术越接近完整模仿人类思维，现行刑法就越能够适用。

通过刑法约束人工智能机器人，或许能够缓解我们对人机共存的恐惧。刑法在给予人类的个体信任中发挥着重要作用。每个个体都知道，社会中所有其他个体都必须遵守法律，尤其是刑法。任何个体违反法律，社会都会通过相关强制力量（警察、法院等）强制执行法律。如果任何个人或团体不受刑法约束，其他人的个体信任将受到严重伤害，因为

那些不受刑法约束的人没有动力去遵守法律。

同样的逻辑对人类、法人和人工智能实体同样适用。[78]如果上述任何实体不受刑法约束，那么其他实体的信任就会受到伤害，广而阔之，整个社会的信任都会受到伤害。因此，社会必须竭尽全力使所有活跃实 43
体都受到刑法约束。有时，这需要从概念上改变对社会的一般认知。比如，17 世纪时，当人们对法人不受刑法约束的恐惧成为现实之时，刑法就对其适用。为了缓解人类的恐惧，或许是时候对人工智能实体采取相同行动。[79]

但是，还有一个问题必须澄清。地球上还有其他生物和我们共同生活。这些生物就是动物。那么，要问的问题是，为什么不能将关于动物的法律规则适用于人工智能实体呢?

三、动物法律模式不适用于人工智能技术

在人类眼中，并不是地球上所有生物都是智能的。人类认为智能的动物大多是哺乳动物。尽管如此，人类已经和动物共同生活了几千年。从人类为了自身利益首次驯化动物起，这种共存就变得非常集中。我们取其产(牛奶、鸡蛋等)，食其肉，受其护(例如，护宅犬)，占其用(例如，用于农耕、运输等)，还会为满足工业需求和私人需求而利用动物。因此，自古以来法律就设法解决人和动物共处的问题。[80]

通过研究古代和现代关于动物的法律，我们发现，法律所关注的是两个重要方面。首先，在法律关系上，动物是人类的财产；其次，人类负有善待动物的责任。第一个方面包括人类对动物具有所有权、占有权以及其他财产权利。因此，如果动物造成了损害，那么对动物拥有财产所有权的人类就应对该伤害负有法律责任。如果人类被狗攻击，那么，狗的主人应该对它造成的全部损害承担法律责任。

在大多数国家，这些都是侵权法的内容，虽然在有些国家这也和刑法相关，但无论是何种情况，都是人类(而非动物)承担法律责任。从古至今，只有被认为对社会过于危险的动物才被会剥夺行为能力。剥夺行为能力往往意味着杀死动物。古时候，牛用角顶伤人就是这种情况，[81] 44

狗在特定情况下咬伤人类亦是如此。没有法律体系会让动物直接受法律约束，尤其是刑法，不管动物是否智能的。

第二个方面，即善待动物的义务，针对的是人类。人类由于具备人类智能而比动物高级，所以动物被视为处于弱势。因此，法律禁止人类滥用权力虐待动物。这些法律规定的主体是人类，而不是动物。被人类虐待的动物即使受到损害，在法院上也没有任何地位。在这些案例中，法律上的“受害人”是社会，而不是动物。所以，在大多数情况下，这些法律规定是刑法的一部分。

社会控告虐待动物的人是因为这种虐待行为会危害社会，而不是危害动物。这种动物保护和财产保护有细微的差别。绝大多数刑法典禁止损害他人财产，是为了保护占有人或所有人的财产权。但是，在虐待动物案例中，这种保护和财产权毫无关联。狗的合法主人可能会因为虐待狗而被起诉，无论其是否对这只狗享有财产权。自古存续至今的这些法律规定形成动物法律模式。问题是，该模式为什么不适用于人工智能实体。

我们考虑三种实体：人类、动物以及人工智能实体。如果我们希望将人工智能实体纳入人类刑法的规制范畴，就必须能够证明在刑法中人类和人工智能实体具有相似之处。确实，我们应该解释为何人工智能实体与人类更相似，而非与动物更相似。否则，动物法律模式将足以令人满意地解决人工智能活动的问题。因此，问题是，人工智能机器人和谁更相似：人还是狗？

45 在讨论对无人机[82]和其他机器[83]（包括“新一代机器人”[84]）的控制问题时，曾对人工智能实体对动物法律模式加以审查。动物法律模式可以为上述情境下的某些法律问题提供答案，可是并不能解决核心问题。[85]如果人工智能实体能够使用软件自己解决该如何行为的问题，那么有些法律责任难题仍然无法解决。人工智能实体比动物更易于传达复杂的想法。在多种情境下，外部知识和理性结论也是如此。

人工智能实体由人类编程，以符合人类形式逻辑推理。这形成人工智能实体活动的核心推理基础，因此，人工智能的计算可以通过人类逻辑推理来实现。绝大多数情况下，绝大多数动物都无法进行这种推理。这并不是因为动物不具有理性，而是因为动物的理性并非必须以人类形式逻辑为基础。感性(emotionality)在大多数生物(包括人类和动物)的活动中，都发挥着重要的作用；而且，它可能还为人类和动物的某些活动提供动力和动机。但是，机器却并非如此。

如果使用感性衡量，相较于机器，动物和人类更加接近。但是，如果使用纯理性衡量，相较于动物，机器可能和人类更加接近。尽管理性和感性相互影响，法律能够根据它们的可适用性(applicability)进行区分。法律(尤其是刑法)，考虑的主要因素是理性，很少会考虑感性。例如，谋杀犯的怨恨、嫉妒或痛苦对他的定罪无关紧要；只有在少数进行 46
防卫挑拨(the provocation defense)的情况下，法院才会考虑到犯罪人的感情状况。[86]

另外，动物法律模式教育人类对动物怀有悲悯之心，如上所述，这是该模式的关键因素。但是，涉及人工智能实体时，这个考虑因素并不重要。因为人工智能实体缺乏感性的基本属性，任何情感行为都无法让它们悲伤难过、倍感挫折、失意沮丧或痛苦不堪，动物法律模式的这个侧面对人工智能实体而言毫无意义。例如，非因医疗需要而砍断一只狗的腿被视为虐待，在很多国家，可被视为犯罪。可是，没有任何国家认为卸掉机器人的手臂是犯罪或虐待，即使是仿生机器人，即使机器人被编程为能够对上述行动“感性”地回应。[87]

因此，鉴于法律在评定法律责任时更倾向于理性而非感性，而且人工智能技术的理性以人类形式逻辑推理为基础，所以，从法律角度来看，在各个法律层面，人工智能技术都更接近于人类，而不是更接近于动物。因此，动物法律模式并不适合评估人工智能的法律责任。[88]为了使人工智能实体受刑法约束，有必要运用刑事责任的基本概念。这个概念形成了刑事责任的一般要求，只有满足这些要求才能对任何个体(人类、公司法人或人工智能)追究刑事责任。

四、事故可能引发的技术进化

事故通常被认为是不幸的。但是，对于人工智能技术来说，事故确实具有至关重要的作用。在人工智能技术的进化中，事故起着突变的作
47 用，可能会改变进化的进程。事故使我们发现现有的问题，尝试解决这些问题，并开发新一代人工智能。这是最有价值的人类学习方式之一，而且，看起来，对于机器学习也是如此。这个过程引出了一个不可避免的问题："如果出现问题怎么办？"自动驾驶汽车的进化正是一个重要的例子。

2016 年，在佛罗里达州的一条州级公路上，一名使用自动驾驶系统(Autopilot)驾驶特斯拉汽车的男子，因他的汽车撞上一辆横穿马路的拖车，当场死亡。事后，美国联邦监管机构裁定，该系统并不存在造成事故的缺陷。

后来，在 2018 年之前几年，亚利桑那州官员成功地抓住了优步和其他公司开始测试自动驾驶汽车的机会。他们承诺采取轻度监督，邀请这些公司在本州的道路上测试它们的机器人车辆。然后，在 2018 年 3 月 18 日晚上，优步运营的一辆自动驾驶汽车在亚利桑那州坦佩市的一条街道上撞死了一名妇女，当时车上有一名紧急后备司机。这被认为是首例因自动驾驶技术而导致行人死亡的事件。该公司迅速中止了测试。现在，这起事故影响着自动驾驶汽车的进化。

这起事故提醒我们，自动驾驶技术仍处于试验阶段，政府仍在试图弄清楚如何对其进行监管。优步、韦莫(Waymo)和一系列诸多科技公司和汽车制造商已经开始在全国各个城市测试它们的自动驾驶汽车。这些公司表示，自动驾驶汽车将比普通汽车更加安全，只因为自动驾驶汽车将很容易取代注意力不集中的驾驶员。但是，这项技术仍然只有短短的 10 年历史，而且才刚刚开始体验人类司机们可能面临的各种不可预测的情况。

目前还不清楚，亚利桑那州的撞车事故是否会使得其他公司或州监管机构降低自动驾驶汽车在公共道路上的行驶速度。自动驾驶汽车的大

部分测试是在碎片化的监管环境中进行的。一些州(比如，亚利桑那州)采取了宽松的监管态度。亚利桑那州官员希望将经营自动驾驶技术的公司邻近的加利福尼亚州(该州监管者态度较为谨慎)吸引过去。

自动驾驶技术的研究人员一直在努力想要教会系统如何适应不可预
测的人类驾驶行为。尽管如此，大多数研究人员相信自动驾驶汽车最终 48
会比人类驾驶员更加安全。根据美国国家公路交通安全管理局的数据，2016 年，美国有 37461 人死于交通事故。这相当于，2016 年，每行驶 1 亿英里，死亡 1.18 人。[89]

因此，由于发生事故，研发人员不得不重新考虑自动驾驶汽车的发展进程。这起事故可能会改变预定的进程，以及人工智能技术的进化过程。因此，当我们从特定的事故中吸取教训时，事故本身就是进化过程中的突变，直到发生下一次事故。

但是，如果这不是事故呢？ 我们如何能够确信，我们将永远有能力改变进化的进程？ 其实，我们真的曾经有过这样的能力吗？

五、思考的未来:超级智能与后生物学

史前时代我们已经创造出很多工具，来帮助我们努力工作。在石器时代，我们用石头制作工具。我们用石头敲碎坚果，而不再用手。我们用锋利的石头划开动物的皮肤，而不再用手或牙齿。当火被发现时，石头也被用来点火。当我们发现铁的秘密时，我们用铁制作工具。大多数考古发现基本上都是工具。

后来，我们发明机器为我们工作。因此，我们先是发明了自行车，后来又发明了火车、汽车、飞机和宇宙飞船，而不再从一处步行到另一处。但是，这些并不是我们最激动人心的发明。

在人类历史的某个时刻，我们觉得，思考太难了。思考让我们不同
于动物，但却被认为是一种负担。看看西方儿童在学校里有多么无聊， 49
有时甚至是有多么痛苦。他们最想要的机器就是一台可以替他们做作业的机器。

在人类历史的某个阶段，我们想发明机器来为我们思考。而且，我

们做到了。在 17 世纪，我们发明了第一台计算器。[90]它被设计用来计算简单的加法和乘法，但基本上，这些都是简单的思考。有供则有求。计算器变得越来越先进，并取代了越来越复杂的思考。机械化思考变得比人类思考更加可靠。我们大多数人更加相信计算器算出的 3 的平方根，而不相信我们自己计算的结果。

随着欲求越来越强烈，我们发明了人工智能。我们希望这些机器能为我们思考。当人类驾驶员在雨天开车时，会进行很多复杂的思考：怎么转弯？ 以什么速度？ 正确的角度是多少？ 等等。但是，自动驾驶汽车能为我们做这些思考。我们可以坐在汽车后座，玩弄我们的智能手机（另一台思考机器），尽情享受人类思考的堕落。无知则无忧。这是人类思考的未来吗？

下一步是超级智能或人工超级智能（ASI）。ASI 是一台机器，它拥有远远超过最聪明、最有天赋的人类大脑的智能。计算机组件的速度已经大大超越人类的表现。生物神经元以大约 200 Hz 的峰值速度工作，比现代微处理器（大约 2 GHz）慢整整 7 个数量级。此外，神经元通过轴突以最高 120 米/秒的速度传输尖峰信号，而现有的电子核心处理器能以光速进行光学通信。

因此，超级智能的最简单例子可能是一个仿真的人类大脑，但它运行在比人类大脑快得多的硬件之上。这是一个像人类一样的推理机器，它的思考速度比现在的人类思考速度快几百万倍。在大多数推理任务中，尤其是那些需要快速行动或长期行动的任务中，它会拥有绝对优势。

计算机的另一个优点是模块化，换言之，它们的尺寸或计算能力可以增加。一个非人类（或被改造的人类）的大脑可能会变得比今天的人类
50 大脑体积更大，就像许多超级计算机那样。另外，还有集体超级智能的可能性：足够多的独立推理系统，如果它们足够好地沟通和协调，能以比任何次级代理（即单个推理系统）更强的能力共同行动。

另外，也可能有办法从本质上改进人类的推理能力和决策能力。人

工超级智能可能会更先进，因为量子处理器可以自主运行。这种处理器完全不同于基于晶体管和电容器的二进制数字的电子处理器。普通的数字计算要求将数据编码成二进制数字(比特)，每个数字总是处于两个确定状态(0 或 1)中的一个，而量子计算使用量子比特(qubits)，它们可以处于叠加的状态。

所有这些优势都适用于人工超级智能，但还不清楚有多少优势可适用于生物超级智能。生理局限在许多方面限制了生物大脑的速度和尺寸，而这并不适用于机器智能。

另一步就是后生物学。我们已经使用人工智能芯片将神经系统与大脑或脊髓相连，从而帮助残障人士移动手臂和腿。但是，将该类型芯片植入人脑，刺激大脑，加速人类思考，还处于实验阶段。但是，届时，我们可能会想，这样产生的想法是人类的思考还是机器的思考？ 有什么东西会阻止我们在这些芯片中植入一些内容，来指导我们思考吗？当这些芯片被激活时，创造力还存在吗？ 当然，还有许多其他问题。人类思考的未来似乎不是很清晰。

第三节　现代犯罪人

现代刑法如何定义犯罪人？ 大多数人都将术语“罪犯”和“犯罪人”与“邪恶”联系在一起。谋杀犯和强奸犯是罪犯；所以，他们是邪恶的。然而，犯罪不仅仅包括谋杀罪和强奸罪，还包括其他一些行为，这些行为绝大多数人不认为是邪恶的。一些“白领犯罪”并不总被认为 51
是“邪恶的”，许多人认为它们是相当聪明的伎俩，或者只是屈从于复杂的官僚体系。同样，大多数违反交通法规的行为并不被认为是邪恶的，因职责压力而实施的一些犯罪行为也不被认为是邪恶的。

举例而言，外科医生顶着压力，在时间紧迫的情况下，为了抢救患者完成复杂的紧急手术，尽管拼尽全力，但是患者仍旧不幸身亡。最终，尸检表明，外科医生或许有失职行为，应当承担过失致人死亡罪的刑事责任。我们认为他是邪恶的吗?

事实上，即使是一些典型的犯罪(譬如谋杀罪)，在某些情况下也并不总被认为是邪恶的。例如，儿子亲眼目睹身患绝症的母亲日复一日忍受病痛折磨，母亲请求他切断心肺复苏仪(CPR)，结束她的痛苦。如果儿子勉强地同意了，他就应承担谋杀罪的刑事责任。[91]但是，他是邪恶的吗? 然而，如果他拒绝母亲的请求，眼睁睁看着母亲受苦，并乐在其中呢? 他无需承担任何刑事责任，可我们难道不认为他是邪恶的吗?

类似事例不胜枚举。邪恶并不是刑事责任的度量衡。无论何种形式的道德责任都可能与刑事责任大相径庭。两者偶尔会同步，但是，刑事责任追究并不一定需要这种偶尔的同步。犯罪人是已经被追究刑事责任的人。如果个体行为满足某个刑事犯罪的法律要求，并且已经追究刑事责任，那么，该个体便是犯罪人。犯罪人可能是邪恶的，也可能不是。因此，追究刑事责任就必须探讨刑事责任的要求。

一般认为，刑法是最为有效的社会控制手段。社会，作为一个抽象
52 的团体或实体，控制着它的个体成员。社会采取各种措施控制个体(例如，道德、经济、文化等)，但最为有效的方法之一便是法律。鉴于只有刑法能够规定严重刑罚(监禁、罚金甚至死刑)，刑法被视为控制个体最为有效的方法，通常称之为“法律的社会控制”(legal social control)。追究刑事责任就是法律的社会控制的应用和实施。

现代刑事责任独立于任何形式的道德，亦不受邪恶观念的影响。我们追究刑事责任的方式是类型化的，甚至于几乎是算数式的。追究刑事责任必须同时满足两类要求：第一类要求关于法律，第二类要求关于犯罪人。赋予刑事责任必须同时满足两类要求，而且只需满足这两类要求，无需任何其他附加条件。

一、特定犯罪的基本要求

关于法律的第一类要求，包括法律规定的每一项犯罪必须满足的四

项要求。若某个个体的犯罪行为无法满足其中任何一项要求，则任何法院不得追究其刑事责任。这四项要求分别是：(1)合法性；(2)行为；(3)有罪性以及(4)个人责任。上述每一项要求都分别代表刑法中的一项基本原则，即：合法性原则(亦称罪刑法定原则)、行为原则、有罪性原则以及个人责任原则。

合法性是犯罪产生法律后果的要求(法无明文不为罪)。正是合法性形成了确定刑事“对”和“错”的规则。犯罪要具有法律后果，就必须同时满足以下四个条件：(1)正当法律渊源；(2)时间效力；(3)空间效力；(4)合理解释。[92]只有同时满足上述四个条件，犯罪才具有法律后果。

犯罪必须由正当的法律渊源予以规定。[93]大多数国家都将立法而不是案例法作为最终的正当法律渊源，因为立法由社会整体选举的公众代 53
表制定。鉴于刑法履行“法律的社会控制”职能，刑法必须能反映出选民代表的社会意志。犯罪的时间效力要求是指法不溯及既往。[94]在策划行动时，个体应当事先得以了解禁令，而非事后。只有在极少数情况下法律能够溯及既往，例如，新的犯罪对被告人有利(新法比旧法刑罚更轻或允许新的抗辩)，或犯罪行为涉及国际性的强制法(jus cogens)(例如，种族灭绝罪、危害人类罪或战争罪)。[95]

犯罪还必须符合空间效力要求，所以，域外犯罪不具有法律后果。[96]刑法以领土国家的主权为基础，因此，刑法也只是在国家领域内有效。例如，法国刑法在法国适用，在美国却并不适用。因此，域外犯罪不具有本国法律后果(例如，不得在美国追究法国的犯罪行为)。然而，在极少数情况下，主权国家有权通过追究域外犯罪以保护本国主权或其域外国民。例如，在肯尼亚攻击美国大使馆的外国恐怖分子，虽然从未去过美国，依然会在美国接受美国刑法的制裁。[97]跨国企业也可能因域外犯罪而适用他国刑法。

犯罪必须细致规定，谨慎措辞。犯罪必须泛指，并面向公众(例如，“塞米尔·杰克逊不得……”就不是正当的犯罪定义)。[98]只有合理的犯罪定义才能实现法律的社会控制(如，“任何个体若使他人停止呼吸超过5分钟，则应承担……”就不是正当的犯罪定义)。[99]犯罪的表述和措辞必须清晰、明确，才能确保个体了解哪些是合法行为，哪些是违法行为。[100]只有同时符合所有条件，才能满足合法性要求。

54 犯罪若要产生法律后果，还必须满足行为要求(无行为则无犯罪，nullum crimen sine actu)。现代社会更倾向思想自由，对处罚纯粹的思想不感兴趣(任何人不因思想受处罚，cogitationis poenam nemo patitur)。法律的社会控制无法通过思想统治来实现效果，因为这是无法执行的。行为是实施犯罪的客观外在表现。不满足该条件的犯罪则不产生法律后果。在整个人类法律史上，只有暴君和极权主义政权才会惩罚无行为的犯罪。

一些犯罪的行为要求可以通过不行动(inaction)来满足。因个体的身份而非其行为将之规定为犯罪的，被视为身份犯。例如，因亲属关系而非行为惩罚叛国者亲属的犯罪，便是身份犯。[101]惩罚特定种族个体的犯罪，亦是身份犯。[102]绝大多数现代国家已取消身份罪。在法院，因身份罪而受追诉的被告人应被无罪释放，因为身份罪与刑法的行为原则相矛盾。[103]只有要求行为的犯罪，才被视为具有正当合法性。

若犯罪要具有法律后果，还必须满足有罪性要求(无罪过即无犯罪)。现代社会对处罚偶然、无意或随机事件不感兴趣，除非是个体有罪性造成的事件。有人死亡并不一定代表存在犯罪人。有人遭雷击身亡时，刚好旁边有人经过，这个过路人并不一定有罪。若要追究犯罪的刑事责任，必须要求一定程度的罪过；否则，这就相当于社会对个体实施残忍虐待。

55 有罪性和犯罪人的心理状态有关，反映犯罪实施的主观—内在表现。犯罪人的心理状态构成有罪性要求，并能够通过特定犯罪的特殊要求和一般抗辩事由反映出来。例如，误杀罪(manslaughter)要求将疏忽(recklessness)作为最低程度的罪过。[104]但是，如果犯罪人精神失常(精神疾病的一般抗辩)、[105]未成年(未成年人的一般抗辩)，[106]或者是出于自卫(正当防卫的一般抗辩)，[107]那么，犯罪人不承担任何刑事责任。上述犯罪人不具有有罪性。犯罪必须满足有罪性要求，才应当承担法律后果。

犯罪必须满足个人责任要求，才应当承担法律后果。[108]现代社会不会因为他人行为而惩罚个人，无论二人何种关系。只有让所有个体都对自己的行为负责，法律的社会控制才能有效。如果个体知道自己不会因其行为承担法律责任，他就没有动机避免实施犯罪或其他类型的反社会行为。只有当个体认识到不会有别人对自己的行为负责时，法律的社会控制才能有效。只有当个体可能受到处罚时，处罚才能阻止个体。

个人责任确保每个犯罪人只会因为其个人行为而承担法律责任并遭受刑罚。如果多个个体一起实施犯罪，那么共同犯罪中的每个个体只对自己的部分承担刑事责任。从犯承担从犯刑事责任，共犯承担共犯刑事 56
责任。各种刑事责任与个人责任原则相结合，确立了刑法中共同犯罪的一般形式(例如，共同正犯、间接正犯、共谋犯、教唆犯以及从犯)。只有要求个人责任，该犯罪才是正当合法的。

犯罪只有同时满足四个基本要求：合法性、行为、有罪性和个人责任，才能被视为正当合法。只有此时，社会才能根据个体实施的犯罪行为追究其刑事责任。具体犯罪的正当性和合法性对于追究刑事责任是必要的，但还不足够。追究刑事责任还要求犯罪人满足犯罪的特殊要求。这些要求是犯罪定义的一部分。

二、特定犯罪的要求：现代刑事责任的极简主义矩阵图

每一项符合上述要求的犯罪，都决定了因其而追究刑事责任所需的要求。虽然不同犯罪有不同要求，但是所有犯罪背后的形式逻辑以及结构大多相似。共同的形式逻辑和结构是现代刑事责任的重要属性。一般来说，这些属性都具有极简主义特征，这里是指，犯罪决定追究刑事责任的最低阈值。换言之，犯罪人必须满足特定犯罪的最低要求。犯罪应当满足两个一般要求：(1)事实要素要求；(2)心理要素要求。

在绝大多数现代国家，事实要素要求都具有相同的现代结构。这个结构将行为基本原则应用到刑事责任之中，无论心理要素要求如何，每种类型犯罪的事实要素要求的现代结构都完全相同。事实要素要求是刑
57 事责任的广义的客观—外在基础（无事实则无犯罪，nullum crimen sine actu），[109]旨在回答关于违法事件事实方面的四个主要问题："何事""何人""何时"以及"何处"。"何事"是指事件的本质性事实（发生了什么）。"何人"涉及犯罪人的身份。"何时"表示事件发生的时间。"何处"指明事件发生的地点。

在一些犯罪中，犯罪的定义直接回答了这些问题。在其他犯罪中，必须通过适用刑法中的合法性原则来解决这些问题。[110]例如，"攻击他人的任何人……"的犯罪并没有直接回答"何人""何时"和"何处"的问题，但是能通过适用合法性原则来回答这些问题。因为这个犯罪基本上是普通犯，[111]所以，"何人"问题的答案就是任何具有法律资格的个人。因为此类犯罪可能并不具有追溯力，[112]所以，"何时"问题的答案就是：从犯罪生效之时起。又因为此类犯罪无法适用外国刑法（存在一些例外情形），[113]所以，"何处"问题的答案是：主权国家的领土管辖区域内（存在一些例外情形）。

可是，"何事"的问题答案必须直接规定在犯罪的定义之中。这个问题涉及犯罪的核心，不能通过合法性原则来回答。这种方法是事实要素要求的现代结构的基础，包括三个主要部分：行为（conduct）、情节和结果。行为是强制性要件，情节和结果要件则不是。因此，如果犯罪定义中没有行为的要求，那么，这个定义就不合法，法院不能根据该指控对个人定罪。表 1 列明回答四个问题的要件。

58 **表 1　事实要素要件的目标问题**

事实要素要件	问　　题
行　为	"何事"
情　节	"何事""何人""何时""何处"
结　果	"何事"

行为要件是回答“何事”问题的核心。缺乏行为要件的身份犯被视为不合法，一般来说，一旦被发现，这些犯罪就会被废除。[114]但是，犯罪定义中不存在情节或结果，并不意味着犯罪无效。[115]这些要件旨在(比仅仅通过行为)更加准确地满足了事实要素的要求。因此，以下四个公式可以满足事实要素的要求：行为；行为＋情节；行为＋结果；行为＋情节＋结果。

在绝大多数现代国家，心理要素要求的现代结构已经被广泛接受。这种结构适用刑法中的有罪性基本原则(无罪过则无犯罪)。有罪性原则有两个主要方面：积极方面和消极方面。积极的方面(若追究犯罪人的刑事责任，则犯罪人的主观应具有什么)与心理因素有关，而消极的方面(若追究犯罪人的刑事责任，则犯罪人的主观不应具有什么)与一般抗辩有关。[116]例如，误杀罪的刑事责任要求疏忽作为心理因素，但也要求犯罪人并未精神失常。疏忽是有罪性原则积极方面的一部分，精神失常的一般抗辩是有罪性原则消极方面的一部分。

刑法中有罪性的积极方面涉及实施犯罪中的心理过程。心理要素有 59
两个重要方面：认识和意志。认识是个体对事实真相的意识。在一些国家，意识被称为“知道”，但是，在上述语境中，意识和知道之间没有实质性的区别，两者都与来自现在或过去的数据相关，但不能与来自未来的数据相关。[117]一个人可以评估或预测未来会发生什么，但无法知道或意识到它们。刑事责任不需要预言能力。刑法中的认识指的是一种二元情况：犯罪人要么意识到事实 X，要么没有意识到事实 X。“部分意识到”在刑法中是不被接受的，它被归类为“没有意识到”。

意志和个体的意愿相关，而不受制于事实真相。个体可能希望不切实际的事件发生，无论是在现在、过去还是未来。意志不具有二元性，因为意愿有不同的层级，三个基本层级分别是积极(A 想要 X)、中性(A 对 X 漠不关心)以及消极(A 不想要 X)。认识和意志特性共同构成心理要素要求，而心理要素要求源自刑法中有罪性的积极方面。在大多数现代国家，心理要素有三种主要形式，它们因认识方面不同而有所不同。

这三种形式代表了三个层次的积极有罪性。它们是(1)犯罪意图(故意),(2)过失,(3)严格责任。

心理要素的最高层级是犯罪意图，这需要充分的认识。犯罪人必须充分了解事实真相。这种形式包括检查犯罪人的主观心理。过失是认知不作为：不要求犯罪人意识到事实因素，尽管基于客观情形，他可以并应该能够意识到。严格责任是心理要素的最低层次；它取代了以前所谓的绝对责任。严格责任是仅仅基于事实情况而作出的相对的法律过失推定，犯罪人可对该推定进行反驳(相对法律推定，praesumptio juris tantum)。如上所述，认识与事实真相有关。刑法中相关的事实真相通过事实要素要件反映出来。

60 然而，从犯罪人的角度来看，当他实施犯罪时，只有事实要素中的行为和情节存在于当下；结果发生在未来。认识仅局限于过去和现在，因此，它与行为和情节相关。虽然结果发生在未来，但相关行为导致该结果发生的可能性当下就存在，因此，认识也与结果发生的可能性相关。例如，在杀人案件中，A 用手枪瞄准 B 并扣动扳机。这时，A 能意识到自己的行为、现有的情节以及由于自身行为导致 B 死亡的可能性。

意志对于过失责任和严格责任都是无关紧要的，意志只存在于故意犯罪之中，而心理要素要求包含了意志的所有三个基本层次。表 2 比较了三种心理因素的一般要求：

表 2　心理要素要求形式的比较

要求形式	认　识	意　志
故　意	主观认识	只存在于结果犯之中 (鉴于相关层级)
过　失	认识的不作为	无
严格责任	推定认识的不作为	无

因为在大多数法律制度中，对犯罪心理要素的默认要求是故意，过失犯罪和严格责任犯罪必须明确规定相关要求。这些明确要求可以作为犯罪定义的一部分予以列明，也可以包含在明确的法律解释传统之中。

没有提及此类明确要求的犯罪应归类为默认的故意犯罪。相关要求不仅
可以通过相同形式的心理因素来满足，还可以通过更高形式的心理要素 61
来满足。因此，犯罪的心理要素要求是追究刑事责任的最低层次心理要
素；[118]较低层次的心理要素则不足以追究刑事责任。表 3 对满足三种
心理要素的要求进行了比较：

表 3　满足心理要素要求形式的比较

心理要素要求	通过以下内容满足
故意	故意
过失	过失 或者 故意
严格责任	严格责任 或者 过失 或者 故意

这种刑事责任结构形成最低要求矩阵。每一个犯罪都体现出追究刑
事责任的最低要求，满足这些要求便足以追究刑事责任。无需任何其他
的心理要素，因此，现代犯罪人都是满足最低犯罪行为要求的个体。犯 62
罪人并不一定“邪恶”“卑鄙”或“恶毒”，只需要满足犯罪的全部要求
即可。因此，追究刑事责任是生硬的、理性的(与感性相反)，它类似于
数学。

因此，刑事责任最低要求矩阵有两个方面：结构方面和实质方面。例如，如果犯罪的心理要素只要求意识，而不需要其他心理因素要求，那么此处要求的意识就应该由刑法予以定义，无论它在心理学、哲学、神学或其他领域的含义(实质方面)如何。实质方面将在第二、第三和第四章中详细讨论。

尽管如此，很明显，刑事责任结构是考虑到人类的能力而专为人类设计的，并没有考虑到其他生物。心理要素要求依赖的是人类的精神、

灵魂和思维。因此，是否能够根据人类的精神、灵魂和思维标准检验机器？ 基于这些见解，如何对缺乏精神和灵魂的实体追究刑事责任？

然而，重要的是要谨记：虽然刑事责任依赖人类的精神和灵魂，但是追究刑事责任并不依赖这些具有深层心理意义的术语。只要任何一个实体符合犯罪的事实要素和心理要素要求，无论该实体有无精神、有无灵魂，它都可能被追究刑事责任。这不是什么全新的观点，甚至在 21 世纪也许都算不上多有创新性。早在 17 世纪——现代人工智能技术出现之前，人们就已经形成类似观点。当时，一种非人类生物实施犯罪行为，有必要用刑法对其予以规制。这些生物既没有精神，也没有灵魂，但它们能够成为刑事责任主体。直至今日，我们仍一直追究其刑事责任。这些生物正是公司。

三、非人类的公司法人①案例(第一回合)

63 自 17 世纪以来，公司就属于现代犯罪人之列，尽管他们没有精神、灵魂或身体。[119]尽管公司早已被罗马法所认可，但是现代公司的发展始于 14 世纪，当时英国法律要求国王或议会批准承认公司的合法性。[120]中世纪早期的公司大多是和基督教相关的团体，负责管理教会财产。这些团体逐渐演变成协会、商业行会、专业行会，最后形成商业公司雏形。

16 世纪和 17 世纪时，医院和大学都普遍地注册成为公司。[121]不仅如此，人们还发明出商业公司解决多名股东的企业所有权划分问题。[122]人们开创新业务时，通过建立公司、划分股东的股份和股权来划分所有权。这种所有权划分十分有效，能最大程度地降低企业所有者的财务风险，所以公司变得十分普遍。[123]

第一次工业革命期间，公司的盛行既是工业革命的胜利果实，同时

---

① 译者注：corporation 可译作企业、公司、法人。但在刑法中，作为刑事责任主体的公司，一般应具有法人资格，而且在很多国家亦不限于公司法人，还包括公法法人(比如，中国、法国)，故本书对作为自然人、人工智能实体并列责任主体的 corporation 采用“公司法人”译法。不过，本书中，对公司的历史发展的介绍内容，仍采用“公司”译法。

又是低层阶级和工人的痛苦源泉（低层阶级和工人也是工业革命的产物）。人们认为，公司应对工人的贫困负责（因为工人无法分享利润），也应对持续受虐的童工负责。随着工业革命发展，公众和社会对公司施加的压力也越来越大，迫使立法者不得不限制公司活动。

18 世纪初，英国议会颁布了反对公司滥用权力的法令，国家赋予 64
公司这些权力是为了社会福利。[124]为了确保法令的有效性，法令中包含了刑事犯罪。最常见的犯罪便是公害（public nuisance）犯罪。[125]随着工业革命的发展，这一立法趋势也得以强化。直至 19 世纪，大多数发达国家都对公司的各种活动颁布了新的立法。为了确保立法有效实施，新的立法中也都包含了刑事犯罪。这又引发了一个概念性问题：如何追究公司的刑事责任？

刑事责任要求事实要素，但公司却没有物理实体。刑事责任还要求心理要素，而公司却没有思维、大脑、精神或灵魂。[126]一些欧洲国家拒绝追究非人类生物的刑事责任，而主张恢复罗马法的规则，即公司不承担刑事责任（法人不可能犯罪，societas delinquere non potest）。但是，这种方法存在很大问题，因为它为犯罪人提供了法律庇护。例如，逃税的个人要负刑事责任，但当该个体是公司时，该公司就可以免除刑事责任。这会鼓励个人借助法人的名义逃税。最终，直到 20 世纪，所有国家才都将公司纳入刑法之中。

英美法传统因其众多的社会优势和利益，很早就接受了公司刑事责任的概念。1635 年，法人刑事责任首次颁布实施。[127]那时的刑事责任追究依赖的是替代责任，相对比较简单，却能让法院单独追究公司刑事责任，与公司所有者、工人或股东的刑事责任追究区分开。这种结构在 65
整个 18 世纪和 19 世纪一直有效。[128]

以替代责任为基础的刑事责任的主要缺点在于，它要求法人和其他实体之间存在有效的替代关系，而这种关系最常出现在人与人之间。[129]因此，如果人类未经公司许可实施犯罪行为（越权原则，ultra vires），那么公司无需承担刑事责任。若要免除公司刑事责任，只需在公司注册文件中列入一条“禁止代表公司实施任何刑事犯罪行为”的一般条款即可。[130]该缺陷使得英美法系在19世纪末20世纪初改变了公司刑事责任模式。[131]

新模式以认同理论(identity theory)为基础。在某些类型的案例中，公司的刑事责任源自公司机关(organ)；而在其他类型的案例中，公司刑事责任则独立存在。对于不作为(例如，没有纳税，没有满足法律要求或是没有保障工人权利)犯罪，因为作为的责任在公司，所以公司应单独承担刑事责任，与其他实体的刑事责任无关，无论其他实体是否为人类。对于作为犯罪，只要公司机关代表公司实施犯罪，无论是否其得到
66 许可，公司都应承担刑事责任。[132]相同的结构同样适用于心理因素，即故意、过失和严格责任。[133]

因此，公司承担的是直接责任，而非间接责任或替代责任。[134]无论是否对自然人提起诉讼，只要公司同时满足所有犯罪要素要求，公司就会被起诉。若公司被判有罪，则对公司和自然人分别量刑。公司的量刑与自然人的量刑具有同等效力。为了完整描述，我们会重新讨论非人类的公司法人案例(第二回合)和人工智能实体量刑问题之间的关系。[135]

但是，公司刑事责任的现代法律结构的主要价值是概念性的。自17世纪以来，刑事责任便不再专属于人类。其他非人类的实体也被纳入刑法之中。尽管刑法的法律结构需要进行调整才能适用，但是，最终公司还是成了刑法的主体。如今，这似乎是理所当然的。鉴于17世纪时已经成功跨越第一个障碍，横亘在赋予人工智能刑事责任道路上的第二个障碍可能会更容易跨越。

后面的章节中，我们将会详细分析各种类型的犯罪中人工智能实体的刑事责任。因为人工智能实体刑事责任的主要障碍是心理因素，所以根据心理因素要求(故意、过失和严格责任)对犯罪进行划分。接下来，分析一般抗辩对人工智能实体的可适用性。最后一章中，我们会讨论人类量刑对人工智能实体的可适用性。

注释

1. 见，例如，A AGE GERHARDT DRACHMANN，THE MECHANICAL TECHNOLOGY OF GREEK AND ROMAN ANTIQUITY：A STUDY OF THE LITERARY SOURCES(1963)；J.G. LANDELS，ENGINEERING IN THE ANCIENT WORLD(rev. ed.，2000)。

2. René Descartes，Discours de la Méthode pour Bien Conduire sa Raison et Chercher La Vérité dans Les Sciences(1637)（Eng：Discourse on the Method of Rightly Conducting One's Reason and of Seeking Truth in the Sciences).

3. Terry Winograd，Thinking Machines：Can There Be? Are We?，THE FOUNDATIONS OF ARTIFICIAL INTELLIGENCE 167，168(Derek Pertridge and Yorick Wilks eds.，1990，2006).

4. THOMAS HOBBES，LEVIATHAN OR THE MATTER，FORME AND POWER OF A COMMON WEALTH ECCLESIASTICALL AND CIVIL III.xxxii.2(1651)：

"当一个人进行推理时，他所做的不过是在心中将各部相加求得一个总和，或是在心中将一个数目减去另一个数目求得一个余数……这些运算法并不限于数字方面，而是所有可以相加减的事物全都适用……逻辑学家在语词系列、两个名词相加成为一个断言、两个断言相加成为一个三段论法、许多三段论法形成一个证明。"

5. GOTTFRIED WILHELM LEIBNIZ，CHARACTERISTICA UNIVERSALIS(1676).

6. N. P. PADHY，ARTIFICIAL INTELLIGENCE AND INTELLIGENT SYSTEMS 4 (2005，2009).

7. DAN W. PATTERSON，INTRODUCTION TO ARTIFICIAL INTELLIGENCE AND EXPERT SYSTEMS(1990).

8. GEORGE F. LUGER，ARTIFICIAL INTELLIGENCE：STRUCTURES AND STRATEGIES FOR COMPLEX PROBLEM SOLVING(2001).

9. J.R.MCDONALD，G.M.BURT，J.S.ZIELINSKI AND S.D.J.MCARTHUR，INTELLIGENT KNOWLEDGE BASED SYSTEM IN ELECTRICAL POWER ENGINEERING (1997).

10. STUART J.RUSSELL AND PETER NORVIG，ARTIFICIAL INTELLIGENCE：A MODERN APPROACH(2002).

11. Patterson，Supra note 7.

12. STEVEN L. TANIMOTO，ELEMENTS OF ARTIFICIAL INTELLIGENCE：AN INTRODUCTION USING LISP(1987).

13. 见，例如，Edwina L.Rissland，Artificial Intelligence and Law：Stepping Stones to a Model of Legal Reasoning，99 YALE L.J. 1957，1961—1964(1990)；ALAN TYREE，EXPERT SYSTEMS IN LAW 7—11(1989)。

14. ROBERT M.GLORIOSO AND FERNANDO C.COLON OSORIO，ENGINEERING INTELLIGENT SYSTEMS：CONCEPTS AND APPLICATIONS(1980).

15. Padhy, Supra note 6, at p.13.

16. Nick Carbone, South Korea Rolls Out Robotic Prison Guards, http://newsfeed.time.com/2011/11/27/south-korea-debuts-robotic-prison-guards/(最后访问日期：2019 年 1 月 10 日)；Alex Knapp, South Korean Prison To Feature Robot Guards, http://www.forbes.com/sites/alexknapp/2011/11/27/south-korean-prison-to-feature-robot-guards/(最后访问日期：2019 年 1 月 10 日)。

17. https://www.ynet.co.il/articles/0, 7340, L-4898298, 00.html(最后访问日期：2019 年 1 月 10 日)。

18. Daisuke Wakabayashi, Self-Driving Uber Car Kills Pedestrian in Arizona, Where Robots Roam, The New York Times(最后访问日期：2018 年 3 月 19 日)；https://www.nytimes.com/2018/03/19/technology/uber-driverless-fatality.html(最后访问日期：2019 年 1 月 10 日)。

19. Itzik Saban, Artificial Intelligence in the Police Service, Israel Hayom 35(最后访问日期：2018 年 12 月 25 日)。

20. W. J. Hennigan, New Drone Has No Pilot Anywhere, So Who's Accountable? Los Angeles Times, January 26, 2012. See also http://www.latimes.com/business/la-fi-auto-drone-20120126, 0, 740306.story(最后访问日期：2019 年 1 月 10 日)。

21. EUGENE CHARNIAK AND DREW MCDERMOTT, INTRODUCTION TO ARTIFICIAL INTELLIGENCE(1985).

22. 《创世纪》3：1—24。

23. RICHARD E.BELLMAN, AN INTRODUCTION TO ARTIFICIAL INTELLIGENCE: CAN COMPUTERS THINK? (1978).

24. JOHN HAUGELAND, ARTIFICIAL INTELLIGENCE: THE VERY IDEA(1985).

25. Charniak and McDermott, Supra note 21.

26. ROBERT J. SCHALKOFF, ARTIFICIAL INTELLIGENCE: AN ENGINEERING APPROACH(1990).

27. RAYMOND KURZWEIL, THE AGE OF INTELLIGENT MACHINES(1990).

28. PATRICK HENRY WINSTON, ARTIFICIAL INTELLIGENCE(3rd ed., 1992).

29. GEORGE F. LUGER AND WILLIAM A. STUBBLEFIELD, ARTIFICIAL INTELLIGENCE: STRUCTURES AND STRATEGIES FOR COMPLEX PROBLEM SOLVING(6th ed., 2008).

30. ELAINE RICH AND KEVIN KNIGHT, ARTIFICIAL INTELLIGENCE(2nd ed., 1991).

31. Padhy, Supra note 6, at p.7.

32. Alan Turing, Computing Machinery and Intelligence, 59 MIND 433, 433—460(1950).

33. Donald Davidson, Turing's Test, MODELLING THE MIND 1(1990).

34. Robert M.French, Subcognition and the Limits of the Turing Test, 99 MIND 53, 53—54(1990).

35. MASOUD YAZDANI AND AJIT NARAYANAN, ARTIFICIAL INTELLIGENCE: HUMAN EFFECTS(1985).

36. STEVEN L. TANIMOTO, ELEMENTS OF ARTIFICIAL INTELLIGENCE: AN INTRODUCTION USING LISP(1987).

37. Nick Shchetko, Did "Eugene Goostman" Pass the Turing Test? , THE WALL STREET JOURNAL(10.6.2014).

38. JOHN R.SEARLE, MINDS, BRAINS AND SCIENCE 28—41(1984); John R. Searle, Minds, Brains & Programs, 3 BEHAVIORAL & BRAIN SCI. 417(1980).

39. Roger C. Schank, What is AI, Anyway? THE FOUNDATIONS OF ARTIFICIAL INTELLIGENCE 3, 4—6 (Derek Pertridge and Yorick Wilks eds., 1990, 2006).

40. DOUGLAS R. HOFSTADTER, GÖDEL, ESCHER, BACH: AN ETERNAL GOLDEN BRAID 539—604(1979, 1999).

41. 见，例如，DONALD A. WATERMAN, A GUIDE TO EXPERT SYSTEMS (1986):“直到20世纪70年代末，人工智能科学家才开始意识到一些非常重要的事情：程序解决问题的能力来自它所拥有的知识，而不仅仅来自它使用的形式和推理方案。概念上的突破已经取得，并且可以非常简单地予以陈述。要使一个程序变得智能，就要为它提供关于某些问题领域的高质量、具体的大量知识。（原文强调）” DONALD MICHIE AND RORY JOHNSTON, THE CREATIVE COMPUTER(1984); EDWARD A.FEIGENBAUM AND PAMELA MCCORDUCK, THE FIFTH GENERATION: ARTIFICIAL INTELLIGENCE AND JAPAN'S COMPUTER CHALLENGE TO THE WORLD(1983)。

42. 见，例如，对威诺格拉德(Winograd)文的批判，上注3，第178—181页。

43. Schank, Supra note 39, pp.9—12.

44. 见，PHILLIP N.JOHNSON-LAIRD, MENTAL MODELS 448—477(1983); 亦见 COLIN MCGINN, THE PROBLEM OF CONSCIOUSNESS: ESSAYS TOWARDS A RESOLUTION 202, 209—213(1991)。

45. HOWARD GARDNER, THE MIND'S NEW SCIENCE: A HISTORY OF THE COGNITIVE REVOLUTION (1985); MARVIN MINSKY, THE SOCIETY OF MIND (1986); ALLEN NEWELL AND HERBERT A.SIMON, HUMAN PROBLEM SOLVING, (1972); Winograd, Supra note 3, pp.169—171.

46. MAX WEBER, ECONOMY AND SOCIETY: AN OUTLINE OF INTERPRETIVE SOCIOLOGY(1968); Winograd, Supra note 3, pp.182—183.

47. Daniel C. Dennett, Evolution, Error, and Intentionality, THE FOUNDATIONS OF ARTIFICIAL INTELLIGENCE 190, 190—211(Derek Pertridge and Yorick Wilks eds., 1990, 2006).

48. Lawrence B.Solum, Legal Personhood for Artificial Intelligences, 70 N. C. L.REV. 1231, 1262(1992); OWEN J.FLANAGAN, JR., THE SCIENCE OF THE MIND 254(2nd ed., 1991); John Haugeland, Semantic Engines: An Introduction to Mind Design, MIND DESIGN 1, 32(John Haugeland ed., 1981).

49. MONTY NEWBORN, DEEP BLUE(2002).

50. STEPHEN BAKER, FINAL JEOPARDY: MAN VS. MACHINE AND THE QUEST TO KNOW EVERYTHING(2011).

51. VOJISLAV KECMAN, LEARNING AND SOFT COMPUTING, SUPPORT VECTOR MACHINES, NEURAL NETWORKS AND FUZZY LOGIC MODELS(2001).

52. 例如，2009年11月，在俄勒冈州波特兰市举行的超级计算会议(SC 09)上，IBM科学家等研究人员宣布，他们成功创建了一种名为“蓝色物质”(Blue Matter)的新算法，这种算法具有猫的思维能力。Chris Capps, “Thinking” Supercomputer Now Conscious as a Cat, http://www.unexplainable.net/artman/publish/article_14423.shtml(最后访问日期：2019年1月10日)；国际高性能计算、网络、存储和分析会议(SC 09), http://sc09.supercomputing.org/(最后访问日期：2019年1月10日)。该算法从具有并行和分布式连接的诸多单位中收集信息。这些信息被整合在一起，形成一个完整的感觉信息、感知、动态行为和反应以及认知的图像。B.G.FITCH ET AL., IBM RESEARCH REPORT, BLUE MATTER: AN APPLICATION FRAMEWORK FOR MOLECULAR SIMULATION ON BLUE GENE(2003).这个平台模拟大脑的能力，最终，它应该能够模拟真实的思维过程。该算法的最终应用不仅包括模拟和数字电路(金属或塑料)，还包括基于蛋白质的生物表面。

53. 参见本章第一节第一段。

54. TERRY WINOGRAD AND FERNANDO C. FLORES, UNDERSTANDING COMPUTERS AND COGNITION: A NEW FOUNDATION FOR DESIGN(1986, 1987); Tom Athanasiou, High-Tech Politics: The Case of Artificial Intelligence, 92 SOCIALIST REVIEW 7, 7—35(1987); Winograd, Supra note 3, at p.181.

55. DAVID LEVY, LOVE AND SEX WITH ROBOTS: THE EVOLUTION OF HUMAN-ROBOT RELATIONSHIPS(2007).

56. Yueh-Hsuan Weng, Chien-Hsun Chen and Chuen-Tsai Sun, Toward the Human-Robot Co-Existence Society: On Safety Intelligence for Next Generation Robots, 1 INT. J.SOC. ROBOT. 267, 267—268(2009).

57. 2004年国际机器人博览会组织办公室，2004年《世界机器人宣言》，可在以下网址获取：http://www.prnewswire.co.uk/cgi/news/release? id=117957(最

后访问日期：2012 年 2 月 29 日）。

58. Stefan Lovgren, A Robot in Every Home by 2020, South Korea Says, 可在以下网址获取：http：//news. nationalgeographic. com/news/2006/09/060906-robots.html（最后访问日期：2012 年 2 月 29 日）。

59. ARTHUR C.CLARKE, 2001：A SPACE ODYSSEY（1968）.

60.《2001：太空漫游》（米高梅电影公司 1968 年电影）。

61.《终结者 2：审判日》（三星影业公司 1991 年电影）。

62.《黑客帝国》（华纳兄弟影业公司 1999 年电影）；《黑客帝国 2：重装上阵》（华纳兄弟影业公司 2003 年电影）；《黑客帝国 3：矩阵革命》（华纳兄弟影业公司 2003 年电影）。

63. 机械公敌（20 世纪福克斯公司 2004 年电影）。

64. Yueh-Hsuan Weng and Chien-Hsun Chen and Chuen-Tsai Sun, The Legal Crisis of Next Generation Robots：On Safety Intelligence, PROCEEDINGS OF THE 11TH INTERNATIONAL CONFERENCE ON ARTIFICIAL INTELLIGENCE AND LAW 205—209（2007）.

65. 见，例如，《机器人伦理学路线图 1.1 版》（Roboethics Roadmap Release 1.1），欧洲机器人研究网络（2006 年），可在以下网站获取：http：//www. roboethics. org/atelier2006/docs/ROBOETHICS% 20ROADMAP% 20Rel2. 1. 1pdf（最后访问日期：2012 年 2 月 29 日）。

66. ISAAC ASIMOV, I, ROBOT 40（1950）.

67. JERRY A. FODOR, MODULES, FRAMES, FRIDGEONS, SLEEPING DOGS AND THE MUSIC OF THE SPHERES, THE ROBOT'S DILEMMA：THE FRAME PROBLEM IN ARTIFICIAL INTELLIGENCE（Zenon W.Pylyshyn ed., 1987）.

68. 艾萨克 · 阿西莫夫本人在他的《其余的机器人》导言中写道，“三大原则有足够的模糊性，足以提供新故事所需的冲突和不确定性，让我非常欣慰的是，似乎总是有可能从三大原则的 61 个单词中想出一个新的角度”。ISSAC ASIMOV, THE REST OF ROBOTS 43（1964）.

69. 参见第一章第一节第一段。

70. Susan Leigh Anderson, Asimov's “Three Laws of Robotics” and Machine Metaethics, 22 AI SOC. 477—493（2008）.

71. Stefan Lovgren, Robot Codes of Ethics to Prevent Android Abuse, Protect Humans, National Geographic News（2007），可在以下网址获取：http：//news.nationalgeographic.com/news/2007/03/070316-robot-ethics.html（最后访问日期：2012 年 2 月 29 日）。

72. 见，例如，GILBERT RYLE, THE CONCEPT OF MIND 54—60（1954）；RICHARD B. BRANDT, ETHICAL THEORY 389（1959）；JOHN J. C. SMART AND BERNARD WILLIAMS, UTILITARIANISM—FOR AND AGAINST 18—20（1973）。

73. 见，例如，Justine Miller，Criminal Law—An Agency for Social Control，43 YALE L.J. 691(1934)；Jack P.Gibbs，A Very Short Step toward a General Theory of Social Control，1985 AM. B.FOUND RES. J. 607(1985)；K.W. Lidstone，Social Control and the Criminal Law，27 BRIT. J.CRIMINOLOGY 31 (1987)；Justice Ellis，Criminal Law as an Instrument of Social Control，17 VICTORIA U.WELLINGTON L.REV. 319(1987)。

74. 参见第一章第一节第二段。

75. 关于将工业使用和私人使用中的不利因素转化为有利因素的概念，见第一章第一节第三段。

76. HANS MORAVEC，ROBOT：MERE MACHINE TO TRANSCENDENT MIND (1999).

77. DAVID LEVY，ROBOTS UNLIMITED：LIFE IN A VIRTUAL AGE(2006).

78. 更多内容见，例如，Mary Anne Warren，On the Moral and Legal Status of Abortion，ETHICS IN PRACTICE(Hugh Lafollette ed.，1997)；IMMANUEL KANT，OUR DUTIES TO ANIMALS(1780)。

79. David Lyons，Open Texture and the Possibility of Legal Interpretation，18 LAW PHIL. 297，297—309(1999).

80. 见，例如，《出埃及记》22：1、4、9、10；23：4、12。

81. 《出埃及记》21：28—32。

82. JONATHAN M.E. GABBAI，COMPLEXITY AND THE AEROSPACE INDUSTRY：UNDERSTANDING EMERGENCE BY RELATING STRUCTURE TO PERFORMANCE USING MULTI-AGENT SYSTEMS(曼彻斯特大学 2005 年博士论文)。

83. Craig W. Reynolds，Herds and Schools：A Distributed Behavioral Model，21 COMPUT. GRAPH. 25—34(1987).

84. Wyatt S.Newman，Automatic Obstacle Avoidance at High Speeds via Reflex Control，PROCEEDINGS OF THE 1989 IEEE INTERNATIONAL CONFERENCE ON ROBOTICS AND AUTOMATION 1104(1989).

85. 见，例如，Gabriel Hallevy，Unmanned Vehicles—Subordination to Criminal Law under the Modern Concept of Criminal Liability，21 J.L. INF. & SCI. 311(2011)。

86. 见，例如，State v. Stewart，624 N.W.2d 585(Minn.2001)；Wheatley v. Commonwealth，26 Ky.L.Rep. 436，81 S.W. 687(1904)；State v. Follin，263 Kan. 28，947 P.2d 8(1997)。

87. Andrew G.Brooks and Ronald C.Arkin，Behavioral Overlays for Non-Verbal Communication Expression on a Humanoid Robot，22 AUTON. ROBOTS 55，55—74(2007).

88. LAWRENCE LESSIG，CODE AND OTHER LAWS OF CYBERSPACE(1999).

89. 见，Daisuke Wakabayashi, Self-Driving Uber Car Kills Pedestrian in Arizona, Where Robots Roam, The New York Times(最后访问日期：2018 年 3 月 19 日)；https://www.nytimes.com/2018/03/19/technology/uber-driverless-fatality.html(最后访问日期：2019 年 1 月 10 日)。

90. 参见第一章第一节第一段。

91. 见，例如，Steven J. Wolhandler, Voluntary Active Euthanasia for the Terminally Ill and the Constitutional Right to Privacy, 69 CORNELL L. REV. 363 (1984)；Harold L. Hirsh and Richard E. Donovan, The Right to Die: Medico-Legal Implications of In re Quinlan, 30 RUTGERS L. REV. 267(1977)；Susan M. Allan, No Code Orders v. Resuscitation: The Decision to Withhold Life-Prolonging Treatment from the Terminally Ill, 26 WAYNE L. REV. 139(1980)。

92. 更多关于刑法罪刑法定原则的结构的内容，参见 GABRIEL HALLEVY, A MODERN TREATISE ON THE PRINCIPLE OF LEGALITY IN CRIMINAL LAW 5—8(2010)。

93. 同上，第 20—46 页。

94. 同上，第 67—78 页。

95. 见，例如，纽伦堡审判实录，in Transcript of Proceedings of Nuremberg Trials, 41 AMERICAN JOURNAL OF INTERNATIONAL LAW 1—16(1947)。

96. 哈列维书，同上注 92，第 97—118 页。

97. 同上，第 118—129 页。

98. 同上，第 135—137 页。

99. 同上，第 137—138 页。

100. 同上，第 138—141 页。

101. 例如，见 1950 年修订的 1926 年《苏联刑法》第 58(c)(1)条。该条规定，一级叛国者的近亲属将被判处五年流放。

102. 见上注 95。

103. Scales v. United States, 367 U.S. 203, 81 S.Ct. 1469, 6 L.Ed.2d 782 (1961)；Larsonneur, (1933) 24 Cr. App. R. 74, 97 J.P. 206, 149 L.T. 542；ANDREW ASHWORTH, PRINCIPLES OF CRIMINAL LAW 106—107(5th ed., 2006)；Anderson v. State, 66 Okl.Cr. 291, 91 P.2d 794(1939)；State v. Asher, 50 Ark. 427, 8 S.W. 177(1888)；Peebles v. State, 101 Ga. 585, 28 S.E. 920 (1897)；Howard v. State, 73 Ga.App. 265, 36 S.E.2d 161(1945)；Childs v. State, 109 Nev. 1050, 864 P.2d 277(1993).

104. 见，例如，Smith v. State, 83 Ala. 26, 3 So. 551(1888)；People v. Brubaker, 53 Cal.2d 37, 346 P.2d 8(1959)；State v. Barker, 128 W.Va. 744, 38 S.E.2d 346(1946)。

105. 见，例如，Commonwealth v. Herd, 413 Mass. 834, 604 N.E.2d 1294 (1992)；State v. Curry, 45 Ohio St.3d 109, 543N.E.2d 1228(1989)；State v.

Barrett, 768 A.2d 929(R.I.2001); State v. Lockhart, 208 W.Va. 622, 542 S.E. 2d 443(2000)。

106. 见，例如，Beason v. State, 96 Miss. 165, 50 So. 488(1909); State v. Nickelson, 45 La.Ann. 1172, 14 So. 134(1893); Commonwealth v. Mead, 92 Mass. 398(1865); Willet v. Commonwealth, 76 Ky. 230(1877); Scott v. State, 71 Tex.Crim.R. 41, 158 S.W. 814(1913); Price v. State, 50 Tex.Crim. R. 71, 94 S.W. 901(1906)。

107. 见，例如，Elk v. United States, 177 U.S. 529, 20 S.Ct. 729, 44 L. Ed. 874(1900); State v. Bowen, 118 Kan. 31, 234P. 46(1925); Hughes v. Commonwealth, 19 Ky.L.R. 497, 41 S.W. 294(1897); People v. Cherry, 307 N.Y. 308, 121 N.E.2d 238(1954); State v. Hooker, 17 Vt. 658(1845); Commonwealth v. French, 531 Pa. 42, 611 A.2d 175(1992)。

108. Gabriel Hallevy, The Matrix of Derivative Criminal Liability 18—24(2012).

109. Dugdale, (1853) 1 El. & Bl. 435, 118 E.R. 499, 500:"……在没有任何行为的情况下，单纯的意图不能构成轻罪"; Ex parte Smith, 135 Mo. 223, 36 S.W. 628(1896); Proctor v. State, 15 Okl.Cr. 338, 176 p.771 (1918); State v. Labato, 7 N.J. 137, 80 A.2d 617(1951); Lambert v. State, 374 P.2d 783(Okla.Crim.App.1962); 参见 Leroy, 285 Md. 508, 403 A.2d 1226 (1979)。

110. 关于刑法中的合法性原则，见哈列维书，上注 92。

111. 同上，第 135—137 页。

112. 同上，第 49—80 页。

113. 同上，第 81—132 页。

114. 见，例如，in the United States, Robinson v. California, 370 U.S. 660, 82 S.Ct. 1417, 8 L.Ed.2d 758(1962)。

115. Glanville Williams, Criminal Law: The General Part sec. 11(2nd ed., 1961).

116. Andrew Ashworth, Principles of Criminal Law 157—158, 202(5th ed., 2006).

117. G.R. Sullivan, Knowledge, Belief, and Culpability, Criminal Law Theory—Doctrines of the General Part 207, 214(Stephen Shute and A.P. Simester eds., 2005).

118. 例如，参见，《官方草案和解释性说明(1962 年、1985 年)》第 22 条对美国法学会《模范刑法典》第 2.02(5)条的说明规定:"当法律规定过失足以构成犯罪的要素之时，如果某人故意、明知或轻率地行为，则该要素也得以成立。当轻率足以构成犯罪的要素之时，如果某人故意或明知地行为，则该要素也得以成立。当明知地行动足以构成犯罪的要素之时，如果某人故意地行为，则该要素也得以成立。”

119. William S.Laufer, Corporate Bodies and Guilty Minds, 43 EMORY L.J. 647(1994); Kathleen F. Brickey, Corporate Criminal Accountability: A Brief History and an Observation, 60 WASH. U.L.Q. 393(1983).

120. WILLIAM SEARLE HOLDSWORTH, A HISTORY OF ENGLISH LAW 475—476 (1923).

121. William Searle Holdsworth, English Corporation Law in the 16th and 17th Centuries, 31 YALE L.J. 382(1922).

122. WILLIAM ROBERT SCOTT, THE CONSTITUTION AND FINANCE OF ENGLISH, SCOTISH AND IRISH JOINT-STOCK COMPANIES TO 1720 462(1912).

123. BISHOP CARLETON HUNT, THE DEVELOPMENT OF THE BUSINESS CORPORATION IN ENGLAND 1800—1867, 6(1963).

124. 见，例如，6 Geo. I, c.18(1719)。

125. New York & G.L.R. Co. v. State, 50 N.J.L. 303, 13 A. 1(1888); People v. Clark, 8 N.Y.Cr. 169, 14 N.Y.S. 206(1891); State v. Great Works Mill. & Mfg. Co., 20 Me. 41, 37 Am. Dec. 38 (1841); Commonwealth v. Proprietors of New Bedford Bridge, 68 Mass. 339(1854); Commonwealth v. New York Cent. & H.River R.Co., 207 Mass. 417, 92 N.E. 766(1910).

126. John C.Coffee, Jr., “No Soul to Damn: No Body to Kick”: An Unscandalised Inquiry into the Problem of Corporate Punishment, 79 MICH. L. REV. 386(1981).

127. Langforth Bridge, (1635) Cro. Car. 365, 79 E.R. 919.

128. Clifton(Inhabitants), (1794) 5 T.R. 498, 101 E.R. 280; Great Broughton(Inhabitants), (1771) 5 Burr. 2700, 98 E.R. 418; Stratford-upon-Avon Corporation, (1811) 14 East 348, 104 E.R. 636; Liverpool(Mayor), (1802) 3 East 82, 102 E.R. 529; Saintiff, (1705) 6 Mod. 255, 87 E.R. 1002.

129. Severn and Wye Railway Co., (1819) 2 B.&Ald. 646, 106 E.R. 501; Birmingham, &c., Railway Co., (1842) 3 Q. B. 223, 114 E.R. 492; New York Cent. & H.R.R. v. United States, 212 U.S. 481, 29 S.Ct. 304, 53 L.Ed. 613(1909); United States v. Thompson-Powell Drilling Co., 196 F.Supp. 571 (N.D.Tex.1961); United States v. Dye Construction Co., 510 F.2d 78(10th Cir. 1975); United States v. Carter, 311 F.2d 934(6th Cir.1963); State v. I. & M. Amusements, Inc., 10 Ohio App.2d 153, 226 N.E.2d 567(1966).

130. United States v. Alaska Packers' Association, 1 Alaska 217(1901).

131. United States v. John Kelso Co., 86 F. 304(Cal.1898); Lennard's Carrying Co. Ltd. v. Asiatic Petroleum Co. Ltd., [1915] A.C. 705.

132. Director of Public Prosecutions v. Kent and Sussex Contractors Ltd., [1944] K.B. 146, [1944] 1 All E.R. 119; I.C.R. Haulage Ltd., [1944] K.B. 551, [1944] 1 All E.R. 691; Seaboard Offshore Ltd. v. Secretary of State for Transport, [1994] 2 All E.R. 99, [1994] 1 W.L.R. 541, [1994] 1 Lloyd's Rep. 593.

133. Granite Construction Co. v. Superior Court, 149 Cal. App.3d 465, 197 Cal.Rptr. 3(1983); Commonwealth v. Fortner L.P. Gas Co., 610 S.W.2d 941 (Ky.App.1980); Commonwealth v. McIlwain School Bus Lines, Inc., 283 Pa. Super. 1, 423 A.2d 413(1980); Gerhard O.W. Mueller, Mens Rea and the Corporation—A Study of the Model Penal Code Position on Corporate Criminal Liability, 19 U. PITT. L.REV. 21(1957).

134. Hartson v. People, 125 Colo. 1, 240 P.2d 907(1951); State v. Pincus, 41 N.J.Super. 454, 125 A.2d 420(1956); People v. Sakow, 45 N.Y.2d 131, 408 N.Y.S.2d 27, 379 N.E.2d 1157(1978).

135. 见第六章第一节第二段。

第二章 68

故意犯罪中人工智能的刑事责任

1981年，一座摩托车工厂中，一名37岁的日本员工被在其附近工
作的人工智能机器人杀害。机器人错误地将该员工认定为对其任务的威
胁，并计算出消除威胁的最有效方法是将该员工推入相邻的机器中。于
是，机器人用其强大的液压臂将这名惊恐的工人摔进正在运行的机器之
中，工人顿时殒命。之后，在没有进一步干涉的情况下，机器人继续工 69
作。[1]此处的法律问题是：谁应对这起杀人案负刑事责任？

在绝大多数国家，绝大多数刑事犯罪都是故意犯罪。在这些案件中，要承担刑事责任，犯罪人必须满足事实要素和心理要素的要求。因此，故意犯罪中人工智能实体的刑事责任问题就是，人工智能实体是否有能力同时满足这些要求。但是，应该注意的是，即使人工智能实体具备这些能力，如果自然人参与实施犯罪行为，也并不能免除自然人的刑事责任。

为探讨这些问题，我们审查人工智能实体同时满足故意犯罪事实要素要求和心理要素要求的能力，并确定人工智能故意犯罪中自然人的刑事责任。

第一节　事实要素要求

事实要素（*actus reus*）要求的结构对于所有类型的犯罪都是相同的：如上所述，故意犯罪、过失犯罪和严格责任犯罪。[2]该结构包含一个适用于所有犯罪的强制性要件（行为）和两个适用于某些犯罪的选择性要件（情节和结果）。根据这种结构，现在让我们讨论机器满足事实要素要求的能力。

一、行为

如前所述，行为是事实要素要求中唯一的强制性要件；换言之，若
70 一项犯罪不要求行为要件，则该犯罪不具有正当合法性。因此，不得基于该犯罪而追究任何刑事责任。在单独犯罪中，事实要素要求的行为要件可明确为作为（act）和不作为（omission）。在衍生刑事责任中，行为要件也可明确为不行动（inaction），但有些限制条件。下面，我们将研究与人工智能机器能力相关的上述形式的行为。

在刑法中，作为被定义为具有事实—外在表征的物质表现。根据该定义，作为的重要性体现在其事实—外在表征中，这将作为与关于心理要素的主观—内在事项区分开来。因为思想没有事实—外在表征，所以它们与事实要素无关，而与心理要素有关。意愿可以引发作为，但意愿本身并没有事实—外在表征，故意愿被认为是心理要素的一部分。因此，就事实要素而言，非故意的和无意愿的行动（以及反应）仍被视为作为。[3]

然而，尽管无意愿的行为或反应被视为作为，但是基于心理要素要求或一般抗辩之原因，并非必然对其追究刑事责任。例如，B 用身体将 A 推向 C。尽管 A 和 C 之间的身体接触对两者而言都是非故意的，仍被视为“作为”。但是，通常不太可能因人身攻击罪而追究 A 的刑事责任，因为人身攻击的心理要素要求并未得到满足。由于失去自我控制

（自动症）作出的行为仍被视为作为，但因为丧失自我控制（自动症）是一种一般抗辩事由，若该抗辩事由能够予以证明并被法院认可，则可免除犯罪人的刑事责任。

上述关于作为的定义聚焦于事实层面而排除心理层面。[4]该定义宽泛到足以包括源自心灵运动（telekinesis）、心理运动（psychokinesis）的行 71
动，若这些运动确实具有可能性，[5]只要它们拥有事实—外在表现即可。[6]若“作为”被限制为“有意愿的肌肉移动”或“有意愿的身体动作”，[7]这将使得无法对间接正犯的情形追究刑事责任（例如，上述事例中的B），因为B没有实施作为。对于行为人通过将无罪之人推向受害人来进行攻击之情形，就有可能免除其刑事责任。

因此，刑法将任何具有事实—外在表征的物质举动（material performance）视为一种作为，无论是否有意愿。基于此，人工智能能够作出符合行为要求的作为。这不仅适用于强人工智能技术，也适用于较低等级的技术。当机器人移动其手臂或其他任何装备时，即被认为作为。这适用于该移动是基于机器人进行内部计算而作出之情形，但又不仅于此。即使机器人完全由操作人员通过遥控器启动，机器人的任何移动都被视为一种作为。

因此，即使非人工智能技术机器人也具有实施作为的事实能力，无论作为的动机或原因如何。这并不一定意味着这些机器人应对其行为承担刑事责任，因为赋予刑事责任还必须满足心理要素的要求。但是，就实施作为以满足行为要件要求而言，任何具有事实—外在表征的物质举动都被视为作为，无论物理上的行为人是否是强人工智能实体。

在刑法中，不作为被定义为违反法定作为义务的不行动。根据该定义，术语“法定义务”至关重要。行动的反义词不是不作为，而是不行动。如果做某事是作为，那么，不做任何事就是不行动。不作为是行动和不行动的中间值。不作为不仅仅是不行动，而是违反法定作为义务的 72
不行动：不作为犯罪人被要求作为，但却未作为。[8]如果尽管没有作为，但却没有作为义务，则不属于不作为。[9]

因此，不作为犯罪人，因在特定情形下不做任何事项而受到刑罚，该特定情形即是指基于某种法定义务，犯罪人应当做些事项。比如，在绝大多数国家，父母具有照顾子女的法定义务。在这些国家，违反该义务可能会构成犯罪。在这种情形下，家长并不是因错误地作为而受到刑罚，而是因为没有作为而受到刑罚，因为家长具有法定义务进行特定作为。在特定法律体系中，作为义务必须是法定的。在绝大多数法律体系中，法定义务可以由法律（法律义务）和合同（合同义务）予以规定。[10]

刑法中行为的现代概念承认，对作为和不作为赋予的刑事责任不存在实质性或功能性的差别。[11]因此，任何犯罪都可能由作为或不作为构成。在社会层面和法律层面，不作为犯罪的严重性并一定亚于作为犯罪。[12]大部分法律体系接纳这一现代化的路径，没有必要明确地要求不作为成为构成犯罪事实要素的一部分。犯罪界定的是被禁止的行为，可通过作为和不作为来实施。[13]

73 基于此，人工智能技术能够完成符合行为要求的不作为。这不仅适用于强人工智能技术，也适用于较低等级的技术。物理层面而言，不作为要求不做任何事项。毫无疑问，任何机器都能够不做任何事项；因此，在物理层面，任何机器都可实施不作为。当然，要将不行动视为不作为，则必须有与不行动相反的法定义务。如果该义务存在（无论是法律义务还是合同义务），而且该义务是针对机器而言的，那么，毫无疑问，机器能够针对该义务进行不作为。

另外，还存在涉及不行动的情形。不行动与作为在事实层面，是彻底的对立面。如果做某事是作为，那么，不做这件事，或者不做任何事就是不行动。不作为是违反作为法定义务的不行动，而不行动不要求违反法定义务。不作为是在有作为义务时不做，而不行动是在没有作为义务时不做。不行动只有在衍生刑事责任（比如，未遂、共同正犯、间接正犯、教唆犯、从犯等）中才被接受为可罚的行为形式，并且不是完整独立的犯罪。[14]

在这些情况下，当不行动被接受为可罚的行为形式时，它的物理实施方式与不作为完全相同。因此，如果人工智能技术能够通过不作为而行为，它也同样能够通过不行动而行为。这并不必然意味着机器或机器人自动对这些不作为或不行动负有刑事责任。要对其追究刑事责任还必须满足心理要素要求，而且这还不足以满足事实要素要求。

因此，机器可以满足事实要素要求的强制性要件(行为)。这些机器不需要特别复杂，甚至不需要以人工智能技术为基础。简单机器能够实施符合刑法定义和要求的行为。对任何实体追究刑事责任，这是必不可少的一步，即使这还不够。若未满足行为要求，则不得赋予刑事责任；但是，只有行为，也并不足以引起刑事责任。

二、情节 74

情节并不是事实要素要求的强制性要件。有些犯罪在行为之外还需要情节，有些犯罪则不需要。情节是指描述行为而非源自行为的事实要件。根据该定义，情节能更加准确地指明犯罪行为。在规定特定犯罪，行为要件过于宽泛或模糊之时，尤其需要情节；同时，也需要更高的明确性，以免对社会认为合法的情况进行过度犯罪化。

对于绝大部分犯罪，情节代表了行为构成犯罪的事实数据。比如，在绝大部分法律体系中，强奸罪的行为是发生性行为(尽管具体动词可能各有不同)。但是，发生性行为本身并不是犯罪，只有在未经同意时进行性行为才构成犯罪。“未经同意”的事实要素使得“发生性行为”的行为构成犯罪。在强奸罪中，“未经同意”的事实要件发挥着情节之作用。[15]另外，“与女性”的事实要件也发挥着情节之作用，因为它对行为进行描述(强奸椅子不构成犯罪)。

在上述例子中，强奸罪的事实要素是“未经女性同意与之发生性行为”。[16]“发生性行为”是强制性行为要件，“与女性”和“未经同意”则更加精确地描述行为，发挥着情节要件之作用，确保强奸罪事实要素要求具有适当的明确性，以防止过度犯罪化。

根据该定义，情节并非源自行为，这将其与结果要件相区别。[17]比如，在杀人罪中，行为必须导致“自然人”的“死亡”。死亡描述了行

75 为，来源于行为，因为是行为导致了死亡。因此，在杀人罪中，“死亡”并不作为情节发挥作用。作为情节发挥作用的事实数据是“自然人”。“受害人是自然人”在行为发生之前就已存在，因此，它并不源自行为。但是，它同样也描述行为（造成自然人死亡，而非昆虫），因此，它作为情节发挥作用。

基于此，人工智能技术能够满足事实要素要求的情节要件。当情节是针对犯罪人之外而言时，犯罪人的身份无关紧要，因此，犯罪人可能是自然人或者机器，都不会对情节造成影响。在前面的强奸罪例子中，“与女性”情节就是针对犯罪人之外的。无论强奸犯身份为何，受害人应当是女性。受害人一直被认定为“女性”，无论其遭受自然人侵犯还是机器侵犯，抑或根本未遭受侵犯。

当情节不是针对犯罪人之外而言，而是在某种程度上与犯罪人的行为相关时，情节与行为要件趋于内同。在强奸罪例子中，“未经同意”情节对行为进行描述，就像情节是行为的一部分（犯罪人究竟怎样与受害人发生性关系）。为满足这种类型情节之要求，犯罪人必须以特定方式实施行为。因此，满足这种类型情节之要求与满足实施行为之要求完全相同。如前所述，这完全在机器满足行为要件要求的能力范围之内。

三、结果和因果关系

结果并不是事实要素要求的强制性要件。有些犯罪在行为之外还需要结果，有些犯罪则不需要。结果是指源自行为的事实要件。根据该定义，结果能更加准确地说明犯罪行为。结果被定义为源自行为，以使其与情节相区别。比如，在杀人罪中，行为必须导致“自然人”的“死
76 亡”。死亡描述了行为，也源自行为，因为是行为导致了死亡。因此，在杀人罪中，“死亡”并非作为情节发挥作用，而是作为结果发挥作用。[18]

在事实要素中，结果源自行为，这是通过事实因果关系来实现的。尽管这个推导过程还存在其他条件（法律上的因果关系），事实要素要求的是事实上的因果关系。因此，证明结果即要求证明事实因果关系。[19]

事实因果关系被定义为衍生关系。在这个关系中，如果没有行为，则结果不会以其应该出现之方式而出现。根据该定义，结果是行为的最终后果，即没有前者就没有后者（*causa sine qua non*）。[20]

事实上的因果关系不仅与结果的发生相关，还与结果发生的方式相关。比如，A 开车撞向 B，B 死亡。因为 B 身患绝症，A 可辩称 B 本来就将不久于人世，B 的死亡并不是 A 的行为的最终后果。即使没有 A 的行为，死亡的结果仍然会发生。但是，事实上的因果关系与结果发生的方式相关，所以，在上述事例中，该要求已经得到满足：如果 A 没有开车撞倒 B，B 就不会这样死亡。

基于此，人工智能技术能够满足事实要素要求的结果要件。为满足
结果要求，犯罪人必须发起行为。所实施的行为形成结果，而结果则应 77
予以客观检验，以确定它们是否源自所实施的行为。[21]因此，当犯罪人实施行为而且行为已经实施完毕之时，结果（若有）的发生原因就是行为，而非犯罪人。犯罪人并不需要另外再引起任何结果，只需要完成行为即可。尽管是犯罪人启动形成结果的事实过程，但是，该过程的启动只能通过实施行为要件而实现。[22]

由于人工智能技术能够实施各种类型的行为，因此，在刑法语境中，人工智能技术有能力引发源自该行为的结果。例如，当机器人操作枪支并使其向人类射击子弹时，这就满足了杀人罪的行为要件。此时，我们用因果关系测试来审查行为，并确定行为是否导致该个体的死亡。如果确实如此，那么结果要件和行为要件要求都得到了满足，尽管物理上机器人除了实施行为，其他什么都没“做”。如前所述，因为满足行为要件要求在机器人的能力范围之内，所以满足结果要件要求同样也在机器人的能力范围之内。

第二节　心理要素要求

对故意犯罪追究刑事责任要求同时满足事实要素要求和心理要素要

求。故意犯罪的心理要素要求是一般意图，更加准确而言，是犯罪意图（*mens rea*，拉丁语，“主观恶意”）。因为术语“一般意图”有时会与“意图”或“具体意图”相混淆，所以，我们更倾向于使用更加准确的术语“犯罪意图”。如果人工智能技术能够满足犯罪意图要求，那么，针对故意犯罪追究人工智能实体刑事责任就具有可能性、可行性和可操作性。首先，我们探索故意要求的结构；其次，我们探讨人工智能技术满足该要求的情形。

78 **一、故意要求的结构**

在现代社会，故意代表犯罪心理要素的基本类型，因为它能最为有效地体现有罪性的概念。它是唯一同时结合认识（cognition）和意志（volition）的心理要素。故意要求表明，犯罪人在事实上实施犯罪行为时，犯罪人内在—主观的关系。[23]在绝大多数法律体系中，故意要求作为心理要素要求的默认设置发挥作用。因此，除非在犯罪的心理要素中明确要求过失或严格责任，故意就是犯罪所要求的心理要素。

该默认选项也被称为故意推定。[24]因此，所有犯罪都被推定为要求故意，除非存在明显偏离此要求之规定。因为故意是已知心理要素要求的最高层级，所以该推定具有重要意义。确实，刑法中绝大部分犯罪要求故意，而不是过失或严格责任。没有任何心理要素要件（包括故意要件）是独立的，或是独自存在的。比如，故意的主导要件是意识（awareness）。如果我们要求犯罪人具有意识，那么问题是：“意识到什么？”意识无法独自存在，因为那样它就会毫无意义。

因此，所有心理要素要件都必须与事实或某些事实真相相关。如前所述，刑事责任的相关事实方面自然地包括事实要素要件（行为、情节和结果）。[25]事实真相包括更多事实要素要件之外的事实，但是，所有其他事实与刑事责任之赋予均无关联。比如，在强奸罪案例中，相关事实
79 是“未经女性同意与之发生性行为”，[26]另外，强奸犯必须意识到这些事实。犯罪人是否也意识到其他事实（比如，受害人眼睛的颜色，她已怀有身孕，她很痛苦等）对是否追究刑事责任并无影响。

因此，对于赋予刑事责任而言，心理要素要求的对象是事实要素要件。当然，该对象比完整的事实真相的范围要小得多，但是，事实要素却代表着社会对于“什么是与刑事责任相关的内容”以及“什么不是与刑事责任相关的内容”的决定。然而，其他事实及其与心理要素的关系可能会影响量刑，尽管这些事实对追究刑事责任并无影响。比如，强奸犯不管手段是否残忍都将被判为强奸罪，但是，一个极其残忍的强奸犯的刑罚很有可能比没有如此残忍的强奸犯要重得多。

确认故意要件所针对的事实要素要件是故意结构的基础。故意具有两个层面的要求：认识和意志。认识层面包括意识。术语“明知”(knowledge)也被用来描述认识层面，但是，“意识”似乎更为准确。在该语境中，意识和明知发挥的作用相同，表示的意思也相同。我们只能意识到过去发生或正在发生的事实，我们无法意识到将来的事实。

比如，我们能意识到“A两分钟之前吃了一个冰淇淋蛋筒”的事实；我们也能意识到“B现在正在吃一个冰淇淋蛋筒”的事实。如果C说他想要吃冰淇淋蛋筒，我们可以预测它、预见它或评估它将发生的可能性；但是，我们不能意识到它，只是因为它还没有发生。如果刑法要求犯罪人知道未来的事实，那这就需要预言技能。据我们所知，绝大多数罪犯不具备这种技能，更不是什么预言家。

在这种情形中，犯罪人当时的观点决定了真正实施行为的时间。因此，从犯罪人角度来看，行为要件总是发生在当时。故而，意识是与行为相关的故意要件。情节是指描述行为的事实数据，而非源自行为。[27]
为描述当时的行为，情节必须也在当时存在。比如，强奸罪的情节“与 80
女性”必须和“发生性行为”同时存在。

在实施犯罪之时，受害人必须是女性，才能满足情节要求。因此，意识也是与情节相关的故意要件。但是，在与结果相关时，情况却并非如此。结果是指源自行为的事实要件；这意味着结果必须发生在行为之后。[28]比如，B在10点整死亡。10秒钟之后，A开枪射击B。在本案中，行为(开枪射击)并不是另一事实事件(B的死亡)的原因。故而，该事件不能作为结果发挥作用。

从犯罪人角度来看，鉴于结果发生在行为之后，加上犯罪人当时的观点决定了行为实施的时间，因此，结果发生在将来。故而，因为结果当时并未发生，所以意识与结果无关。犯罪人不必意识到结果，因为从他的角度来看，结果尚未发生。尽管犯罪人不能意识到未来的结果，但是他有能力预测结果，并评估结果发生的可能性。在真正实施行为时，这些能力应当同时存在。

比如，A 开枪射击 B。在开枪时，B 还未死亡。但是，在开枪时，A 意识到作为开枪的结果，B 可能会死亡。因此，意识是与结果发生可能性相关的故意要件，但与结果本身并不相关。意识到这种可能性并不必然与结果发生的合理性和可能性的程度相关。若犯罪人意识到行为只是有可能引起结果的发生，无论可能性大小，故意要件都存在。[29]

81 故意的另一层面是意志(volition)。该层面是认识的附加层面，并以认识为基础。意志从未单独存在，而总是与意识(awareness)相伴。意志涉及犯罪人对事实事件结果的意愿(will)。在极少数犯罪中，意志可能涉及具体事实事件之外的动机和目的，并表现为“具体意图”。[30]关于意志的主要问题是犯罪人(除了犯罪人意识到行为可能引起结果的发生之外)是否想要结果发生。因为从犯罪人角度来看，结果发生在将来，它们是意志的唯一合理对象。

从犯罪人当时的观点来看，无论是情节或是行为，都与意愿无关。无论强奸犯的意愿如何，在强奸罪发生之前、之中和之后，受害人都是女性。无论强奸犯意愿如何，性行为就是当时发生的情况。如果犯罪人辩称，行为的发生违背他的意愿(即犯罪人无法控制行为)。该论点与丧失自我控制(自动症)的一般抗辩相关，这一点我们将很快论及。[31]因此，就行为和情节而言，无需意志要件，只需意识即可。

在现实情况中，意愿有很多层面，但是刑法只认可以下三个层面：(1)意图(以及具体意图)；(2)漠视；(3)轻率。意图表示积极意愿(犯罪人想要结果发生)，漠视表示中立(犯罪人对结果漠不关心)，轻率表示消极意愿(犯罪人不想要结果发生，但却引发导致结果发生的不合理风险)。比如，在杀人罪中，在实施行为之时，如果犯罪人：想要受害人死亡，这是意图(或具体意图)；对受害人的生死漠不关心，这是漠视(indifference)；不想要受害人死亡，但是引起受害人死亡的不合理风险，这是轻率。

意图是刑法接受的最高层级的意愿。在绝大多数国家，意图杀人构成谋杀罪。漠视是意愿的中间层级，而轻率是意愿的最低层级。漠视和轻率一般成为疏忽。

在绝大多数国家，疏忽杀人构成误杀罪。因此，如果犯罪要求疏 82
忽，该要求可通过证明意图的证据予以满足，因为意愿的较高层级自动满足较低层级。但是，如果犯罪要求意图或具体意图，该要求必须只能通过意图或具体意图来满足。

如果将犯罪分为行为犯(conduct offense)和结果犯(result offense)，则更易于概括故意的结构。行为犯是无需结果事实要素的犯罪。结果犯是要求结果事实要素的犯罪。[32]这种区分明确了故意的结构，因为只有关涉结果时，才要求意志。因此，结果同时要求认识和意志，而行为和情节只要求认识。故意的结构如表 4 所示：

表 4　故意的一般结构

故意要求的结构 犯罪类型	故　意	
	认识	意志
行为犯	意识到行为 + 意识到情节	——
结果犯	意识到行为 + 意识到情节 + 意识到 结果发生的可能性	意图 或者 疏忽(漠视/轻率)

因此，行为犯的事实要素要求包括行为和情节，故意要求包括对行 83

为和情节具有意识。结果犯的事实要素要求包括行为、情节和结果，故意要求包括对行为、情节和结果发生的可能性具有意识。另外，关涉结果时，故意要求包括意图或疏忽，具体视犯罪定义而定。

上述故意一般结构是一份模板，包括来自脑科学的诸多术语（意识、意图、轻率等）。为审查人工智能实体是否能够满足特定犯罪的故意要求，则必须探索上述术语的定义。下面，我们将分别探讨故意的认识方面和意志方面。

二、满足认识方面要求

故意的认知层面包括认识，因此，与之相关的问题是人工智能技术是否能够形成意识。因为术语“意识”可能在不同学科领域具有不同含义（比如，心理学、神学或法学），为回答该问题，我们必须审查该术语的法学含义；尤其是，我们必须根据刑法中的法律定义来审查意识。即使该术语的法学含义可能与其他含义不同，鉴于我们的讨论关涉刑事责任，因此只有法律意义是相关的。

在刑法中，意识是指感官对事实数据的感知及其理解。[33]该定义的根源是19世纪晚期的心理学理解。以前，意识等同于知觉（consciousness），即人类清醒时大脑的生理—身体状态。到19世纪末，心理学家认为意识涉及人类思维的更为复杂的情况。[34]20世纪60年代，人们对人类思
84 维的现代理解强化“人类思维是个体在特定时间意识到的内部刺激和外部刺激总和”的概念。

因此，很明显，人类思维不是恒定的，而是动态的、经常变化的。人类思维可以被描述为感受、想法和情感的流动（“意识流”）。[35]人们还开始理解，人类思维是有选择性的。这意味着人类能够将自己的思想集中在某些特定刺激上，而忽略其他刺激，使得被忽略的刺激根本无法进入人类思维。如果人类思维包括所有的内部刺激和外部刺激，并且必须关注每个刺激，那么人类思维将无法发挥作用。

人类和动物的感知系统的功能是吸收刺激（光、声、热、压力等）并将其传递到大脑，以处理事实信息。处理过程发生在大脑内部，直

到出现关于事实数据的总体印象(general image)。该过程被称为感知(perception)，被认为是人类思维的基本技能之一。

许多刺激无论何时都处于活跃状态。为了能够创建有组织的事实数据印象，人类大脑必须关注一些刺激，并忽略其他刺激。这是通过注意力过程来实现的，注意力使得大脑能够专注一些刺激而忽略其他刺激。在实践中，其他刺激并未完全被忽略，它们仍然存在于感知过程的背景中。神经系统仍然保持足够的警觉，当注意力发挥作用时，它可以吸收其他刺激。

例如，阿奇(Archie)正在聚精会神地看电视。伊迪丝(Edith)喊他，因为她想跟他说话。当她第一次喊他时，他没有反应。当她第二次喊他时，她的声音更大。这一次，他作出反应，问她想要什么，并说他要去洗手间。当阿奇专注于电视时，环境中的许多刺激都被他忽略了(例如，他的心跳声、厨房里的气味以及膀胱中的压力)，这样他才能专注于看电视。但是，他的神经系统仍然足够警觉，能够吸收这些刺激。伊迪丝的第一次喊他的声音是被他的注意力忽略了。但是，当她第二次喊他时，他专注于电视的注意过程停止了，因此，其他刺激能够被吸收，并 85
受到一些关注。而这正是为什么阿奇会突然想起他要去洗手间。

感知不仅包括吸收刺激，还包括将它们处理为相应的总体印象。因此，重复刺激才能发生效果。将事实数据处理为相应的总体印象是通过无意识推断来完成的，所以，绝对不需要意识来实现这一点。[36]但是，处理的结果(即，相应的总体印象)是有意识的结果。因此，虽然人类的大脑并没有意识到大部分过程，但是只要相应的总体印象被接受，大脑就会意识到过程的结果。结果就是，只有当相应的总体印象被接受时，人类大脑才被视为对此具有意识。

这个过程形成了人类意识的本质：意识是感知的最后阶段。通过感官对事实数据的感知及其理解，由此形成相应的总体印象，而这正是对事实数据的意识。例如，眼睛不是人类的视觉器官，大脑才是。眼睛仅仅是向大脑传递事实数据的传感器。只有当大脑创建相应的总体印象时，才能认为人类意识到相关的景象。因此，植物人虽然有健康的眼睛，但也被视为是看不见的(或者，不能够意识到他看到了什么)，除非他能将景象组合为相应的总体印象。

因此，若要认定自然人意识到某些事实数据，则需要同时满足两个条件：(1)通过感官吸收事实数据；(2)在大脑中创建关于该数据的总体印象。若缺乏上述任何一个条件，则不认为该人有意识。意识是一个非此即彼的问题：犯罪人要么意识到，要么没有意识到。部分意识毫无意义。犯罪人可能意识到部分事实数据，即完全意识到这些数据，但并未部分意识到某一特定事实。如果事实未被吸收，或者如果没有创建相应的总体印象，则认为犯罪人没有意识到。

如上所述，有些时候，术语“明知”会被用来描述故意的认识层
86 面。问题在于：“明知”和“意识”之间有区别吗？ 在功能上进行审查时，就刑事责任而言，这些术语之间没有区别，因为它们指的是相同的认识概念。[37]此外，“明知”有时被明确定义为“意识”。[38]但是，在心理因素的背景下，更准确的术语似乎是意识而不是明知。

在刑法背景之外，意识更多地与知觉相关，而不是明知。明知也与认识过程有关，但它比知觉更加关注信息。明知可能代表比意识更深层次的认识过程，但在刑法中心理要素要求的特定背景下，意识似乎是更准确的术语。

在法庭上，根据刑法的要求，超出一切合理怀疑地证明犯罪人具有完全意识，并非易事。意识与心理的内部过程有关，意识不一定具有外在表现。因此，刑法已经为此任务发展出代替证据的解决方案。这些替代解决方案就是推定，即在特定情况下推定存在意识。绝大多数法律制度都承认两个主要的推定：(1)有意无视(willful blindness)之推定，取代对行为和情节的意识；(2)意识推定，取代对结果发生可能性的意识。在探索这些推定及其与人工智能技术的关联之前，我们必须审查人工智能技术如何能够满足故意认识方面的要求。

人工智能机器人是否能够意识到刑法中的行为、情节或结果发生的

可能性？[39]如上所述，意识的过程可分为两个阶段。第一阶段包括通过感官吸收事实数据。该阶段，吸收事实数据的装置发挥主要作用。人体设备是器官，例如眼睛(用于感测光线)、耳朵(用于感测声音)等。这些 87
器官吸收事实数据(如景象、光线、声音、压力和质地等)并将其转移给大脑进行处理。

人类五种感官吸收事实数据的能力，人工智能技术通过相应设备同样都能够具有。照相机吸收光线并将数据传输到处理器，[40]麦克风收集声音，[41]传感器感应压力，温度计感应温度，湿度计感应湿度等。实际上，先进的技术能够比相应的人体器官更加准确地进行感知。例如，照相机可以吸收人眼无法看到的频率的光波，麦克风可以感知人耳听不到的声波。

我们中有多少人准确地“猜出”精确到 0.1 度的室外温度和湿度？0.0001 度呢？ 相对湿度呢？ 我们大多数人都不能。相比之下，即使是最简单的电子传感器也可以对这些数据进行精确测量，并将信息传输给适当的处理器。因此，人工智能技术满足意识第一阶段要求的能力，实际上要比人类高级得多。

意识过程的第二阶段包括创建关于大脑中这些数据的相应总体印象，即完全感知。自然，大多数人工智能技术、机器人和计算机都不拥有生物大脑，但它们拥有人工大脑。大多数这些“大脑”都具体体现在他们使用技术的硬件(处理器、存储器等)之中。这些“大脑”是否能够从他们吸收的事实数据中创建相应的总体印象呢？ 人类通过分析事实数据来创建相应的总体印象，这使得他们能够使用信息、传递信息、整合信息，并根据这些信息实施行为，换言之，理解这些信息。[42]

考虑一下以人工智能技术为基础的保安机器人。[43]这些机器人的任 88
务是识别入侵者，并向人类部队(警察、军队)报警或自己阻止入侵者。它们的传感器(摄像头、麦克风)吸收事实信息并将其传输至处理器，之后由处理器识别入侵者。为此，处理器分析事实数据，确保不要误将该地区的警察和其他安保工作人员误认为是入侵者。该分析基于识别并区分不断变化的景象和声音。机器人可以比较衣服的形状和颜色，并使用其所需要的任何其他属性来进行识别。

在这个短暂的过程之后，机器人评估概率。如果这些概率不能产生准确的识别，机器人会启动声音识别过程，并要求可疑人物表明身份，提供密码，或执行任何其他与情况相关的行动。如果入侵者应答，那就将声音与存储在存储器中的声音格式进行比较。在收集了所有必要的事实数据之后，机器人有足够的信息来作出决定，并根据该决定，采取行动。事实上，这个机器人从传感器吸收的事实数据中创建了一个相应的总体印象，它能够使用、传输、整合信息，然后根据这些信息采取行动，换言之，理解这些信息。

考虑一个自然人保安在这种情况下如何行动。很可能，他也是以同样的方式行动。自然人保安会认为某个人或某个声音可疑，而机器人则会检查当前景象或声音的变化。我们更喜欢机器人保安，因为他们比自然人保安更能好好地工作，不会在工作中打瞌睡。自然人保安和机器人保安都使用他们的记忆来尝试识别人物或声音，这通过将它们与存储在存储器中的样式进行比较来实现。但是，机器人不可能忘记任何数据，人类却有可能忘记。自然人保安并不总是能够确定，但机器人会评估所有概率。自然人保安要求可疑人物表明身份，机器人也是如此。自然人和机器人都将应答与存储在存储器中的信息进行比较，这又是一项机器人能比自然人更加准确地予以执行的功能。在所有数据收集完成之后，自然人和机器人保安都会作出决定。他们都理解这一情况。

89 我们认为自然人保安可以意识到相关的事实数据。我们能不认为机器人保安也是如此吗？ 没有理由不这么认为。它的内部过程与自然人保安的内部过程基本相同，只是机器人比自然人更准确、更快速、更好地工作。当他们意识到可疑的人或声音时，他们都会吸收数据并采取相应的行动。

有人可能认为，自然人保安可能比机器人吸收了更多的事实信息，例如气味，并且自然人保安能够过滤掉不相关的信息，例如蟋蟀的声音。这种论点并不会使上述分析无效。首先，机器人也能够吸收额外的事实数据，如气味。但是如上所述，自然人使用注意力过程以集中于事实数据的一部分，就像阿奇在前文引用的例子中所做的那样。尽管人类有能力吸收极为广泛的事实数据，但这可能会分散注意力，使他们无法完成手头的任务。而机器人可以被编程为忽略这些数据。

如果气味被认为与保安任务无关，那么机器人就不会考虑这些数据。如果他们是自然人，我们会说他们不会注意这些数据。自然人使用在人类大脑中运行的注意力过程，过滤掉不相关的数据。然而，机器人只有在彻底分析所有事实数据之后，才会检查这些数据，并排除不相关的选项。我们现在可能会问自己，作为人类，我们更喜欢哪一种保安：那些不自觉地不注意事实数据的保安，还是那些彻底检查所有事实数据的保安？

总之，人工智能技术同样有能力满足意识第二阶段的要求。鉴于上述两个阶段是刑法承认的意识过程的全部阶段，可以得出结论：人工智能技术有能力满足刑法中的意识要求。

尽管如此，在我们断定机器有能力形成意识之前，我们中的一些人可能还是会有一种“少了某些东西”的感觉。如果我们从更广泛的意义上考虑意识，这种感觉可能是正确的，因为意识被用于心理学、哲学、认知科学等领域。但是，在这本书中，我们审查的是人工智能实体的刑事责任，而不是心理学、哲学、认知科学等领域中广泛意义上的意识。因此，与审查人工智能实体刑事责任相关的唯一认识标准，就是刑法中的标准。其他标准与评估自然人或人工智能实体的刑事责任并不相关。 90

刑法对意识的定义确实比其他知识领域对意识的定义要窄得多。不仅对人工智能实体赋予刑事责任如此，对自然人赋予刑事责任亦是如此。心理学、哲学或认知科学中的意识定义可能与对机械人的无尽追求有关，但却与基于刑法定义的机械犯罪人无关。[44]这一区别正是机械人与机械犯罪人区别的典型例子之一。

如前所述，在法庭上很难证明意识本身，特别是在必须证明超出一切合理怀疑的刑事案件之中。[45]因此，刑法发展出两种证明意识的解决方案：有意无视的推定和意识的推定。根据有意无视之推定，如果犯罪人怀疑存在行为和情节，但却没有核实这种怀疑，则推定犯罪人意识到这些行为和情节。[46]这一推定的理由是，由于犯罪人对事实的“无视”是有意的，那么他就被视为意识到这些事实，尽管他可能实际上并未意识到这些事实。

如果犯罪人希望避免犯罪，他就会检查事实。例如，怀疑“该女性可能不同意与他发生性行为”的强奸犯，预测到“如果他问她，她会拒绝”。在这种情况下，毫无疑问，与之发生性行为并未经过她的同意。因此，他无视自己的怀疑，在审讯中说，他认为她同意了，因为他没有听到拒绝之声。有意无视之推定将“未经检查的怀疑”等同于“对相关行为或情况具有充分意识”。问题是，这个推定是否与人工智能技术相关。

91 根据意识之推定，我们推定一个人意识到他的行为的自然结果有可能发生。[47]这种推定的基本原理是，人类具备必要的基本技能来评估其行为的自然后果。例如，当向某人头部开枪时，射击者被认为能够评估射击的自然后果是受害人可能死亡。永久或暂时缺乏这种技能之人，有机会反驳这种推定。问题是，这个推定是否与人工智能技术相关。

对于自然人来说，意识的确很难证明。但是，因为在刑法背景下，人工智能技术可以准确地监控意识的全部过程，所以没有必要采取任何证明的替代方案。若切换到自然人身上，就像是每个个体的大脑都不断被扫描，每个想法都被记录下来。如果通过脑部扫描能够识别出对事实数据的意识，那么超出一切合理怀疑地证明存在意识将是一项简单的任务。

鉴于人工智能实体的每一个行为都可以被监控和记录，包括刑法语境中的全部意识过程，因此，证明人工智能实体对特定事项的事实数据具有意识则是完全可以实现的。所以，没有必要通过替代方案来证明人工智能实体的意识，因为它的意识完全可以直接证明。但是，如果有必要使用这些替代方案来证明人工智能实体的意识，那么这也是可以实现的。强人工智能技术使用算法来评估概率，以便作出合理的决策。最小概率定义了每个事件的可行性、概率或“合理性”。如果使用意识替代方案更具有优势，那么，这也是完全可以实现的。

对自然人来说，只有现实的怀疑才能推定存在有意无视。因此，尽管特定事实事件发生的概率高于某个比率，而人工智能实体忽略了这种可能性，这可能被视为有意无视。自然人为什么不愿检查这种怀疑，对于适用有意无视之推定而言并不重要，对于人工智能实体来说，也是如
此。因此，论点是：如果人工智能实体忽略了某种邪恶的或隐藏的欲望 92
的可能性，正如自然人也可能做的那样，这种无视的原因是无关紧要的，正如自然人的案件那样。

如前所述，邪恶并不是刑事责任的构成要件之一。因此，无视怀疑(即，概率超出特定阈值的替代方案)的原因是无关紧要的，无论动机是否是邪恶的。某些行为的自然后果的发生具有合理的概率。机器可以通过权衡相关情节来量化评估这一合理性。强人工智能技术能够识别自然人称为“自然”的选项。因此，尽管证明人工智能实体的意识并不如证明人类意识那样困难，故而没有必要使用证明意识的替代解决方案，但是这些替代解决方案也可以用来证明人工智能实体的意识。

三、满足意志方面要求

故意的意志层面包括三个层次的意愿：意图、漠视和轻率。如上所述，漠视和轻率通常是指疏忽。问题是人工智能技术是否能够形成这些层次的意愿。因为这些术语可能在不同学科领域具有不同含义(比如，心理学、神学、哲学、法学等)，为回答该问题，我们必须审查该术语的法学含义；特别是，我们必须根据刑法中的法律定义来进行审查。即使这些术语的法学含义可能与其他含义不同，鉴于我们的讨论关涉刑事责任，因此只有法律含义是相关的。

意图是刑法接受的最高层级的意愿。术语“意图”“一般意图”和“具体意图”之间存在一些混淆。[48]“一般意图”就是故意的通常用

语。为避免与“意图”相混淆，我们使用“故意”，而不用“一般意图”。术语“意图”是指故意意志层面中意愿的最高层级。术语“具体
93 意图”也是指意愿的最高层级。“意图”和“具体意图”属于意愿的相同层级。但“意图”是指对事实要素的结果要件的意愿，“具体意图”是指动机和目的，而不是结果。[49]具体意图相对较少。

目的是指应该源自行为的事实数据。行为的使命(如果你愿意，也可以称之为行为的命运)是实现目的。目的犯(purpose offense)并不要求实际达成目的，只要求犯罪人试图想要达到目的。例如，“任何人为恐吓……之目的，而声称任何事情”的犯罪不需要对任何人进行实际恐吓，只需要存在这样的目的即可。动机由内在—主观感觉构成，动机是通过出于动机的行为来满足的。例如，“任何人出于仇恨而实施 X 行为”，此时，行为 X 满足了仇恨之动机。

除非犯罪明确要求目的和动机，否则目的和动机对于追究刑事责任而言并不重要。[50]例如，(1)A 出于仇恨而杀死 B；(2)A 出于怜悯而杀死 B。两者都被视为谋杀，因为谋杀罪并不需要具体意图，以实现任何既定目的或动机。但是，如果犯罪明确要求具体意图以满足任何既定目的或动机，证明具体意图则应是对该犯罪追究刑事责任的条件。如上所述，具体意图的要求相对较少。

鉴于意图和具体意图之间的唯一区别与其目标有关(前者是结果；后者是动机和目的)，加上两者的意愿层级相同，故而，以下对意图的分析也适用于具体意图。意图被定义为“有意识的意愿”，它伴随着行为的实施过程而存在，并导致行为的结果的发生。在具体意图的定义中，结果被动机和目的所取代：有意识的意愿，它伴随着行为的实施过程，并使得行为的动机得到满足或目的得以实现。

94 意图是积极意愿的表现，即发生事实事件的意愿。[51]虽然存在高于意图(例如，欲望、渴望或期望等)的意愿层级，但在刑法中，意图已被视为追究刑事责任所需的最高层级的意愿。[52]因此，没有任何犯罪需要比意图更高水平的意志。如果意图能够获得证明，那么它就满足所有其

他层级的意愿，包括疏忽（漠视和轻率）。

我们必须区分“有意识的意愿”和“无意识的意愿”。无意识的意愿是一种内在的驱动、冲动或本能，行为人没有意识到这种驱动、冲动或本能，而且这种驱动、冲动或本能在本质上是无法控制的。个体无法控制自己的意愿，除非他们意识到该意愿。尽管意识到自己的意愿并不能保证具有控制它的能力，但是控制意愿需要意识到意愿，并激活思维中的感知过程，以使相关活动在不受干扰的情况下开始、停止或继续。基于意图追究刑事责任，需要个体意识到他的意愿，以便他可以控制该意愿。

意图不需要一些抽象的有意识的意愿。有意识的意愿必须集中于某些目标：结果、动机或目的。意图是专注于这些目标的有意识的意愿。例如，凶手的意图是集中在造成受害者死亡的有意识的意愿。若要与追究刑事责任相关，这种意愿必须伴随着行为的实施，且与之并存。如果一个人误杀了另一个人，而在受害人死后，他才产生杀死受害人的意愿，这就不是故意。只有在实施谋杀行为的同时，存在谋杀的意愿，则该意愿才会被视为故意。

证明意图比证明意识要困难得多。虽然两者都是人类思维的内部过程，但意图与未来的事实情况有关，而意识与当前的事实有关。意识是理性和现实的，而意图却并不一定如此。例如，一个人可能有成为鱼的意图，但他不可能意识到自己是一条鱼。由于证明意图存在严重困难，刑法为证明意图提供了替代的解决方案。最常见的替代方案是可预见性规则（dolus indirectus），这是一种旨在证明意图存在的法律推定。

根据可预见性规则之推定，如果犯罪人在实施行为之时，完全具有 95
意识，而且他已经预见到结果非常有可能发生，那么他就被推定为想要结果的发生。[53]如果此处的结果被目的所取代，这一推定也适用于具体意图。[54]这一推定的理由如下：如果行为引发事实事件的可能性极高，则实施该行为本身即表明犯罪人想要事实事件的发生。

例如，A 将装有子弹的枪指向 B 的头部。A 知道，如果他扣动扳机，B死亡的事实事件极有可能发生。A扣动扳机，并在法庭上争辩说，他并不希望B的死亡发生，因此意图的必需要件并未能得到满足。如果法院采用可预见性规则的推定，那么A会被认为是意图导致结果的发生，因为根据A的评估，死亡的结果极有可能发生，而A据此采取行动，那这想必是因为他想要这些结果发生。[55]这种推定常常被法院用来证明意图。事实上，除非被告人在审讯期间明确承认其有意图，否则检控方更倾向于使用该推定来证明意图。

人工智能机器人是否有能力形成刑法中的意图？[56]因为意愿是一个模糊和笼统的术语，故而，即使在刑法中，人工智能实体具有形成意图的能力，也必须通过可预见性规则之推定来进行审查。事实上，这也正是证明自然人意图时使用这一推定的关键原因。该推定必须同时符合两
96 个条件：(1)结果的发生必须是极有可能预见到的；(2)行为必须是在完全具有意识的情况下实施的。

如上所述，强人工智能有能力评估事实事件发生的概率，并据此作出行为。例如，下棋计算机可以根据棋子在棋盘上的位置，分析游戏的当前状态。计算机会检查下一步的所有可能的选项。对于每个选项，计算机会检查其他玩家的所有可能的回应。然后，对于每个回应，计算机都会再次检查所有可能的回应。依此类推，直到其中一名玩家获胜，游戏结束。对于每一个可能的步骤都会评估其概率，计算机根据概率决定下一个步骤。[57]

如果玩家是自然人，我们会说他有赢得比赛的意图。我们不能肯定他有这样的意图，但他的行为过程符合可预见性规则的推定。一台被编程用来下棋的人工智能计算机，有一种赢得比赛的目标驱动行为，这类似于人类玩家。如果我们可以说人类下棋选手有赢棋的意图，那么对于人工智能下棋计算机，我们似乎也可以同样如此论断。对他们在相关情况下的行为过程的分析，完全符合可预见性规则的推定。

任何实体，无论是自然人还是人工智能，在检查几种行为选项之后，有意识地决定实施其中一种行为，并评估这种行为极有可能导致给

定事实事件的发生，则被视为预见到该事实事件的发生。在棋类比赛中，我们对此似乎习以为常。但是，在这种情况中，在以赢为目的的下棋行为和以取得某种结果为目的而实施的任何其他行为之间，并不存在任何实质性区别。如果结果和行为共同构成刑事犯罪，那么我们则进入了刑法的领地。

如果计算机评估由其行为导致事实事件（赢得国际象棋比赛、杀人或伤人等）发生的概率，并据此选择实施相应行为（移动棋盘上的棋子、 97
扣动扳机、向人体方向移动液压臂等），那么计算机就能够满足可预见性规则推定的必要条件。因此，计算机被推定为具有使得结果发生的意图。在大多数情况下，当犯罪人拒不供认之时，法院正是如此来审查犯罪人的意图的。

人们可能会问，在这种情况下，什么是极高的概率？答案和自然人一样，唯一不同的是计算机能够比自然人更加准确地评估概率。例如，某人将装有子弹的枪对准他人的头部。持枪的自然人估计，扣动扳机导致受害人死亡的概率很高，但绝大多数自然人无法准确评估这一概率究竟有多高。如果该实体是一台计算机，那么它可以根据它所接触到的事实数据（例如，受害人与枪支的距离、风向和风速、枪的机械状况等）来评估死亡发生的准确概率。

如果概率被评估为很高，计算机需要据此采取行动，并在完全具有意识的情况下实施行为，以促进相关事实事件的发生。如上所述，人工智能技术有能力根据事实数据形成意识。[58] 行为的实施被视为事实数据，因此，人工智能技术能够满足证明可预见性规则推定所需的两个条件。该推定被认为是一项绝对的推定规则（同时包括法律上的推定和事实上的推定），因此，如果满足推定的条件，那就无法反驳其结论（即，具有意图）。

上述对人工智能技术可预见性的分析以强人工智能为基础，对强人工智能更加具体的要求是具有为决策目的而评估概率的高级能力。强人工智能技术具有这些能力，它们有能力形成刑法意义上的意图。因此，人工智能技术可以满足刑法中的意图要求。

然而，在我们断言机器能够具有意图之前，我们中的一些人可能会感觉，这仍然缺少了一些东西。如果我们从更广泛的意义上考虑意图（如心理学、哲学、认知科学等），这种感觉有可能是正确的。但是，在
98 本书中，我们审查的是人工智能实体的刑事责任，而不是心理学、哲学、认知科学等领域认识的广泛含义。因此，对于上述审查而言，唯一相关的意图标准，就是刑法的标准。其他标准与评估自然人或人工智能实体的刑事责任并不相关。

刑法对意图（和可预见性）的定义确实比其他知识领域对意图的定义要窄得多。不仅对人工智能实体赋予刑事责任如此，对自然人赋予刑事责任亦是如此。心理学、哲学或认知科学中的对意识的定义可能与机械人的无尽追求有关，但却与基于刑法定义的机械犯罪人无关。[59]这一区别正是机械人和机械犯罪人之间区别的最好例证之一。

关于人工智能实体意图的证据以对计算机所有活动的监控和记录能力为基础。计算机在形成意图或可预见性的每个阶段的活动都能够进行监控和记录。评估概率并根据评估结果作出相关决定是计算机活动的一部分，因此，如果证据是基于可预见性规则推定，那么永远会有直接证据证明人工智能实体的犯罪意图。

如果意图得以证明，无论是直接证明还是通过可预见性规则推定，所有其他形式的意志都可以相应地得以证明。因为疏忽（包括漠视或轻率）代表了较低程度的意愿，所以，证明疏忽则能够通过直接证明轻率或者通过证明意图来实现。需要且只需要轻率的犯罪，并不存在。如上所述，因为刑事责任要求是最低要求的矩阵，[60]所以每一项要求都是追究刑事责任的最低条件。控方可以在证明给定要求或任何更高（但不是更低）的要求之间进行选择。

因此，要求轻率作为心理要素要求的犯罪可以通过证明意图（直接
99 证明或通过可预见性规则推定）或轻率来实现。因此，如果给定的人工智能技术具有上述可预见能力，那么它能够满足故意犯罪和轻率犯罪的

心理要素要求。但是，人工智能技术也可以直接满足轻率的要求。与之类似，人工智能技术如果存在意图的能力，那么也存在层次较低的轻率的能力。

漠视比轻率的层级更高，它代表着对事实事件发生保持中立意志的完全具有意识的状态。对于漠视的人来说，事实事件的发生和不发生的意义完全相同。这与事实事件发生的实际概率无关，而只与犯罪人对上述事件的内在意志有关。例如，A 和 B 正在玩俄罗斯轮盘赌。[61] 当轮到 B 时，A 对 B 死亡的可能性漠不关心；他毫不在乎 B 是生是死。

要想构成刑法中的漠视，就必须具有意识，也就是说，犯罪人必须意识到各种选择，并且不倾向于其中任何一种选择。[62] 如上所述，强人工智能技术的决策过程是基于对概率的评估。若计算机决定以某种方式行动，但这一决定并未考虑特定事实事件可能发生的概率，则计算机对该事实事件的发生漠不关心。

总的来说，人工智能技术复杂的决策过程中存在许多需要考虑的因素。在类似的情况下，自然人倾向于忽略部分因素，并对其不予考虑。计算机亦是如此。有些计算机被编程为忽略某些因素，但是强人工智能技术有能力学会忽略这些因素，否则，将不可能完成决策过程。强人工智能技术使用的学习过程——“机器学习”，是从例子中归纳学习。分 100
析的例子越多，学习就越有效。[63] 而人类则称之为“经验”。

当决策者是人工智能实体之时，决策过程都会受到监控，因此在证明人工智能实体对给定事实事件的发生漠不关心时，不会存在证据问题。人工智能实体对事件发生可能性的意识与决策过程中的考虑因素都会受到监控。这些数据直接证明了人工智能实体的漠视。如上所述，漠视也可以通过可预见性规则推定得以证明。

轻率是较低层级的疏忽。它包括对相关事实事件不会发生的有意识的意志，但同时有意识地实施不合理行为，并导致事实事件的发生。尽管轻率之人不希望事实事件的发生，但他实施的行为具有不合理的风险，因此事件最终得以发生。轻率被认为具有一定程度的意愿，因为如果轻率的犯罪人真的想不惜一切代价不让事件发生，那么他就不会实施具有不合理风险的行为。这正是“轻率构成故意的意志层面的一部分”的主要原因。否则，单独的消极意愿并不能证明刑事责任的正当性。

例如，在一条狭窄的道路上，在一辆行驶缓慢的卡车后面，有位司机正在开车。这是一条由实线分隔的双向行驶道路。这位司机非常着急，最终决定越过实线，超过卡车。他不想杀害任何人，他只是想超过卡车。但是，一名摩托车手恰好从对面驶来。司机躲避不及，撞死了摩托车手。如果司机想让摩托车手死，他会对谋杀罪负刑事责任，但事实并非如此。我们也不能说，他对摩托车手的死亡漠不关心。但是，他很轻率。他不想撞摩托车，但他冒了不合理的风险，最终导致摩托车手死亡。因此，他对误杀罪负有刑事责任。

101 刑法中的轻率需要意识。犯罪人需要意识到可能的选项，虽然倾向于不导致最终事件的发生，但是却实施了行为。而该行为对于真正想要避免事件的发生而言，却是不合理的。[64]如上所述，强人工智能技术的决策过程是基于对概率的评估。当计算机决定以某种方式行动，但它没有权衡到一个足够重要的相关因素，对于某一特定事实事件的发生而言，计算机被视为轻率的。在上面的例子中，如果用计算机替换汽车驾驶员，计算机计算出跨越实线与摩托车相撞的概率很低，那么，跨越实线的决定将被认为是轻率的。

总的来说，人工智能的复杂的决策过程存在许多需要考虑的因素。在这种情况下，人类有时会错误地计算一些因素的权重。计算机亦是如此。人类通过希望和信念来强化他们的决定，但是计算机不使用这些方法。一些计算机被编程以某种方式衡量某些因素，但是强人工智能技术能够学习正确并精准地衡量因素的能力。如上所述，强人工智能进行的这种学习被称为“机器学习”。

每当决策者是人工智能实体之时，决策过程都会受到监控，因此，并不缺乏证据来证明人工智能实体对特定事实事件的发生存在轻率。人工智能实体对事件发生可能性的意识与决策过程中的考虑因素以及给定决策中分配的实际权重一起受到监控。这些数据直接证明了人工智能实体的轻率。如上所述，轻率也可以通过可预见性规则推定来证明。

因此，故意的意志层面的所有组成部分都适用于人工智能技术，并且可以在法庭上予以证明。因此，问题是，谁应对实施这类犯罪承担刑事责任？

第三节　人工智能故意犯罪的刑事责任实体 102

一般来说，对犯罪意图犯罪(“故意犯罪”)追究刑事责任，需要这些犯罪的事实要素要求和心理要素要求都得到满足。而自然人参与了人工智能技术和人工智能实体的创造、设计、编程和操作。因此，当人工智能实体满足犯罪的事实要素要求和心理要素要求之时，就会产生一个问题，即谁应当对所犯罪行承担刑事责任？ 可能的答案是：人工智能实体、与人工智能实体相关的自然人，或者两者兼而有之。我们现在将讨论这些答案。

一、人工智能实体的责任

如果自然人犯罪人符合犯罪的事实要素要求和心理要素要求，那么他就应对该罪行承担刑事责任。在对其追究刑事责任之时，法院不需要审查犯罪人是否是“邪恶的”，或者所实施的犯罪行为是否具有其他特征。满足这些要求是追究刑事责任的唯一条件。其他信息可能会影响量刑，但不会影响刑事责任。我们更倾向于我们的刑事法律体系所采取的这种处理方式，因为“邪恶”和“善良”是主观事项。[65]不同的人看待这些术语的角度也不尽相同。[66]

在该语境下，事实要素和心理要素是中性的，不一定包含邪恶或善良的内容。[67]在本质上，满足事实要素和心理要素的要求要比发现邪恶更有“技术性”得多。例如，我们禁止谋杀。谋杀是有意识并有意图地导致自然人的死亡。如果个体事实上导致他人的死亡，那么事实要件要

103 求就已满足。如果实施行为之时，具有完全的意识和意图，心理要素也已满足。因此，个体对谋杀罪承担刑事责任，除非可以适用一般抗辩（比如，正当防卫、精神失常等）。至于为何实施谋杀，对于追究刑事责任而言无关紧要。无论谋杀是出于怜悯（安乐死）或是出于邪恶，都不会产生区别。

这就是对自然人犯罪人追究刑事责任的方式。如果我们对人工智能实体也采用这一标准，那么我们也可以对人工智能实体追究刑事责任。这是人工智能实体刑事责任背后的基本理念，它不同于人工智能实体的道德责任、社会责任，甚至民事法人资格。[68]刑事责任的狭义定义使得人工智能实体可能成为刑法的主体。尽管如此，读者可能会感觉这种分析中仍然缺少一些东西，理由可能还不够充分。我们尝试用理性的论证来反驳这些感觉。

这种感觉可能是：人工智能实体遵循某个程序的能力不足以使系统作出道德判断和行使自由裁量权，尽管该程序可能包含一个非常复杂的规则系统。[69]这种感觉可能最终与犯罪人的道德选择有关。更深层的论点是：没有任何形式逻辑的系统能够自主地作出犯罪人可能面临的道德选择。对于这个论点，我们有两个回答。

首先，我们不能肯定形式逻辑系统具有道德盲目性。而且，道德和道德价值具有许多的类型。[70]目的论道德（如功利主义）探讨行为的功利价值。这些价值可以进行测量、比较，最终基于量化比较而作出决定。例如，一个人工智能机器人控制的一辆重型货车发生故障，货车现在只有两条道路可以行驶。机器人计算概率后，确定沿着一条道路行驶会导致1人死亡，沿着另一条道路行驶会导致50人死亡。目的论道德会引导自然人选择第一条道路，沿着这条道路行驶的自然人将被视为有道德的人。
104 机器人可以被指示为按照这种道德行事。机器人的道德是受其程序支配的，程序让机器人评估每条道路的后果。自然人的行为方式难道不是与之一样吗？

其次，即使第一个回答无法令人信服，并且形式逻辑系统被认为不具有任何道德性，但是刑事责任仍然既不依赖任何道德，也不源自任何道德。道德甚至不是追究刑事责任的条件。在追究刑事责任时，刑事法院并不评估自然人犯罪人的道德。在法院看来，犯罪人可能道德高尚，但仍然被判有罪，例如安乐死；或者，在法院看来，犯罪人可能非常不道德，但仍然被判无罪，例如通奸。鉴于对自然人犯罪人追究刑事责任不需要任何形式道德，当涉及人工智能实体的刑事责任之时，道德同样也不应该作为考虑因素。

还有人可能认为，人工智能实体不是自然人，刑事责任只针对自然人，因为它涉及只有自然人才能享有的宪法人权。[71]在该语境下，宪法权利是指实质性权利还是指程序性权利并不重要。对于这一论点的回应是，也许刑法最初是为人类设计的，但是，自 17 世纪以来，刑法并没有如上文所讨论的那样只是适用于人类。[72]作为非人类实体的公司法人，同样成为刑法的主体，而且不仅仅是刑法的主体。在过去的四个世纪里，公司法人一直都被赋予刑事责任，并处以刑罚，尽管偶尔会有一些调整。

另外一些人仍然认为，虽然法人已经被确认为刑法的主体，但是人工智能实体的人格不应受到认可，因为人类对确认其人格不感兴趣。[73]这一论点不适用于探讨人工智能实体刑事责任的法律分析。在日常生活中，有许多案件追究刑事责任对人类社会没有任何好处，但仍然要追究刑事责任。最著名的例子来自康德。他声称，如果地球上最后一个自然人是犯罪人，那么他也应该受到刑罚，即使这将导致人类种族的灭 105
绝。[74]人类利益尚未被确认为刑事责任的有效要件。

最后，有一些人可能会觉得，若要对人工智能实体可能造成的事实伤害予以考虑、指责或归责，那么前文所述的意识概念可能太过于浅显。[75]因为他们混淆了心理学、哲学、神学和认知科学中的意识和知觉概念与刑法中的意识概念，所以他们才会产生这种感觉。在其他知识领域，我们对什么是意识缺乏清晰的概念。因此，对于人工智能的意识能力问题，我们无法提供一致的答案。每当给出这样的答案之时，它们通常都是基于直觉，而不是科学。[76]

然而，刑法必须准确。根据刑法提供的定义，人们可能会被终身监禁，可能会失去财产，甚至生命。因此，刑法中的定义必须得到超出一切合理怀疑的证明。对故意犯罪追究刑事责任是基于意识，而意识是心理要素要件的重要主导要件。心理学、哲学、神学和认知科学中的“意识”一词没有得到充分发展，进而创造出准确的定义。但是，这一事实并不能阻碍刑法为追究刑事责任而发展出自己的定义。

与所有其他法律定义一样，刑法对意识的定义可能与其普通含义或其在心理学、哲学、神学和认知科学中的含义存在很大不同。刑法中的定义是为了满足刑法的需要而设计和修正的，仅此而已。这些定义代表了追究刑事责任的必需条件。如上所述，基于刑法最低要求矩阵的概念，它们也代表了结构性和实质性的最低条件。[77]

106 因此，刑法中的定义(包括意识的定义)是相对的，而且只与刑法相关。因为它们是按照最低要求的矩阵形成的，所以它们可能看起来很浅显。但是，只有从心理学、哲学、神学和认知科学的角度来审视，而不从刑法的角度来审视，才是如此。如果这些科学领域在意识方面出现重大发展，刑法可能会受这些科学发现的启发，而对意识作出更新和更全面的定义。但目前来说，还不存在这样的科学发展。

刑法中的定义(包括意识的定义)，最初是为人类设计的。几个世纪以来，根据这些定义，人们被起诉、定罪和无罪释放。自 17 世纪以来，这些定义已经被修订，并适用于非人类实体(即公司法人)的定罪。公司法人也根据这些定义被起诉、定罪和宣告无罪。每当刑法中的定义改变时，对于自然人和公司法人而言，这些定义都会以同样的方式改变。在 21 世纪，对人工智能实体的定罪，也需要同样的定义。

对这些定义的研究表明，它们适用于人工智能技术。无需对这些定义进行任何修改，就能满足刑法的要求。几个世纪以来，全世界的刑法系统都使用相同的定义，认为这些定义足够使用，而且几乎无懈可击。这些定义会突然之间变得“浅显”吗？ 如果这些定义对自然人和公司法人来说足够好，为什么它们对人工智能技术来说不够好?

如果批评的观点认为，刑法的定义过于浅显，因此必须就自然人、公司法人和人工智能技术定义进行根本性的改变，那么，这种说法可能是可以接受的。但是，如果这些定义只有在涉及人工智能技术时才被称为浅显，那么，这个论点就无法被认为是严肃的或可适用的。这种批评论源自对机械人的无尽追求，当然，批评论也是这种追求的一部分。但是，由于刑法是一个有限的领域，当人工智能实体表明他们有能力遵守刑法中的定义之时，对机械犯罪人的追求就成功地得到了终结。

这个回答不仅适用于对刑法中人工智能实体的意识之批评，也适用 107
于人工智能实体的意图之批评。[78]我们现在可以总结到，对人工智能实体刑事责任概念的批评通常涉及两个方面：(1)缺乏追究刑事责任所不需要的属性(例如，灵魂、邪恶、善良等)；(2)从刑法之外的其他科学视角(例如，心理学、哲学、神学和认知科学)来看，刑法中的定义较为“浅显”。对于这两点批评，我们都可以有条有理地予以回答。

第一点批评可以通过指明刑法矩阵的结构性层面进行反驳，对于自然人、公司法人和人工智能实体追究刑事责任，都不需要任何上述所缺失的属性。第二点批评可以通过刑法矩阵的实质性层面予以回答，刑法领域之外的法律术语的定义与解决刑事责任问题并不相关。这为将人工智能实体作为直接犯罪人追究刑事责任提供了可能性。

接受人工智能实体对故意犯罪负有刑事责任的观点，并不意味着人工智能实体作为主犯实施了某种罪行。故意犯罪也可以通过共犯来实施。对共犯追究刑事责任至少需要故意，因为不存在因过失或严格责任而导致的共犯。[79]共同正犯只存在于故意犯罪之中。其他一般形式的共犯(例如，教唆犯和从犯)同样至少需要故意。

总之，由于所有一般形式的共谋都至少需要故意，人工智能系统只有在事实上构成故意的情况下才可被视为共犯。承认人工智能实体有可能作为直接犯罪人承担刑事责任，意味着同样也承认人工智能实体有可能成为共犯、共同正犯、教唆犯、从犯等，只要犯罪的事实要

108 素要求和精神要素要求都得到充分满足即可。但是，这并不是对人工智能实体追究刑事责任的唯一方式。另外两种可能的方式是：间接正犯(perpetration-through-another)和可能的后果责任。

二、自然人责任:间接正犯

自然人、公司法人和人工智能技术都可能被用作犯罪的工具，不管他们的法律资格如何。例如，一个人威胁另一个人说，如果他不实施某种罪行，就会杀死他。受威胁之人没有选择，只能实施犯罪。谁应对所犯的罪行承担刑事责任？ 威胁之人？ 受威胁之人？ 两人兼而有之？就人工智能实体的刑事责任而言，当人工智能实体被另一实体当作工具使用之时，该问题就会出现。在未来，也许，人工智能实体将另一实体当作工具使用也是有可能的……

对于这种情况，刑法规定了一般形式的“间接正犯”的刑事责任。这种形式的刑事责任是指，将他人用作工具来有意识地执行犯罪计划。被利用之人作为无罪的代理人或部分无罪的代理人参与犯罪。“间接正犯”是替代责任在共同犯罪法律中的最新发展。自古以来，刑法和民法都承认替代责任，它基于古老的奴隶制概念。[80]

主人是一个法律实体，拥有法律资格。他不仅要对自己的行为负责，还要对他的所有附从(指奴隶、工人、家庭成员等)的行为负责。若他的附从实施犯罪，则会被视为主人自己犯下的罪行。主人有义务对起诉书作出回应(雇主责任原则，respondeat superior)。这一义务的法律含义是，主人对其附从实际犯下的罪行负有刑事责任。这个概念的基本原理是：主人应该保证其附从遵守刑法。如果主人没有这样做，那么他本人需要对附从所犯的罪行负责。

109 由于主人的附从被认为是他的财产，根据刑法和民法，他对他们造成的伤害负责。附从被认为是主人的器官，就像他的长臂一样。关于替代责任的法律格言指出，通过他人行事被视为自己行事(qui facit per alium facit per se)。在这种情况下，犯罪行为的外在表现对于追究刑事责任并不重要。

这一法律概念在大多数古代法律体系中都被接受。在此基础上，罗马法发展出“家长制”(paterfamilias)。家庭之父应对家庭成员、仆人、守卫和奴隶犯下的任何罪行或侵权行为负责。[81]因此，家庭之父有责任防止其附从实施刑事犯罪行为和民事侵权行为。他这样做的动机是担心家庭成员的行为会导致刑事责任或侵权责任。替代责任的法律概念被吸收到欧洲中世纪法律之中。

替代责任的概念在14世纪被英国普通法正式明确接受。[82]当然，这是基于13世纪颁布的立法。[83]在14世纪至17世纪期间，英国普通法修改了这一概念，规定只有当主人明确命令仆人实施犯罪、明确授权仆人实施犯罪或者在犯罪前(事前)或侵权后(事后)同意仆人实施相应行为之时，主人才对仆人的犯罪(根据刑法)和侵权行为(根据民法)负责。[84]

自17世纪末以来，这一严格的要求被更为宽松的要求所取代。即使主人的命令是暗示性的，或者主人对仆人的授权仅是一般授权，主人也可能对仆人实施的犯罪行为和侵权行为承担刑事责任和民事责任。[85] 110
这是在英国第一次工业革命初期，英国普通法试图处理许多针对工人的侵权案件的结果，当然也是当时商业发展的结果。主人的工人所实施的行为被认为是主人的行为，因为主人享受工人们的利益。如果主人享受这些行为的利益，那么他就应该对这些行为可能造成的伤害承担法律责任，无论是刑事责任还是民事责任。

在19世纪，这些要求再次被弱化，并且法院认定，如果工人的行为是通过或作为一般业务过程的一部分而予以实施的，即使没有明确或隐含的命令，主人也需要对这些行为负责。因此，工人越权的辩护理由被法院驳回。所以，即使工人的行为违背了上级的具体命令，只要工人的行为是在一般业务过程中进行的，那么上级仍然需要对工人的行为负责。这种方法是在侵权法中发展起来的，但是英国法院并没有将其局限于侵权法，而是也适用于刑法。[86]

因此，替代责任是在特定的社会条件下发展而成的。在这种条件下，只有上层社会的个体才有资格被视为法律实体。在罗马法中，只有家庭之父才能成为检察官、原告或被告。在 19 世纪，当社会阶层的概念开始淡化之时，替代责任也随之没落。

在 19 世纪初的刑法中，替代责任案件分为三种主要类型。第一种是典型的共犯。如果双方之间的关系是基于真正的合作，即使他们有雇主—雇员或其他等级关系，他们也被归类为共同犯罪。但是，如果在等
111 级关系之中，当事人之间存在信息差距或一方使用权力使另一方丧失实施有意识的和有意愿的犯罪的能力，则该行为不再被视为共同犯罪。失去实施有意识和有意愿犯罪行为能力的当事人，被视为“无罪的代理人”，他只是另一方当事人手中的一个工具。

无罪的代理人不承担刑事责任，该犯罪被认为是间接正犯，另一方对无罪代理人的行为负有全部刑事责任。[87]这是从替代责任中发展出间接正犯的基础。它正是通过替代责任产生的第二种刑事责任。第三种类型是原始替代责任的核心。在绝大多数现代法律体系中，这种类型体现在具体犯罪之中，而不是在刑事责任的一般形式之中。自从现代共犯法律出现以来，原始的替代责任就不再被视为一种正当的刑事责任形式。

自 19 世纪末 20 世纪初以来，无罪代理人的概念已经扩大到没有等级关系的当事人之间。无论何时，一方在没有意识或没有意愿的情况下行事，都被视为无罪的代理人。无罪代理人的行为可能是另一方促成的结果(例如，通过威胁、胁迫、误导、谎言等手段利用无罪的代理人)或另一方利用现有的事实情况，而这种利用恰好排除了无罪代理人的意识或意愿(例如，滥用事实错误、精神失常、麻醉状态、未成年等)。

20 世纪，间接正犯的概念也适用于“部分无罪的代理人”，“部分无罪的代理人”通常是过失方，他没有充分意识到事实情况，而任何其他理性人在同样的情况下都能够意识到这一点。大多数现代法律制度都承认，“部分无罪的代理人”也是间接正犯的一部分，因此，另一方对犯罪负有刑事责任，部分无罪的代理人对过失负有刑事责任。

112 如果法律体系中存在合适的过失犯罪(即，该犯罪要求相同的事实要件，但要求过失的心理要素，而不是意识、明知或意图)，那么部分无

罪的代理人应对该犯罪负有刑事责任。如果不存在此类犯罪，则不追究其刑事责任，尽管另一方对最初的犯罪负有刑事责任。对于间接正犯的刑事责任，事实要件可以由无罪的代理人予以满足，但心理要素要求必须由通过间接正犯的本人在事实上和心理上予以满足，包括将无罪的代理人作为工具使用之时。[88]

因此，问题在于，如果人工智能实体被他人（自然人、公司法人或另一个人工智能实体）作为犯罪工具使用，那么如何在他们之间划分犯罪的刑事责任？ 间接正犯理论并不认为，实际上实施犯罪的人工智能实体拥有任何自然人属性。人工智能实体被认为是无罪的代理人，但是，我们不能忽视人工智能实体物理上实施犯罪的能力。这些能力不足以将人工智能实体视为犯罪人，因为人工智能实体缺乏必要的意识或意愿。

人工智能实体实施犯罪的能力类似于智力有限的自然人的实施犯罪能力，例如，婴儿、[89]智力不健全之人、[90]或缺乏犯罪心理状态之人。[91]在法律上，当犯罪行为是由无罪的代理人（婴儿、[92]智力不健全之人、[93]或缺乏犯罪心理状态之人[94]）实施之时，对物理上的犯罪人不追究刑事责任。在这种情况下，这个人被视为工具，尽管是非常复杂的 113
工具，而组织犯罪的当事人（即间接正犯）是首犯（principal in the first degree），对无罪代理人的行为负责。

犯罪人的责任是根据“工具”[95]的行为及其心理状态来确定的。[96]与人工智能实体相关的衍生问题是：谁是间接正犯？ 答案是任何利用人工智能技术实施犯罪之人。在大多数情况下，这个人是自然人，可能是人工智能软件的程序员、操作员或终端用户。程序员可以设计人工智能实体，通过它来犯罪。例如，一名程序员为工厂中使用的机器人设计软件，他将机器人软件编程为在晚上无人时烧掉工厂。机器人纵火，但程序员被认为是犯罪人。

用户不对软件进行编程，而是使用人工智能实体（包括其软件）为自己谋取利益。而这种利益可能表现为，实施犯罪行为。例如，用户购买了一台家用机器人，该机器人被设计为执行主人下达的任何命令。机器人将用户识别为主人，主人命令机器人攻击任何入侵者。机器人完全按照指示执行命令。这种情形与主人命令他的狗攻击任何入侵者之间，没有什么不同。机器人实施了攻击，但用户被认为是犯罪人。

在这两种情况下，物理上的犯罪都是由人工智能实体实施的。程序员或用户没有实施任何符合特定犯罪定义的行动，因此，他们不符合犯罪的事实要素要求。“间接正犯”的责任将人工智能实体实施的物理行为视为程序员、用户或任何其他使用人工智能技术之人实施的行为。这
114 种刑事责任的法律基础是将人工智能实体（作为无罪的代理人）作为工具使用。[97]追究刑事责任所需的心理属性并不针对人工智能实体。[98]

当程序员或操作员将人工智能实体作为工具使用之时，人工智能实体犯下的罪行都可归责于他们。犯罪所需的心理要素已经存在于他们的心中。程序员在下令纵火时有犯罪意图，用户在下令实施攻击时也有犯罪意图，即使这些犯罪行为是由人工智能实体机器人实施的。当终端用户利用无罪的代理人实施犯罪时，终端用户被认为是该犯罪的真正的犯罪人。

间接正犯不要求人工智能实体具有任何心理能力或自然人的心理能力。因此，人工智能实体、螺丝刀或犯罪人使用的动物之间没有法律上的区别。当窃贼用螺丝刀撬开窗户时，他虽然使用工具撬开窗户，而螺丝刀不承担刑事责任。螺丝刀的“行动”实际上是窃贼的行动。这与使用动物作为工具时的法律情况相同。一只狗遵照主人的命令进行的攻击被认为是主人的攻击。

这种刑事责任可能适用于两种情况。在第一种情况下，人工智能实体，甚至是强人工智能技术，被用来实施犯罪，但并没有利用该实体的先进能力。在第二种情况下，使用弱人工智能技术，这种技术缺乏现代人工智能实体的先进能力。在这两种情况下，人工智能实体都被作为工具使用；但是，在这两种情况下，使用人工智能实体是因为它有能力执行犯罪命令。螺丝刀不能执行这样的命令，但是，狗可以。狗不能执行

复杂的命令，但是，人工智能实体可以。[99]

当人工智能实体根据自己积累的经验或知识，或根据对概率的复杂 115
计算，作出犯罪决定时，间接正犯的责任则不予适用。若人工智能实体软件并未被设计为实施特定犯罪，但人工智能实体却实施该犯罪，则间接正犯的责任就不适用。当人工智能实体不是无罪的代理人，而是部分无罪的代理人之时，这种类型的责任也不适用。[100]如上所述，部分无罪的代理人缺乏故意要件，但却具有较低层次心理要素（比如过失或严格责任）。[101]

然而，当程序员或用户利用人工智能实体，但不使用其先进功能时，间接正犯的责任仍然适用。使用该责任的法律结果是，程序员和用户对所犯罪行负有刑事责任，而人工智能实体不负任何类型的刑事责任。[102]这与将人工智能实体仅仅视为财产并无显著区别，尽管人工智能实体具有复杂的技能和能力。[103]如果人工智能实体被视为部分无罪的代理人，即它满足了过失责任或严格责任的要求，如果刑法承认这类过失犯罪或严格责任犯罪，那么人工智能实体将对此承担刑事责任。

三、自然人和人工智能实体的共同责任：可能的后果责任

上述第一类刑事责任将人工智能实体视为犯罪人。[104]第二类刑事责任将人工智能实体视为法律上的犯罪人手中的工具。[105]然而，第二
类责任并非唯一可以描述犯罪中自然人和人工智能实体的法律关系类 116
型。第二种类型处理的是附属的人工智能实体。但是，如果人工智能实体没有被编程来实施犯罪，而是自行计算出相应行为，最终该行为被证明是犯罪，该如何处理呢？ 这里的问题涉及自然人的责任，而不是人工智能实体的责任。

例如，程序员将复杂人工智能实体设计为不实施某些罪行。起初，人工智能系统投入运行后，没有实施犯罪。随着时间的推移，通过归纳的机器学习，人工智能实体扩大了活动范围，它开始追求新的活动路径。在某个时间点，它实施了犯罪行为。在另一个稍有区别的例子中，程序员设计人工智能系统来实施特定犯罪。不出所料，人工智能系统实

施了犯罪行为，但是它偏离了程序员最初的计划，并继续实施违法活动。这种偏离可以是数量上的(同一类型的其他犯罪)、性质上的(不同类型的其他犯罪)，或者两者兼而有之。

如果程序员从一开始就设计该人工智能实体来实施额外的犯罪，那么这最多只会被视为间接正犯。但程序员并不是这样做的。如果人工智能系统具备额外犯罪的事实要素和心理要素，那么根据第一类责任，它将承担刑事责任。但是，这里的问题是，关于程序员的刑事责任为何，这正是下文讨论的第三类责任的主要问题。

在这些案件中，最适当的刑事责任就是可能的后果责任(the probable consequence liability)。最初，刑法中的可能后果责任与刑事犯罪参与人的刑事责任相关，该刑事犯罪事实上已经实施，但并不是最初犯罪计划的一部分。例如，A 和 B 计划抢劫银行。根据计划，A 的角色是闯入保险库，B 的角色是用装有子弹的枪威胁保安。抢劫期间，保安反抗，B 开枪打死了他。杀害保安并不是最初犯罪计划的一部分。当保安被枪杀时，A 不在那里，不知道，不同意，也没有开枪杀人。

上述例子中的法律问题涉及 A 对杀人罪的刑事责任，以及明显地，他对抢劫罪的刑事责任。A 既不符合杀人罪的事实要素要求，也不符合杀人罪的精神要素要求，因为他没有实际犯罪，也没有意识到这一点。
117 杀人并不是犯罪人共同犯罪计划的一部分。这个问题也可以扩展到抢劫罪的教唆犯和从犯(如果有的话)。一般来说，可能的后果责任的问题是指一个人对另一个人实施的无计划犯罪(unplanned offense)的刑事责任。在研究是否能对自然人—人工智能共同犯罪适用可能的后果责任之前，我们必须探究该责任的特征。[106]

对于这个一般性问题，有两种截然相反的路径。第一种要求对所有当事人追究全部刑事责任；另一种要求对不符合无计划犯罪的事实要素要求和心理要素要求的当事人宽泛地免除刑事责任。第一种可能涉及过度犯罪化的问题，而第二种可能涉及犯罪化不足的问题。因此，各种法律制度制定并采纳了折中的路径。

第一种极端的路径根本不考虑无计划犯罪的事实要素要求和心理要素要求。这种路径起源于罗马民法，在不少法律体系中曾经被应用于刑事案件之中。根据这种方法，只要参与任何违法事件，即意味着对该事件产生的任何进一步的违法事件承担刑事责任(违法行为中的普遍责任或者违法后的普遍责任)。[107]这种极端的路径不需要其他当事人符合无计划犯罪的事实要素要求或心理要素要求，而只需要实际犯罪的当事人符合该犯罪的事实要素要求和心理要素要求即可。

根据这种极端的路径，无计划犯罪的刑事责任是自动衍生的。这种路径的基本原理是通过扩大刑事责任范围，不仅包括有计划犯罪，也包括无计划犯罪，以阻止潜在犯罪人将来参与犯罪活动。潜在犯罪人必须认识到，他个人的刑事责任可能不仅限于特定类型的犯罪，他还可能需要对直接或间接源于其行为的所有预期内和预期外的发展承担刑事责任。潜在犯罪人一般应会受到威慑，并避免参与违法行为。

该路径没有对参与违法事件的各种形式进行区分。无论犯罪人在实 118
施有计划犯罪中扮演何种角色(主犯、教唆犯或从犯)，都要对无计划犯罪承担刑事责任。对无计划犯罪追究刑事责任，并不取决于当事人是否符合该犯罪的事实要素要求和心理要素要求。如果将无计划犯罪的刑事责任赋予最初参与犯罪的各方当事人，包括那些不能控制无计划犯罪之人，那么，这种方法的威慑价值是非常极端的。

从长远看，这种方法教育人们不要参与违法事件，无论他们在犯罪中可能扮演什么样的角色。任何偏离犯罪计划的行为，即使不在当事人的直接控制之下，也应对所有涉案人员追究刑事责任，就像这是所有当事人全部实施的一样。这种极端做法的效果可能是非常空泛的。没有实施无计划犯罪(或第三种犯罪)的其他当事人，并不是无计划犯罪的直接当事人，可能要对无计划犯罪承担刑事责任，即使这些犯罪之间仅仅具有非常轻微的联系。无计划犯罪的刑事责任对所有当事人都是一样的，无需满足事实要素要求和心理要素要求。绝大多数西方法律制度都认为这种威慑方式过于极端，因此，不接受这种方法。[108]

另一种极端的方法与前者完全相反，聚焦于无计划犯罪的事实要素要求和心理要素要求。根据这种方法，要对无计划犯罪追究刑事责任，每一方当事人都必须满足事实要素要求和心理要素要求。只有当一方当事人满足无计划犯罪的两个要求时，对其追究刑事责任才是合法的。自然，由于无计划犯罪没有经过计划，除了实际实施这种犯罪的一方当事人，任何其他当事人都不太可能对这种犯罪承担刑事责任。这种极端的方法忽略了犯罪集团本质上所具有的社会危害，这不仅包括有计划的犯罪，也包括无计划的犯罪。

鉴于这种极端的方法，犯罪人便没有动机限制自己参与犯罪事件。
119 从长远来看，任何一方当事人想要逃避犯罪计划的可能的后果责任，只需避免参与任何进一步犯罪的事实方面即可。这类犯罪人倾向于让更多的当事人参与犯罪，以增加进一步犯罪的机会。因此，大多数现代法律制度都不愿意采取这种极端的方法。

目前，已经发展出几种折中的方法，来解决这些极端方法带来的困难。折中方法的核心在于建立可能的后果责任，即无计划犯罪的刑事责任，实施该犯罪是有计划的原始犯罪的可能的后果。“可能的后果”既是指从参与犯罪当事人角度而言的心理概率，也是指有计划犯罪造成的事实后果。因此，对无计划犯罪追究刑事责任，可能的后果责任通常需要两个主要条件：事实条件——无计划犯罪应该是有计划犯罪的后果；心理条件——由于实施了有计划的犯罪，实施无计划的犯罪应该是可能的（即有关当事人是可以预见的）。

事实条件（“后果”）要求无计划犯罪的发生，对于有计划犯罪而言，具有附带性（incidental）。有计划犯罪和无计划犯罪之间应该有事实上的因果关系。例如，A 和 B 合谋抢劫银行，并付诸实施。在抢劫过程中，B 开枪打死了保安，这是抢劫和 B 在抢劫中扮演的角色的附带行为。如果不是因为抢劫，就不会发生杀人的后果。因此，杀人是抢劫的事实后果，是在抢劫时附带发生的。

附带犯罪不是犯罪计划的一部分，当事人也没有合谋实施附带犯罪。如果该犯罪是犯罪计划的一部分，那么可能的后果责任就毫不相关。对此，犯罪各方当事人可适用共同犯罪的一般规则。无计划犯罪不符合共同犯罪的要求，就产生了犯罪化不足的问题。尽管这些犯罪是无计划的，可能的后果责任试图通过扩大对无计划犯罪的刑事责任来解决这一难题。

无计划的犯罪可能与有计划的犯罪不同，但也不一定。无计划犯罪
也可能是与有计划犯罪相同的犯罪。例如，A 和 B 合谋抢劫银行，并闯 120
进银行保险库。A 打算闯进保险库，B 打算望风，他们付诸实施，但
是，在此之外，B 开枪打死了保安，A 闯进了另一个保险库。无计划的
杀人罪与有计划的抢劫罪不同。无计划的抢劫罪与有计划的抢劫罪则相
同。两种无计划犯罪都是有计划犯罪的附带后果，尽管一种与有计划犯
罪不同，另一种与有计划犯罪相同。有计划犯罪是两种无计划犯罪的原
因背景，因为无计划犯罪是从有计划犯罪中附带衍生出来的。[109]

心理条件（“可能”）要求相关当事人认为无计划犯罪的发生是可能的，这意味着这是可以预见和合理预测的。一些法律体系倾向于审查事实的和主观的可预见性（当事人事实上和主观上都预见了无计划犯罪的发生），而另一些法律体系则倾向于通过客观的合理性标准来评估预见能力（当事人事实上没有预见到无计划犯罪的发生，但是在相同情况下，任何理性人都可以预见到）。事实可预见性与主观故意相似，而客观可预见性与客观过失相似。

例如，A 和 B 合谋抢劫银行。A 打算闯进保险库，B 打算望风。他们付诸实施，当 A 闯进保险库时，B 开枪打死了保安。在一些法律体系中，只有在 A 实际预见到杀人的情况下，A 才对杀人负有刑事责任；而在另一些法律制度中，如果一个理性人在这种情况下能够预见到杀人即将发生，那么 A 就应对杀人负有刑事责任。因此，如果相关共犯实际上没有预见到无计划犯罪，或者任何处于相同条件下的理性人都不可能预见到无计划犯罪，那么他对无计划犯罪就不负刑事责任。

这种方法被认为是折中的，因为它对社会危害问题提供了答案，同

时与刑事责任的事实要素要求和心理要素要求积极相关。事实条件和心理条件是对无计划犯罪追究刑事责任的起始条件和最低要求。

121 在不同法律体系中，可能的后果责任的法律后果有所不同。这些差异的主要因素是心理条件。一些法律体系要求过失，而另一些法律体系则要求故意，其后果可能在法律上和社会上都不同。接近极端路径的折中方法认为，如果事实条件和心理条件都得到满足，所有共犯都要对无计划犯罪负刑事责任(违法行为的责任或违法行为的后果)。根据这些路径，当事人对无计划故意犯罪负有刑事责任，即使他可能只是过失。

更宽容的折中方法不会因无计划犯罪而对所有当事人追究全部刑事责任。这些路径在心理要素方面表现得更加宽容，要求当事人事实上的心理要素与犯罪类型相匹配。因此，无计划犯罪中的过失当事人，对过失犯罪负有刑事责任，而具有意识的当事人，则对故意犯罪负有刑事责任。[110]例如，A、B和C计划实施抢劫。在抢劫过程中，C开枪打死了保安。A预见到了这一点，但B没有预见到，尽管任何理性人在这种情况下都会预见到这一结果。

这三个人作为共同犯罪人，对抢劫罪负有刑事责任。C对谋杀罪负有刑事责任，这是故意犯罪。A实施的行为是基于故意，因此对误杀罪或谋杀罪负有刑事责任，而这两个犯罪都是故意犯罪。但是，B对于杀人仅具有过失，因此，他对过失致人死亡负有刑事责任。过失犯罪人只对过失犯罪负刑事责任，而其他符合故意要求的犯罪人对故意犯罪负刑事责任。

美国刑法规定，有计划犯罪的所有各方当事人对于无计划犯罪同样
122 负有全部刑事责任，[111]只要无计划犯罪是有计划犯罪的可能的后果。[112]美国已颁布适当的立法来接受可能的后果责任，该法也已被认定为具有合宪性。[113]此外，就杀人罪而言，美国法律将在实施有计划犯罪的过程中发生的意外杀人认定为谋杀罪，尽管当事人的心理因素并不足以构成谋杀罪。[114]

相比之下，欧洲大陆的法律制度和英国的普通法对有计划犯罪的所

有当事方平等地赋予刑事责任。[115]英国[116]和欧洲大陆的折中方法更接近第一种极端方法。[117]

自然人—人工智能犯罪是否能适用可能的后果责任，我们必须区分两种类型的案件，正如本章开头的例子所示。第一种类型是指程序员设计人工智能系统来实施某种犯罪的情况，但是该系统在数量上(犯下了更多相同类型的罪行)、性质上(犯下了更多不同类型的罪行)或者在这两个方面，都超出了程序员的计划。第二种类型是指程序员没有设计人工智能系统来实施任何犯罪，但是该系统仍然实施犯罪。

在第一类案件中，刑事责任分为有计划犯罪和无计划犯罪。如果程 123
序员设计系统实施特定犯罪，这最多也就是间接正犯。程序员指示系统应该做什么，因此，程序员将系统作为工具用于实施犯罪。在这种情况下，如上所述，程序员应独自对该犯罪负责。[118]对于这种特殊的刑事责任，人工智能系统、其他计算机化系统、螺丝刀或任何无罪的自然人代理人之间没有任何区别。

在无计划犯罪的情况下，需要采取不同的方法。如果人工智能系统是一个强人工智能系统，能够计算出额外犯罪的实施，那么，根据上述刑事责任标准规则，该人工智能系统应对该犯罪承担刑事责任。[119]这就补充完整了人工智能系统的刑事责任，而程序员的刑事责任，则将根据上述可能的后果责任来确定。因此，如果从程序员的角度来看，额外的犯罪可能是有计划犯罪的后果，那么除了有计划犯罪的刑事责任之外，程序员还要为无计划犯罪承担刑事责任。

如果人工智能系统不是强人工智能系统，不能计算出额外犯罪的实施，人工智能系统就不应对额外犯罪负有刑事责任。在这种情况下，人工智能系统被视为无罪的代理人。基于上述可能的后果责任，额外犯罪的刑事责任仍然由程序员独自承担。因此，如果从程序员的角度来看，额外犯罪可能是有计划犯罪的后果，程序员除了对有计划犯罪承担刑事责任之外，还要对无计划犯罪承担刑事责任。

在第二种情况下，程序员无意实施任何犯罪。从程序员的角度来看，犯罪的发生不过是一起超出意愿之外的事故。因为程序员的动机并不是犯罪，所以可能的后果责任无法适用。如上所述，有计划犯罪的存
124 在对于可能的后果责任至关重要，因为可能的后果责任旨在针对有计划违法事件中发生无计划的发展，并起到阻止参与违法活动的作用。

如果程序员的出发点不是违法，并且从他的角度来看，犯罪的发生就是偶然的，那么，对其威慑就是不恰当的，也是不相关的。采用上述机制来处理没有犯罪意图的错误和事故，是不符合比例性原则的。因此，如果实施犯罪的人工智能系统是强人工智能系统，并且能够满足犯罪的各项要求，那么，它可能作为直接犯罪人，对该犯罪承担刑事责任。如果不是，那么人工智能系统不会对该罪行承担刑事责任。

至于程序员，他最多是过失。在这类案件中，程序员的刑事责任并不取决于人工智能系统的刑事责任。无论人工智能系统是否负有刑事责任，程序员对无计划犯罪的刑事责任都将单独审查。因为程序员并不想要任何犯罪的发生，故意的心理要素对他并不适用，他的刑事责任必须按照过失标准来审查，这样他最多只对过失犯罪承担刑事责任。在下一章讨论人工智能实体过失犯罪的刑事责任之时，我们将探讨过失的标准。

总结开篇事例：故意杀人机器人

本章开始我们举了一个杀人机器人的例子。我们现在可以回到开头，根据本章中获得的见解分析这个例子。在这起杀人案中，必须评估两个主要行为人的刑事责任：机器人及其程序员。为了审查机器人的刑事责任，我们必须首先评估它的技术能力。如果人工智能机器人具备满足故意要求的技术能力，那么，在这种情况下，它将成为一个机械犯罪人。如果人工智能机器人具备这样的技术能力，那么，在这种情况下，我们就应该像审查自然人的刑事责任那样，审查机器人的刑事责任。

杀人罪(故意)可以是谋杀罪或误杀罪。他们的事实要件是相同的, 125
主要为导致自然人的死亡。由于机器人实际上导致了工人的死亡,事实上的要素要求似乎得到了满足。谋杀罪的心理要素要求故意(意识和意图),而误杀罪的心理要素则要求疏忽(意识和疏忽)。此时,需要仔细分析。如果在分析了机器人的计算记录之后,确认机器人满足了其中一项要求,那么机器人应对特定杀人罪承担刑事责任。如果没有,可能会审查过失,而这将在下一章予以讨论,即机器人可能对过失致人死亡承担刑事责任。但是,如果机器人缺乏技术能力来满足故意犯罪或过失犯罪的要求,在这种情况下,它不会构成机械犯罪人,也不会对杀人承担刑事责任。杀人案的唯一刑事责任人将是程序员或者其他相关当事人(用户、工厂等)。此处,"程序员"不仅指实际上对系统进行编程的特定人员,还指所有相关人员,包括制造机器人的公司。

程序员的刑事责任则根据他在杀人案中的角色来确定。如果程序员将机器人编程为以这种方式工作,并使用机器人作为工具来杀死工人,那么他就是杀人罪间接正犯的犯罪人。如果机器人缺乏先进人工智能的能力来满足犯罪的要求,情况也是如此。在这些情况下,程序员和相关当事人单独对杀人罪承担刑事责任,他们对杀人罪的确切刑事责任,无论是谋杀还是误杀,取决于他们是否满足这些犯罪的心理要素要求。

如果程序员设计机器人是为了犯下除了杀害工人以外的犯罪(任何犯罪),并且机器人的人工智能系统通过无计划犯罪(杀害工人)来继续实施犯罪活动,程序员对杀人罪的刑事责任是基于可能的后果责任来确定的。在这种情况下,机器人的刑事责任则根据其满足特定犯罪要求的能力来审查。如果程序员没有将机器人设计来实施犯罪,但是发生了意外杀人事件,那么,机器人的刑事责任将根据其满足杀人罪各项要求的能力来审查,程序员的刑事责任则将根据过失标准来审查。这将在下一章中予以讨论。

注释

1. 上述事实基于翁岳暄(Yueh-Hsuan Weng)、陈建勋(Chien-Hsun Chen)和孙春在(Chuen-Tsai Sun)所著论文之概述,Toward the Human-Robot Co-Existence Society: On Safety Intelligence for Next Generation Robots, 1 INT. J. SOC. ROBOT 267, 273(2009)。

2. 参见第一章第三节第二段。

3. Fain v. Commonwealth, 78 Ky. 183, 39 Am. Rep. 213(1879); Tift v. State, 17 Ga.App. 663, 88 S.E. 41(1916); People v. Decina, 2 N.Y.2d 133, 157 N.Y.S.2d 558, 138 N.E.2d 799(1956); Mason v. State, 603 P.2d 1146(Okl.Crim.App.1979); State v. Burrell, 135 N.H. 715, 609 A.2d 751(1992); Bonder v. State, 752 A.2d 1169(Del.2000).

4. 和其他一些定义一样,其中最流行的是"有意愿的肌肉移动"。See HERBERT L. A. HART, PUNISHMENT AND RESPONSIBILITY: ESSAYS IN THE PHILOSOPHY OF LAW 101(1968); OLIVER W. HOLMES, THE COMMON LAW 54(1881, 1923); ANTONY ROBIN DUFF, CRIMINAL ATTEMPTS 239—263(1996); JOHN AUSTIN, THE PROVINCE OF JURISPRUDENCE DETERMINED(1832, 2000); GUSTAV RADBRUCH, DER HANDLUNGSBEGRIFF IN SEINER BEDEUTUNG FÜR DAS STRAFRECHTSSYSTEM 75, 98(1904); CLAUS ROXIN, STRAFRECHT-ALLGEMEINER TEIL I 239—255(4 Auf., 2006); BGH 3, 287.

5. 见,例如,Bolden v. State, 171 S.W.3d 785(2005); United States v. Meyers, 906 F.Supp. 1494(1995); United States v. Quaintance, 471 F. Supp.2d 1153(2006)。

6. Scott T.Noth, A Penny for Your Thoughts: Post-Mitchell Hate Crime Laws Confirm a Mutating Effect upon Our First Amendment and the Government's Role in Our Lives, 10 REGENT U.L.REV. 167(1998); HENRY HOLT, TELEKINESIS(2005); PAMELA RAE HEATH, THE PK ZONE: A CROSS-CULTURAL REVIEW OF PSYCHOKINESIS(PK)(2003).

7. JOHN AUSTIN, THE PROVINCE OF JURISPRUDENCE DETERMINED(1832, 2000).

8. 见,例如,People v. Heitzman, 9 Cal.4th 189, 37 Cal.Rptr.2d 236, 886 P.2d 1229(1994); State v. Wilson, 267 Kan. 550, 987 P.2d 1060(1999)。

9. Rollin M.Perkins, Negative Acts in Criminal Law, 22 IOWA L.REV. 659(1937); Graham Hughes, Criminal Omissions, 67 YALE L.J. 590(1958); Lionel H.Frankel, Criminal Omissions: A Legal Microcosm, 11 WAYNE L.REV. 367(1965).

10. P. R. Glazebrook, Criminal Omissions: The Duty Requirement in Offences Against the Person, 55 L.Q. REV. 386(1960); Andrew Ashworth, The

Scope of Criminal Liability for Omissions, 84 L.Q.REV. 424, 441(1989).

11. Lane v. Commonwealth, 956 S.W.2d 874(Ky.1997); State v. Jackson, 137 Wash.2d 712, 976 P.2d 1229(1999); Rachel S. Zahniser, Morally and Legally: A Parent's Duty to Prevent the Abuse of a Child as Defined by Lane v. Commonwealth, 86 KY. L.J. 1209(1998).

12. Mavji, [1987] 2 All E.R. 758, [1987] 1 W.L.R. 1388, [1986] S.T.C. 508, Cr. App. Rep. 31, [1987] Crim. L.R. 39; Firth, (1990) 91 Cr. App. Rep. 217, 154 J.P. 576, [1990] Crim. L.R. 326.

13. 见，例如，美国法学会《模范刑法典》第 2.01(3)条—官方草案和解释性说明(1962 年、1985 年)。

14. GABRIEL HALLEVY, THE MATRIX OF DERIVATIVE CRIMINAL LIABILITY 171—184(2012).

15. 见，例如，Pierson v. State, 956 P.2d 1119(Wyo.1998)。

16. 见，例如，State v. Dubina, 164 Conn. 95, 318 A.2d 95(1972); State v. Bono, 128 N.J.Super. 254, 319 A.2d 762(1974); State v. Fletcher, 322 N.C. 415, 368 S.E.2d 633(1988)。

17. S.Z.Feller, Les Délits de Mise en Danger, 40 REV. INT. DE DROIT PÉNAL 179(1969).

18. 这是所有杀人罪的结果要件。见，SIR EDWARD COKE, INSTITUTIONS OF THE LAWS OF ENGLAND-THIRD PART 47(6th ed., 1681, 1817, 2001):"谋杀是指一个有着良好记忆力和判断力的人，在国王和平统治的王国领土中的任何一个郡县内，怀有恶意预谋(无论是行为人明确表达或是根据法律推定)，非法杀害王国领土中的任何一个理性生物，使得受害人流血、受伤，或者在一年之后因伤害而死亡等。"

19. Henderson v. Kibbe, 431 U.S. 145, 97 S.Ct. 1730, 52 L.Ed.2d 203 (1977); Commonwealth v. Green, 477 Pa. 170, 383 A.2d 877(1978); State v. Crocker, 431 A.2d 1323(Me.1981); State v. Martin, 119 N.J. 2, 573 A.2d 1359(1990).

20. 见，例如，Wilson v. State, 24 S. W. 409(Tex. Crim. App. 1893); Henderson v. State, 11 Ala.App. 37, 65 So. 721(1914); Cox v. State, 305 Ark. 244, 808 S.W.2d 306(1991); People v. Bailey, 451 Mich. 657, 549 N.W.2d 325(1996)。

21. Morton J.Horwitz, The Rise and Early Progressive Critique of Objective Causation, THE POLITICS OF LAW: A PROGRESSIVE CRITIQUE 471(David Kairys ed., 3rd ed., 1998); Benge, (1865) 4 F. & F. 504, 176 E.R. 665; Longbottom, (1849) 3 Cox C.C. 439.

22. Jane Stapelton, Law, Causation and Common Sense, 8 OXFORD J.LEGAL

STUD. 111(1988).

23. JEROME HALL, GENERAL PRINCIPLES OF CRIMINAL LAW 70—77(2nd ed., 1960, 2005); DAVID ORMEROD, SMITH & HOGAN CRIMINAL LAW 91—92(11th ed., 2005); G., [2003] U.K.H.L. 50, [2004] 1 A.C. 1034, [2003] 3 W.L.R. 1060, [2003] 4 All E.R. 765, [2004] 1 Cr. App. Rep. 21, (2003) 167 J.P. 621, [2004] Crim. L.R. 369.

24. Sweet v. Parsley, [1970] A.C. 132, [1969] 1 All E.R. 347, [1969] 2 W.L.R. 470, 133 J.P. 188, 53 Cr. App. Rep. 221, 209 E.G. 703, [1969] E.G. D. 123.

25. 上文第一章第三节第二段和第二章第一节。

26. 见，例如，上注 16。

27. 关于情节的定义，见第二章第一节第二段。

28. 关于结果的定义，见第二章第一节第三段。

29. 在故意犯罪中，意识要件也发挥着法律因果关系的作用。但是，在这种情况下，该作用不是特别重要。

30. “具体意图”有时被错误地称为“意图”，以区别于通常用于表达“犯罪意图”的“一般意图”。

31. 见第六章第一节第二段。

32. SIR GERALD GORDON, THE CRIMINAL LAW OF SCOTLAND 61(1st ed., 1967); Treacy v. Director of Public Prosecutions, [1971] A.C. 537, 559, [1971] 1 All E.R. 110, [1971] 2 W.L.R. 112, 55 Cr. App. Rep. 113, 135 J.P.

33. William G. Lycan, Introduction, MIND AND COGNITION 3, 3—13 (William G.Lycan ed., 1990).

34. 见，例如，WILLIAM JAMES, THE PRINCIPLES OF PSYCHOLOGY(1890)。

35. 见，例如，BERNARD BAARS, IN THE THEATRE OF CONSCIOUSNESS(1997)。

36. HERMANN VON HELMHOLTZ, THE FACTS OF PERCEPTION(1878).

37. United States v. Youts, 229 F. 3d 1312 (10th Cir. 2000); State v. Sargent, 156 Vt. 463, 594 A.2d 401(1991); United States v. Spinney, 65 F.3d 231(1st Cir.1995); State v. Wyatt, 198 W.Va. 530, 482 S.E.2d 147(1996); United States v. Wert-Ruiz, 228 F.3d 250(3rd Cir.2000); Rollin M.Perkins, “Knowledge” as a Mens Rea Requirement, 29 HASTINGS L.J. 953, 964(1978).

38. United States v. Jewell, 532 F.2d 697(9th Cir.1976); United States v. Ladish Malting Co., 135 F.3d 484(7th Cir.1998).

39. Paul Weiss, On the Impossibility of Artificial Intelligence, 44 REV. METAPHYSICS 335, 340(1990).

40. 见，例如，TIM MORRIS, COMPUTER VISION AND IMAGE PROCESSING (2004); MILAN SONKA, VACLAV HLAVAC AND ROGER BOYLE, IMAGE PROCESSING,

ANALYSIS, AND MACHINE VISION (2008)。

41. WALTER W. SOROKA, ANALOG METHODS IN COMPUTATION AND SIMULATION(1954).

42. 见，例如，DAVID MANNERS AND TSUGIO MAKIMOTO, LIVING WITH THE CHIP (1995)。

43. 关于机器人保安，见第一章第一节第一段。

44. 关于对机械人的无尽追求，见第一章第一节第二段。

45. 见，Winship, 397 U.S. 358, 90 S.Ct. 1068, 25 L.Ed.2d 368(1970)。

46. United States v. Heredia, 483 F.3d 913(2006); United States v. Ramon-Rodriguez, 492 F.3d 930(2007); Saik, [2006] U.K.H.L. 18, [2007] 1 A.C. 18; Da Silva, [2006] E.W.C.A. Crim. 1654 , [2006] 4 All E.R. 900, [2006] 2 Cr. App. Rep. 517; Evans v. Bartlam, [1937] A.C. 473, 479, [1937] 2 All E. R. 646; G. R. Sullivan, Knowledge, Belief, and Culpability, CRIMINAL LAW THEORY—DOCTRINES OF THE GENERAL PART 207, 213—214(Stephen Shute and A.P. Simester eds., 2005).

47. State v. Pereira, 72 Conn. App. 545, 805 A.2d 787(2002); Thompson v. United States, 348 F.Supp.2d 398(2005); Virgin Islands v. Joyce, 210 F. App. 208(2006).

48. 见，例如，United States v. Doe, 136 F.3d 631(9th Cir.1998); State v. Audette, 149 Vt. 218, 543 A.2d 1315(1988); Ricketts v. State, 291 Md. 701, 436 A.2d 906(1981); State v. Rocker, 52 Haw. 336, 475 P.2d 684(1970); State v. Hobbs, 252 Iowa 432, 107 N.W.2d 238(1961); State v. Daniels, 236 La. 998, 109 So.2d 896(1958)。

49. People v. Disimone, 251 Mich. App. 605, 650 N.W.2d 436(2002); Carter v. United States, 530 U.S. 255, 120 S.Ct. 2159, 147 L.Ed.2d 203 (2000); State v. Neuzil, 589 N.W.2d 708(Iowa 1999); People v. Henry, 239 Mich. App. 140, 607 N.W.2d 767(1999); Frey v. United States, 708 So.2d 918 (Fla.1998); United States v. Randolph, 93 F.3d 656(9th Cir.1996); United States v. Torres, 977 F.2d 321(7th Cir.1992).

50. Schmidt v. United States, 133 F. 257(9th Cir.1904); State v. Ehlers, 98 N.J.L. 263, 119 A. 15(1922); United States v. Pomponio, 429 U.S. 10, 97 S. Ct. 22, 50 L.Ed.2d 12(1976); State v. Gray, 221 Conn. 713, 607 A.2d 391 (1992); State v. Mendoza, 709 A.2d 1030(R.I.1998).

51. LUDWIG WITTGENSTEIN, PHILOSOPHISCHE UNTERSUCHUNGEN §629—§660(1953).

52. State v. Ayer, 136 N.H. 191, 612 A.2d 923(1992); State v. Smith, 170 Wis.2d 701, 490 N.W.2d 40(App.1992).

53. Studstill v. State, 7 Ga. 2 (1849); Glanville Williams, Oblique Intention, 46 CAMB. L.J. 417(1987).

54. People v. Smith, 57 Cal. App. 4th 1470, 67 Cal. Rptr. 2d 604(1997); Wieland v. State, 101 Md. App. 1, 643 A.2d 446(1994).

55. Stephen Shute, Knowledge and Belief in the Criminal Law, CRIMINAL LAW THEORY—DOCTRINES OF THE GENERAL PART 182—187(Stephen Shute and A. P. Simester eds., 2005); ANTONY KENNY, WILL, FREEDOM AND POWER 42—43(1975); JOHN R. SEARLE, THE REDISCOVERY OF MIND 62(1992); ANTONY KENNY, WHAT IS FAITH? 30—31(1992); State v. VanTreese, 198 Iowa 984, 200 N.W. 570(1924), but see Montgomery v. Commonwealth, 189Ky. 306, 224 S.W. 878(1920); State v. Murphy, 674 P.2d 1220(Utah.1983); State v. Blakely, 399 N.W.2d 317(S.D.1987).

56. 见，例如，Ned Block, What Intuitions About Homunculi Don't Show, 3 BEHAVIORAL & BRAIN SCI. 425(1980); Bruce Bridgeman, Brains + Programs = Minds, 3 BEHAVIORAL & BRAIN SCI. 427(1980)。

57. 见，例如，FENG-HSIUNG HSU, BEHIND DEEP BLUE: BUILDING THE COMPUTER THAT DEFEATED THE WORLD CHESS CHAMPION(2002); DAVID LEVY AND MONTY NEWBORN, HOW COMPUTERS PLAY CHESS(1991)。

58. 参见第二章第二节第二段。

59. 关于对机械人的无尽追求，参见第一章第一节第二段。

60. 参见第一章第三节第二段。

61. 俄罗斯轮盘赌是一种运气游戏，参与者在枪里放一颗子弹，任意旋转转轮，将枪口对准头部，然后扣动扳机。

62. G., [2003] U.K.H.L. 50, [2003] 4 All E.R. 765, [2004] 1 Cr. App. Rep. 237, 167 J.P. 621, [2004] Crim. L.R. 369, [2004] 1 A.C. 1034; Victor Tadors, Recklessness and the Duty to Take Care, CRIMINAL LAW THEORY—DOCTRINES OF THE GENERAL PART 227(Stephen Shute and A.P. Simester eds., 2005); Gardiner, [1994] Crim. L.R. 455.

63. VOJISLAV KECMAN, LEARNING AND SOFT COMPUTING, SUPPORT VECTOR MACHINES, NEURAL NETWORKS AND FUZZY LOGIC MODELS(2001).

64. K., [2001] U.K.H.L. 41, [2002] 1 A.C. 462; B. v. Director of Public Prosecutions, [2000] 2 A.C. 428, [2000] 1 All E.R. 833, [2000] 2 W.L.R. 452, [2000] 2 Cr. App. Rep. 65, [2000] Crim. L.R. 403.

65. Robert N.Shapiro, Of Robots, Persons, and the Protection of Religious Beliefs, 56 S.CAL. L.REV. 1277, 1286—1290(1983).

66. Nancy Sherman, The Place of the Emotions in Kantian Morality, IDENTITY, CHARACTER, AND MORALITY 145, 149—162(Owen Flanagan &

Amelie O. Rotry eds., 1990); Aaron Sloman, Motives, Mechanisms, and Emotions, THE PHILOSOPHY OF ARTIFICIAL INTELLIGENCE 231, 231—232 (Margaret A.Boden ed., 1990).

67. JOHN FINNIS, NATURAL LAW AND NATURAL RIGHTS 85—90(1980).

68. Lawrence B.Solum, Legal Personhood for Artificial Intelligences, 70 N. C. L. REV. 1231, 1262(1992).

69. OWEN J.FLANAGAN, JR., THE SCIENCE OF THE MIND 224—241(2nd ed., 1991).

70. 见，例如，DAVID LYONS, FORMS AND LIMITS OF UTILITARIANISM (1965)。

71. 见索卢姆书，上注 68，第 1258—1262 页。

72. 参见第一章第三节第三段。

73. EDWARD O.WILSON, SOCIOBIOLOGY: THE NEW SYNTHESIS 120(1975).

74. ROGER J.SULLIVAN, IMMANUEL KANT'S MORAL THEORY 68(1989).

75. RAY JACKENDOFF, CONSCIOUSNESS AND THE COMPUTATIONAL MIND 275—327(1987); COLIN MCGINN, THE PROBLEM OF CONSCIOUSNESS: ESSAYS TOWARDS A RESOLUTION 202—213(1991).

76. DANIEL C.DENNETT, BRAINSTORMS 149—150(1978).

77. 参见第一章第三节第二段。

78. DANIEL C.DENNETT, THE INTENTIONAL STANCE 327—328(1987).

79. 见，例如，People v. Marshall, 362 Mich. 170, 106 N.W.2d 842 (1961); State v. Gartland, 304 Mo. 87, 263 S.W. 165 (1924); State v. Etzweiler, 125 N.H. 57, 480 A.2d 870(1984); People v. Kemp, 150 Cal.App. 2d 654, 310 P.2d 680(1957); State v. Hopkins, 147 Wash. 198, 265 P. 481 (1928); State v. Foster, 202 Conn. 520, 522 A.2d 277(1987); State v. Garza, 259 Kan. 826, 916 P.2d 9(1996); Mendez v. State, 575 S.W.2d 36(Tex.Crim. App.1979)。

80. Francis Bowes Sayre, Criminal Responsibility for the Acts of Another, 43 HARV. L.REV. 689, 689—690(1930).

81. Digesta, 9.4.2; Ulpian, 18 ad ed.; OLIVIA F. ROBINSON, THE CRIMINAL LAW OF ANCIENT ROME 15—16(1995).

82. Y.BB. 32—33 Edw. I(R. S.), 318, 320(1304); Seaman v. Browning, (1589) 4 Leonard 123, 74 E.R. 771.

83. 13 EDW. I, St. I, c.2, art. 3, c.II, c.43(1285). See also FREDERICK POLLOCK AND FREDERICK WILLIAM MAITLAND, THE HISTORY OF ENGLISH LAW BEFORE THE TIME OF EDWARD I 533(rev. 2nd ed., 1898); Oliver W.Holmes, Agency, 4 HARV. L.REV. 345, 356(1891).

84. Kingston v. Booth, （1685） Skinner 228, 90 E.R. 105.

85. Kingston v. Booth, （1685） Skinner 228, 90 E.R. 105：“所有权人有责任支付运费，并且成为雇主；因为任何雇用他人之人都要对被雇用之人负责，并对所有他利用之人负责”；Turberwill v. Stamp, （1697） Skinner 681, 90 E.R. 303； Middleton v. Fowler, （1699） 1 Salkeld 282, 91 E.R. 247； Jones v. Hart, （1699） 2 Salkeld 441, 91 E.R. 382； Hern v. Nichols, （1708） 1 Salkeld 289, 91 E.R. 256。

86. Sayre, Supra note 80, at pp.693—694； WILLIAM PALEY, A TREATISE ON THE LAW OF PRINCIPAL AND AGENT (2nd ed., 1847)； Huggins, （1730） 2 Strange 882, 93 E.R. 915； Holbrook, （1878） 4 Q.B.D. 42； Chisholm v. Doulton, （1889） 22 Q.B.D. 736； Hardcastle v. Bielby, [1892] 1 Q.B. 709.

87. Glanville Williams, Innocent Agency and Causation, 3 CRIM. L.F. 289 (1992)； Peter Alldridge, The Doctrine of Innocent Agency, 2 CRIM. L.F. 45 (1990).

88. State v. Silva-Baltazar, 125 Wash. 2d 472, 886 P. 2d 138 (1994)； GLANVILLE WILLIAMS, CRIMINAL LAW： THE GENERAL PART 395(2nd ed., 1961).

89. Maxey v. United States, 30 App. D.C. 63, 80(App. D.C. 1907).

90. Johnson v. State, 142 Ala. 70, 71(1904).

91. United States v. Bryan, 483 F.2d 88, 92(3d Cir. 1973).

92. Commonwealth v. Hill, 11 Mass. 136 (1814)； Michael, （1840） 2 Mood. 120, 169 E.R. 48.

93. Johnson v. State, 38 So. 182, 183(Ala. 1904)； People v. Monks, 24 P.2d 508, 511(Cal. Dist. Ct. App. 1933).

94. United States v. Bryan, 483 F.2d 88, 92(3d Cir. 1973)； Boushea v. United States, 173 F.2d 131, 134(8th Cir. 1949)； People v. Mutchler, 140 N.E. 820, 823(Ill. 1923)； State v. Runkles, 605 A.2d 111, 121(Md. 1992)； Parnell v. State, 912 S.W.2d 422, 424(Ark. 1996)； State v. Thomas, 619 S.W. 2d 513, 514(Tenn. 1981).

95. Dusenbery v. Commonwealth, 263 S.E.2d 392(Va. 1980).

96. United States v. Tobon-Builes, 706 F.2d 1092, 1101(11th Cir. 1983)； United States v. Ruffin, 613 F.2d 408, 411(2d Cir. 1979).

97. 见索卢姆书，上注 68，第 1237 页。

98. 人工智能实体被用作工具，而不是参与者，尽管它运用其处理信息的特性。见，例如，George R.Cross and Cary G.Debessonet, An Artificial Intelligence Application in the Law： CCLIPS, A Computer Program that Processes Legal Information, 1 HIGH TECH. L.J. 329(1986)。

99. Andrew J.Wu, From Video Games to Artificial Intelligence： Assigning

Copyright Ownership to Works Generated by Increasingly Sophisticated Computer Programs, 25 AIPLA Q.J. 131(1997); Timothy L.Butler, Can a Computer Be an Author—Copyright Aspects of Artificial Intelligence, 4 COMM. ENT. L.S. 707 (1982).

100. NICOLA LACEY AND CELIA WELLS, RECONSTRUCTING CRIMINAL LAW—CRITICAL PERSPECTIVES ON CRIME AND THE CRIMINAL PROCESS 53(2d ed. 1998).

101. 参见第三章和第四章。

102. People v. Monks, 133 Cal. App. 440, 446(Cal. Dist. Ct. App. 1933).

103. 见索卢姆书，上注 68，第 1276—1279 页。

104. 参见第二章第三节第一段。

105. 参见第二章第三节第二段。

106. 见哈列维书，上注 14，第 241—248 页。

107. Digesta, 48. 19. 38. 5; Codex Justinianus, 9. 12. 6; REINHARD ZIMMERMANN, THE LAW OF OBLIGATIONS—ROMAN FOUNDATIONS OF THE CIVILIAN TRADITION 197(1996).

108. 见，例如，United States v. Greer, 467 F.2d 1064(7th Cir.1972); People v. Cooper, 194 Ill.2d 419, 252 Ill.Dec. 458, 743 N.E.2d 32(2000)。

109. State v. Lucas, 55 Iowa 321, 7 N.W. 583(1880); Roy v. United States, 652 A.2d 1098(D.C.App.1995); People v. Weiss, 256 App.Div. 162, 9 N.Y.S.2d 1(1939); People v. Little, 41 Cal.App.2d 797, 107 P.2d 634(1941).

110. State v. Linscott, 520 A.2d 1067(Me.1987):“尽管没有证据表明被告具有构成谋杀罪应受惩罚的主观心理状态，但根据基于客观标准的共犯责任理论，允许对其按照谋杀罪定罪的规则并不违反上述缅因州的法律(原文强调)。”

111. People v. Prettyman, 14 Cal.4th 248, 58 Cal.Rptr.2d 827, 926 P.2d 1013(1996); Chance v. State, 685 A.2d 351(Del.1996); Ingram v. United States, 592 A.2d 992(D.C.App.1991); Richardson v. State, 697 N.E.2d 462 (Ind.1998); Mitchell v. State, 114 Nev. 1417, 971 P.2d 813(1998); State v. Carrasco, 122 N.M. 554, 928 P.2d 939(1996); State v. Jackson, 137 Wash.2d 712, 976 P.2d 1229(1999).

112. United States v. Powell, 929 F.2d 724(D.C.Cir.1991).

113. State v. Kaiser, 260 Kan. 235, 918 P.2d 629(1996); United States v. Andrews, 75 F.3d 552(9th Cir.1996); State v. Goodall, 407 A.2d 268(Me. 1979). Compare: People v. Kessler, 57 Ill.2d 493, 315 N.E.2d 29(1974).

114. People v. Cabaltero, 31 Cal.App.2d 52, 87 P.2d 364(1939); People v. Michalow, 229 N.Y. 325, 128 N.E. 228(1920).

115. Anderson, 1966 2 Q.B. 110, 1966 2 All E.R. 644, 1966 2 W.L.R. 1195, 50 Cr. App. Rep. 216, 130 J.P. 318: 216, 130 J.P. 318:“法律原则的表

现形式如下：如果两个人商定共同犯罪，那么每个人都要根据该共同犯罪来承担刑事责任，这包括对因执行商定的共同犯罪而产生的异常后果的责任。”

116. English， 1999 A.C. 1， 1997 4 All E.R. 545， 1997 3 W.L.R. 959， 1998 1 Cr. App. Rep. 261， 1998 Crim. L.R. 48， 162 J.P. 1； Webb， 2006 E.W.C.A. Crim. 2496， 2007 All E.R.（D）406； O'Flaherty， 2004 E.W.C.A. Crim. 526， 2004 2 Cr. App. Rep. 315.

117. BGH 24， 213； BGH 26， 176； BGH 26， 244.

118. 参见第二章第三节第二段。

119. 参见第二章第三节第一段。

第三章 127

过失犯罪中人工智能的刑事责任

人工智能专家系统的常见应用领域之一是医疗领域，[1]通常用来使诊断更加准确。通过使用视觉扫描仪或其他方法获取口头数据，将患者症状输入系统，然后用专家系统分析事实数据并向医务人员建议诊断方案。基于机器学习(案例归纳分析和概括)，专家系统获得了“经验”，学会如何区分各种类型的症状，也学会忽略不重要的症状。系统激活的时间越长，其诊断就越准确。

该方法的一个重要特征即是，根据系统通过长期诊断获得的经验，在不同时间对于相同病例，系统可能会作出不同诊断。人类医生也是如
此。一名 1 岁婴儿的病例送给人工智能专家系统进行诊断。[2]这名婴儿 128
高烧(华氏 104 度)、脱水和全身乏力。该系统诊断出流感，并建议使用止痛剂和输液。医务人员采取了相应的行动，但 5 个小时后，婴儿死亡。尸检显示婴儿死于严重的细菌感染；如果用适当的抗生素治疗，婴儿可能会幸存。法律问题是：谁应对这名婴儿的死亡负刑事责任?

在世界上绝大多数国家，对于职业事故，普遍规定为过失犯罪。要对这些罪行追究刑事责任，犯罪人必须满足事实要素和心理要素的要求。因此，人工智能实体对过失犯罪的刑事责任问题取决于它们是否能

够同时满足这些要求。但是，即使人工智能实体具有这种能力，如果人类参与犯罪，那么人工智能实体承担刑事责任也不能免除人类自身的刑事责任。

为了探讨这些问题，我们将审查人工智能实体满足过失犯罪的事实要素和心理要素的能力，以及人工智能过失犯罪中自然人的刑事责任。

第一节　事实要素要求

事实要素要求的结构对于所有类型的犯罪都是相同的：如上所述，故意犯罪、过失犯罪和严格责任犯罪。[3]事实要素要求结构包含一个适用于所有犯罪的强制性要件（行为）和两个适用于某些犯罪的选择性要件（情节和结果）。根据这种结构，机器满足事实要素要求的能力已经予以讨论，[4]在过失犯罪的情况下，讨论的结论也是相同的。

129 第二节　心理要素要求

对过失犯罪赋予刑事责任，需要同时满足事实要素要求和心理要素要求。过失犯罪的心理要素要求是过失。如果人工智能技术能够满足过失的要求，那么对这种技术赋予过失犯罪的刑事责任，则具有可能性和可行性。因此，首先，我们将探索过失要求的结构；其次，我们将探索人工智能技术是否能够满足该要求。

一、过失要求的结构

自古以来，过失就被认为是一种行为标准。公元前 20 世纪的埃什南纳（Eshnunna）法典、[5]罗马法、[6]教会法和早期英国普通法中就已经提及过失。[7]但是，在这些法律体系中，刑法中的过失被视为行为标准，而非心理要素类型。行为标准包括未考虑个人特定行动的所有相关因素的危险行为。直到 17 世纪，过失才被认为是刑法中的一种心理要素类型。

1664 年，英国法院判决道，过失不足以判定被告误杀罪，而是至少需要轻率才能定罪。[8]这项判决将过失作为刑法中的一种心理要素类型。在 19 世纪，过失被视为犯罪意图一般要求的例外。[9]因此，它必须予以明确要求，并进行严格解释。犯罪需要在其定义中明确要求过失，130
才能追究刑事责任。在 19 世纪，过失犯罪仍然相当罕见。

随着交通行业的发展，特别是随着汽车的兴起，在刑法中，过失开始被越来越频繁地使用。交通事故导致的死亡事例越来越普遍，误杀罪不适用于这些案件。此时，需要较低层级的杀人罪，于是刑法在过失致人死亡中找到了解决办法。[10]但是，当过失被普遍使用时，它会造成混乱。过失被解释为要求不合理的行为，这导致过失与较低层级的疏忽（即轻率）相混淆，后者要求承担不合理的风险。基于这种混淆，学界产生了一些不必要的术语，如“严重过失”和“重大过失”。[11]

英国法中，以此为基础曾经作出过许多误导性判决，[12]直到上院于 2003 年澄清该区别。[13]美国法将过失作为刑法中的心理要素，与英国普通法并行且受其启发。[14]19 世纪，过失被接受为犯罪意图的例外，但比英国法律更准确。[15]疏忽和过失之间的主要区别涉及疏忽的认知层面。疏忽需要认识层面的意识（即故意要求的一部分），而过失则不需要。[16]

疏忽和过失的犯罪人都要求承担不合理的风险。然而，疏忽的犯罪人需要对事实要素要件的意识，但是，过失的犯罪人不需要意识。[17]过 131
失意味着不需要意识，它创造了一种社会行为标准。个体只需承担合理的风险，而这些风险应从抽象理性人的角度予以客观衡量。[18]理性人意识到他的事实行为，并且只承担合理的风险。[19]理所当然，应当由法院决定何为合理风险。法院根据特定案件具体决定。

受到现代欧洲大陆对过失理解的启发，美国法学会《模范刑法典》完整反映了美国法中过失的现代发展。因此，过失是刑法中的一种心理要素类型，它与事实要素要件相关。过失要求犯罪人没有对事实要素要件形成意识，然而一个理性人能够并且应该意识到这些要素，并要求对犯罪结果承担不合理的风险。这个发展受到美国法院的欢迎。[20]

那么，问题是，如果犯罪人甚至不被要求意识到自己的行为，过失又如何能成为刑法中的心理要素呢？ 一些学者要求将过失排除在刑法之外，而留给侵权法或其他民事诉讼处理。[21]但是，将过失作为心理要素的理由恰好集中在其无需形成意识的功能。正如前面关于事实要素所讨论的那样，在赋予刑事责任方面，作为和不作为被视为完全相同。[22]因此，意识和不意识(omission of awareness)都可被认为是满足心理要素要求的基础。

132 按照与事实要素的类比，与过失并行的不是不行动，而是不作为。如果一个人只是没有意识到事实要素要件，而且仅此而已，则他并不被认为构成过失，而是无罪。不意识意味着该人没有意识到，但是一个理性人能够而且应该意识到；如果个体并没有意识到，但他有能力意识到，而他也有义务意识到(non scire quod scire debemus et possumus of call est)。

过失并不会归罪于无法形成意识的个体，而只会归罪于那些没有利用现有能力形成意识的个体。过失并不会因盲人看不见而对其归罪，而只会归罪于那些能够看见但没有使用这种能力的人。错误决策是日常生活中的常见部分，因此，过失不适用于这类情形。承担风险也是人们生活的一部分，因此，规定过失犯罪并不是为了抑制风险。事实上，在许多情况下，社会鼓励人们承担风险。所以，过失只适用于承担不合理风险的情形。

如果人们不承担任何风险，那么人类就会停滞不前。如果我们过去没有承担任何风险，我们可能只会看着被闪电击中而正在燃烧的树枝，害怕伸出手，害怕抓住它，害怕用它满足我们的需要。社会不断地推动人们去承担风险，但只是合理的风险。问题是，我们如何识别不合理的风险，并将其与合理合法的风险进行区分呢？

举例而言，科学家建议开发一种先进的设备，它将极大地方便我们的日常生活。它舒适、快捷、精美并且易于使用，但是仅仅在美国，它每年就可能导致大约 30000 人死亡。开发这样的设备会被认为是合理的风险吗?

每年 30000 名受害人似乎是个巨大的数字，因此，使用这种设备完全是不合理的。但是，问题中的这种设备正是我们所称的“汽车”。[23]
在当今世界上的绝大多数国家中，它并不被认为是不合理的风险。尽管 133
在 19 世纪末，它被认为是不合理的风险。火车、飞机、轮船以及许多我们常用的交通工具和其他日常工具也是如此。风险的合理程度与其性质相关，并且相对地取决于时间、地点、社会、文化和其他情形。关于过失，在不同国家的不同法院，认定为合理的人和行为也是不同类型的。

在过失犯罪中，一个人所冒的风险是否合理，不仅必须抽象地进行确定，还必须参照具体犯罪人的相关情况进行确定。例如，将医生的医疗决定与抽象理性人的行为进行比较是不合适的；这种决定应该与在相同或相似的临床环境(紧急情况或其他情况)下、拥有相同资源等条件、具有相同专业知识和经验水平的医生的合理决定相比较。这种方法将使合理性标准更加集中，但也是主观的，而不是纯粹客观的。下面将详细讨论与人工智能系统相关的这个过程。[24]

绝大多数过失犯罪都是结果犯罪，因为社会更倾向于用过失来预防不合理的冒险行为造成的事实伤害。但是，过失也可能是行为犯的必备条件。表 5 则说明了过失的结构。

表 5　过失的一般结构

事实要素要件	过失要件	
行为	尽管有能力形成这种意识，但未意识到该危害性，但是一个理性人能够并且应该意识到该行为。	
情节	尽管有能力形成这种意识，但未意识到该情节，但是一个理性人能够并且应该意识到该情节。	
结果	尽管有能力形成这种意识，但未意识到结果发生的可能性，但是一个理性人能够并且应该意识到这种不合理风险的可能性。	134

过失的一般结构没有意志层面，只有认识层面。因为意志依赖于认识，而过失不需要意识，所以过失并不要求意志要件。过失的认识层面包括对所有事实要素缺乏意识。对于行为和情节的过失要求是相同的。两者都要求对要件(行为/情节)缺乏意识，尽管有能力形成意识，而一个理性人能够并且应该意识到该要件。

过失构成要件中的合理性是参照犯罪人形成意识的能力和义务来审查的，尽管实际上，他并没有形成意识。至于结果，过失要求缺乏对结果发生的可能性的意识，尽管犯罪人有能力形成这种意识，而一个理性人能够并且应该意识到这种不合理风险的可能性。对于该要件，合理性的重点是将结果的发生认定为不合理风险的可能性。换言之，在特定情形下，犯罪人在目前事件中承担了不合理的风险。

过失的现代结构符合前文所述的刑法中的最低要求矩阵的概念。[25]它包含内在和外在两个方面。从内在来说，过失是每个事实要素要件的最低心理要素要求。因此，如果过失被证明与情节和结果有关，但意识被证明与行为有关，这就满足了过失的要求。这意味着，对于每个事实要素要件，至少需要过失，但并非仅仅需要过失。从外在来看，过失犯
135 罪的心理要素要求至少是由过失满足的，但并非仅仅由过失满足。这意味着过失犯罪的刑事责任可以通过证明故意来确定，也可以通过证明过失来确定。

因为过失仍然被认为是故意一般要求的例外，所以要求过失作为相对较轻犯罪的心理要素。在一些法律体系中，过失甚至被限制必须在轻罪之前发生。[26]该过失的一般结构是一个包括心理学术语中的术语(例如，理性)的模板。为了探究人工智能实体是否能够满足特定犯罪的过失要求，我们必须审查这些术语。

二、满足过失要求:客观性是主观的吗?

“索嘉:是什么阻止你杀人?

鲍里斯:谋杀是不道德的。

索嘉:不道德是主观的。

鲍里斯：是的，但是主观性是客观的。”

——黛安·基顿饰演的索嘉和伍迪·艾伦饰演的鲍里斯·格鲁申科，电影《爱与死》，联美电影公司，1975 年。

关于事实要素要件的过失模板的核心是缺乏对事实要件的意识，尽管有能力形成这种意识，且一个理性人能够并且应该意识到该要件。如前所述，缺乏意识自然是意识的反面，而意识是故意所要求的。[27]因此，若要认为某个人意识到某些事实数据，则要同时满足两个条件：(1)通过感官吸收事实数据；以及(2)在大脑中创建关于该数据的总体印象。若缺乏上述任何一个条件，则不认为该人形成意识。

缺乏上述一个或两个条件，则可能导致未形成意识。如果事实数据 136
没有被感官吸收，或者如果它被吸收但没有创造出相关的总体印象，那么这种情形被认为是没有意识到事实数据。在刑法语境中，意识是一种二元状态；因此，不承认部分意识。如果意识过程部分存在，但该过程尚未完全完成，则认为该人对相关事实数据未形成意识。这对自然人犯罪人和人工智能犯罪人都是如此。

由于缺乏意识被认为是不意识，这种情况必须发生在犯罪人有能力形成意识之时，且一个理性人能够并且应该意识到。这是两个独立的条件：(1)拥有形成意识所需的认识能力；(2)一个理性人能够并且应该意识到事实数据。第一个条件与犯罪人的身体能力有关。如果犯罪人缺乏这些能力，那么不管他犯了什么罪行，都不会因过失追究其刑事责任，正如我们不能惩罚盲人看不见一样。

因此，过失犯罪人只是那些有能力形成意识的人。这对自然人犯罪人和人工智能犯罪人来说，都是如此。因此，要因过失犯罪追究人工智能实体的刑事责任，该系统必须具有形成意识的能力。缺乏这种能力的人工智能系统则不应为过失犯罪承担责任，自然也不能为故意犯罪承担责任。这些能力必须根据人工智能系统的一般特性来证明，而无论目前案例的情况如何。

如果我们已经确定犯罪人没有意识到相关的事实数据并且他有能力意识到，那么要构成过失犯罪，我们仍必须证明，在类似的情况下，理性人能够并且应该意识到这些事实数据。“理性人”是为了用于对比而建立的一种心理结构。虽然在一些其他部门法中，理性人指的是比普通
137 人更高的标准，但在刑法中，它指的是普通人。[28]不同的社会和文化，在不同的时间和地点，我们赋予理性人不同的内容和品质。

理性人应该反映特定社会的现状，而不是被法院用来改变现状。该标准涉及本来应该发生的认识过程。理性人是基于两种认识活动方法来进行评估的：(1)他应该顾及所有相关的考虑因素；(2)他对这些考虑因素给予适当的权重。因此，忽视相关考虑因素被认为是不合理的；在顾及所有相关考虑因素之后，也必须对这些考虑因素进行适当地权衡，才能使行动被认为是合理的。

一般来说，考虑因素的相关性及其适当的权重应当由法院事后予以确定。普通生活情形的复杂性和多样性使我们无法描绘一般类型的理性人。这种类型的理性人是纯粹客观的，有时也不太现实，并且与现实生活中的诸多情况无关。因此，理性人的客观标准若要匹配任何特定情况，则必须具有一定程度的主观性。主观设定(subjective settings)正是个体犯罪人与“理性人的客观标准和一般标准”之间的联系。

因此，理性人不仅应按照一般抽象人的标准来评估，还要适应个体犯罪人的具体情况。我们期望不同的人作出的行为也不同。即使在同样的情形下，经验丰富的律师与经验不足的律师作出的行为也不同。这对飞行员、司机、医生、警察以及(事实上)我们所有人来说都是如此。此外，在不同情形下，同一个人作出的行为也不同，对考虑因素的权衡也不同。士兵在遭到敌人致命攻击的紧急状况下的行为，与他在常规训练之时会有所不同。

因此，与特定案件相关的理性人并不是客观主义的一般标准，而是
138 包括个体犯罪人的主观反映。[29]在紧急情况下，具有 10 年经验并利用有限资源进行手术的外科医生，应当与具有相同属性的理性外科医生进

行比较。与之比较的相关属性及其内容和效果由法院决定。为此，法院可以求助专业人员的专家意见。

理性人形成一个合理性范围，包含特定情况下所有类型的合理行为。假设是在这些情况下存在多种合理的行为方式，只有偏离合理性范围才能构成过失。当事实数据与行为的结果相关时，结果发生的可能性被认为是不合理的风险。在这种情况下，承担不合理的风险被认为超出了结果的合理性范围。[30]

正如刚才所述，合理风险和不合理风险的评估方式与理性人和非理性人的评估方式相同。为了使风险被认为是合理的，个体必须顾及所有相关的考虑因素，并对上述考虑因素给予适当的权重。基于这些考虑因素，如果承担风险是可行的选择之一，那么风险被认为是合理的；如果不是，风险则被认为是不合理的。为了满足过失要求，人工智能实体必须作出不合理的决定。最终的问题是，一台机器能否是理性的，或者也许是，一台机器能否是非理性的？

从分析的角度来看，机器的理性和人类的理性没有什么不同。两者都必须顾及相关的考虑因素，并对上述考虑因素给予适当的权重。这很容易成为一个计算问题。相关的考虑因素不应超过方程中的项，它们的适当权重则是这些项的组合。如果这样进行编程，那么方程可能是不变的。但是，机器学习的特性能够对此进行改变。正如我们已经讨论过的
那样，机器学习是一个从诸多特定案例进行归纳的概括过程。[31]机器学 139
习使得人工智能系统能够不时地改变方程。

实际上，有效的机器学习几乎每次在分析给定的案例时，都应该会改变方程。随着我们的生活经历变得更加丰富和广泛，我们对世界形成印象的过程也是如此。没有机器学习，方程保持不变，则系统变得无效。不能进行机器学习的专家系统与坚持不更新自己知识的人类专家没有什么不同。机器学习对于人工智能系统的持续发展至关重要。

当人工智能系统首次被激活时，其方程和项由人类专家编写，他们决定在各个情况下何为理性行为。在分析一些案例之后，系统开始确定

例外情况、更宽泛和更狭窄的定义、全新的因素以及与现有因素之间的全新的联系，等等。人工智能系统通过重新制定相关方程来概括从各个案例中吸收的知识。我们用术语“方程”来描述相关算法，但它不一定是数学意义上的方程。

重新制定方程增加了人工智能实体未来作出不同于过去的决定的可能性。这种归纳过程是机器学习的核心，方程的改变每次都会产生不同的正确决定的范围。例如，如果医学专家系统在第一次激活时，就获得普通感冒和流感的症状列表，那么该系统只会根据这些症状作出诊断。但是，在接触更多病例后，系统学会考虑其他症状，而这些症状可能对于区分这两种病情至关重要。

如果系统需要推荐医疗方案，那么诊断不同之时，医疗方案则会有所不同。有时，专家系统将无法“确定”，因为症状可能与一种以上的疾病相匹配，系统将根据对各种因素的测量和分析来评估概率。例如，专家系统可能确定，患者可能患有普通感冒的概率是47%，患者可能患有流感的概率是53%。处理这些概率可能是人工智能系统发生过失的
140 原因，也可能是得出错误(既包括确定的错误，也包括不确定的错误)结论的原因。在结论错误的情况下，系统可能是确定性的，也可能是错误地评估概率。

错误可能是由于方程的不利改变、纳入考虑的错误因素、对某些因素的忽视或对某些因素的错误权重造成的。这些错误是机器学习过程中错误的副产品，或者更准确的说，是事后错误的副产品。只有在作出决定之后才被认定为是错误。人类倾向于从反复试错的经验中学习。从分析的角度来看，在这种情况下，机器错误和人为错误属于同一类型。对于自然人和机器来说，理解错误及其原因以及将来如何避免错误否定都是学习过程的一部分。

问题是，在这种情况下，什么是合理的决定？ 关键问题是，根据系统基础事实数据的初始状态以及通过机器学习获得的经验，理性人是否能够意识到相关的事实数据？ 衍生问题是，这个理性人是谁：自然

人还是机器？ 正如我们已经讨论过的，如果我们接受“过失犯罪的客观性在某种程度上是主观的”这一概念，那么理性人必须具有与犯罪人相似的属性。只有这样评估犯罪人的决定的合理性，才不会造成不公正。

因此，根据这一概念，如果犯罪人有能力进行机器学习，那么理性人也应如此。在确定人工智能实体的决定的合理性时，理性人应当是一个理性的相同类型的人工智能系统。若人类程序员、操作员和用户得以逃避刑事责任，并将刑事责任推给发生错误的机器，则这种做法可能会存在问题。对于医务人员而言，上述做法非常“便利”。这意味着：如果使用专家系统并遵循其建议，此时若该系统发生错误，则应由该系统单独承担刑事责任。但是，法律上的情形并非如此简单。

为人工智能系统分配职位、使用人工智能系统并遵循其建议等的决定，同样都有可能构成过失犯罪。人工智能系统能够满足过失要求，但这并不能免除其他涉案人员的刑事责任。使用人工智能系统的决定本身可能就需要承担刑事责任。例如，如果决定是在充分意识到系统可能犯
下特定错误时作出，而且这些错误导致死亡，那么自然人的决定可能受 141
到谋杀罪的指控。如果没有这种意识，但是处在类似情况的理性人可能并且应该意识到这些风险，那么这个决定可能会遭到过失致人死亡罪的指控。

对理性机器的评估与系统的机器学习特性有关。对过失犯罪追究刑事责任是基于对导致错误决定的机器学习过程的分析。人工智能系统自身保存的记录则是分析的基础。但是，在机器学习框架内，决策过程的合理性可能是以专家意见为基础。在自然人犯罪人案件中，正是如此在法院中证明过失。用专家意见来证明或反驳人类过失的情况并不少见。

例如，当医疗专家系统认为普通感冒的概率为47%而流感的概率为53%时，医学专家可以向法院解释为何对目前案件而言这些概率是合理的或不合理的，计算机科学家可以根据机器的学习过程和现有数据库向法院解释这些概率的形成过程。因此，法院必须提出三个问题：

(1)人工智能系统是否没有意识到事实要件？(2)人工智能系统是否有能力意识到事实要件？(3)一个理性人能够意识到事实要件吗?

如果这三个问题的答案都是肯定的，并被证明能够排除任何合理怀疑，那么人工智能系统已经满足过失犯罪的要求。如上文所述，能够形成故意犯罪中的意识的人工智能系统，[32]在技术或法律上，都不局限于仅仅形成过失犯罪中的过失，因为过失犯罪要求的是比故意犯罪更低水平的心理要素。因此，过失与人工智能技术相关，并有可能在法院中予以证明。但是，我们仍然必须回答谁应对这类犯罪承担刑事责任。

142 第三节　人工智能过失犯罪的刑事责任实体

一般而言，对过失犯罪赋予刑事责任需要同时满足事实要素和心理要素的要求。人类参与人工智能技术和实体的创建、设计、编程和操作。因此，当一个人工智能实体满足犯罪的事实要素和心理要素时，问题是，谁应对所犯罪行负刑事责任？ 可能的答案是人工智能实体、涉案人员或两者兼而有之。我们现在讨论这些答案。

一、人工智能实体责任

在过失犯罪中，就像在故意犯罪中一样，当犯罪人同时满足犯罪的事实和心理要素时，就应承担刑事责任。如前所述，正如在故意犯罪中一样，法院不应检查犯罪人是否“邪恶的”“不道德的”，等等。[33]对于每种类型的犯罪人都是如此：自然人、公司法人和人工智能实体。因此，在故意犯罪中的赋予人工智能实体刑事责任的理由也适用于过失犯罪。只要这些要求严格得到满足，就可以追究刑事责任。

然而，在社会目标上，过失犯罪不同于故意犯罪。相关的问题是，其不同社会目标是否不仅与人类和法人相关，也与人工智能实体相关。最初，过失犯罪并不是针对“邪恶”的人，而是针对犯错误的人。因此，刑法中关于罪恶的争论与过失犯罪无关，因为它可能是针对故意犯罪而言。在过失犯罪的情况下，刑法有助于划定个人自由裁量权的界限。

任何人都可能作出错误的判断，但大多数时候都不会违反刑法规范。例如，我们可能会选择错误的配偶、汽车、雇主、公寓，甚至信 143
仰。但是，当我们错误地使用自由裁量权并导致他人死亡（过失致人死亡）之时，我们确实违反了刑法规范。[34]

只要我们的错误判断不违反刑法，社会期望我们自己吸取教训。这样我们下次选择汽车、房子、雇主等时，就会更加小心。这正是我们获得生活经验的方式。在这些情况下，社会承担着我们可能无法吸取教训的风险，但它不会通过刑法进行干预。然而，当犯罪行为发生时，社会无法承担允许个体在家接受教育的风险，因为社会危害太严重以至于无法承担这种风险。

在这些情况下，社会通过规定过失犯罪进行干预。规定这些犯罪的目的是提高个体吸取相关教训的可能性。预期来看，我们假设，一旦人们吸取教训，那么再犯同样罪行的可能性要低得多。通过这种方式，社会教育医生在手术过程中要更加小心，雇主要更加努力地保护雇员的生命和福利，建筑公司要更加严格地遵守安全条例，工厂要制造更少的污染，等等。我们预期自然人犯罪人和公司法人犯罪人能够通过刑法的介入来吸取教训。这种类型的教育是否也应该针对人工智能实体？

答案是肯定的。就过失犯罪的教育目的而言，除非犯罪人有学习能力，否则追究刑事责任也无意义。如果我们想让犯罪人在犯错后吸取教训，我们必须假设犯罪人有能力进行学习。如果人工智能具有这种能力并能予以发挥，那么对其追究过失犯罪的刑事责任就是必要的。但是，如果没有发挥这种能力，那么对过失犯罪追究刑事责任就无法实现预期价值。因为不管是否追究刑事责任，结果都是一样的。

对于具有这种能力并能予以发挥的人工智能系统而言，追究过失犯罪的刑事责任是必要的。正如对人类一样，过失犯罪也可以划定人工智能系统自由裁量权的界限。自然人、公司法人和人工智能实体都应该从 144

错误中吸取教训，并在未来改进各自的决策。当错误属于刑法的范围内之时，刑法就通过划定决策者的自由裁量权的方式予以介入。对于人工智能系统而言，过失犯罪的刑事责任正是根据刑法规定的外部限制重新考虑决策过程的机会。

多年以来，我们了解到，改进人类决策过程需要对过失施加刑事责任，同样的逻辑也适用于具有机器学习功能的人工智能系统。虽然人工智能系统可以重新编程，但是该系统通过机器学习获得的宝贵经验将会丢失。人工智能系统可以自行学习其自由裁量权的界限，但对自然人也是如此(因此，我们仍然必须对过失犯罪中的自然人追究刑事责任)。

总之，如果人工智能实体能够满足过失犯罪刑事责任的事实要素要求和心理要素要求，而且对这些犯罪追究刑事责任的理由对自然人和人工智能系统都适用，那么在这些案件中，就没有理由不追究人工智能实体的刑事责任。但是，这并不是人工智能涉及过失犯罪刑事责任的唯一类型。

二、自然人责任:间接正犯和部分无罪的代理人

如上文所述，处理适用个体作为实施犯罪的最常见方式是通过他人实施犯罪的一般形式。[35]若要对通过他人实施的犯罪追究刑事责任，则必须证明对使用个体作为工具已经形成意识。因此，通过他人实施的犯罪仅适用于故意犯罪。在大多数情况下，被犯罪人利用的自然人被认为是“无罪的代理人”，无需承担刑事责任。前文对通过他人实施的故意犯罪的分析已经充分讨论。

145 然而，被作为工具使用的自然人也能被视为对过失犯罪负有刑事责任的“部分无罪的代理人”。通过他人实施犯罪涉及过失犯罪时，正是上述情形。到此，我们这就完成了对这种情况的全部讨论。例如，手术室里，一名护士发现一个曾经袭击过她的人即将接受手术，她认为他该死。于是，她用致命细菌污染了手术器械，并告诉外科医生器械已经消毒。

手术后几小时，患者因感染而死亡。对该案的法律分析表明，护士

是利用他人实施谋杀犯罪的杀人犯，她利用外科医生进行谋杀。在这种情况下，外科医生的刑事责任取决于他的心理状态。如果他是无罪的代理人，那么他就不需要承担刑事责任。但是，如果他负有法律义务确保器械已经消毒，那么他就并不是完全无罪的代理人，因为他没有履行法律义务。

同时，因为他没有意识到器械已经被感染，所以，这是一个过失犯罪案例。若代理人没有意识到犯罪的关键要素，但在同样情况下理性人能够并且应该意识到，则代理人构成过失，被称为“部分无罪的代理人”。[36]因此，当一个人利用过失之人犯罪时，这就是通过他人实施犯罪，两个人都应承担刑事责任：利用他人的犯罪人构成故意犯罪（例如，谋杀）和被利用之人构成过失犯罪（例如，过失致人死亡）。鉴于人工智能系统能够形成作为心理要素的过失，问题就在于它们是否能够作为部分无罪的代理人发挥作用。

在某个人工智能系统可能是部分无罪代理人的情况下，犯罪人（自然人、公司法人或人工智能实体）使用人工智能系统进行犯罪，尽管人工智能是被使用的工具，人工智能系统也对所实施的犯罪行为具有过失。因此，只有能够满足过失犯罪的心理要素要求的人工智能系统，才能被视为部分无罪的代理人，并且可以发挥这种作用。但是，并非在所
有人工智能系统具有过失能力的情况下，该系统都会自动充当部分无罪 146
的代理人。具有过失的能力对于构成部分无罪的代理人来说是必要条件，但并不是充分条件。

在任何特定案件中，部分无罪的代理人，无论是自然人、公司法人还是人工智能实体，都必须接受特别审查。只有当代理人对犯罪行为构成过失时，才能被认为是部分无罪的代理人。因此，如果被作为工具使用的人工智能系统没有意识到相关事实数据，尽管该人工智能系统有能力这样做，并且一个理性人也会形成这种意识，那么人工智能系统在通过他人（此时就是人工智能系统自身）实施犯罪的情况下会被视为部分无罪的代理人。

利用他人的犯罪人的刑事责任不受代理人刑事责任（如果代理人有责任的话）的影响。通过他人实施犯罪的刑事责任是针对故意犯罪而言的，不管被作为工具使用的人工智能系统是不负刑事责任（即，无罪的代理人或缺乏相关能力），还是对过失负有刑事责任（即，部分无罪的代理人）。因此，将人工智能实体作为工具使用的“通过他人实施犯罪”的法律结构并不影响利用他人之人作为故意犯罪人的地位，无论人工智能系统的刑事责任如何。

同样，在这些案件中，代理人的刑事责任也不受（利用他人之人的）犯罪人刑事责任的直接影响。如果人工智能系统构成过失（也就是说，它满足了过失犯罪的事实要素和心理要素要求），那么就应追究人工智能系统的过失犯罪的刑事责任，并且该系统被归类为通过他人实施犯罪中的“部分无罪的代理人”。如果人工智能系统因为缺乏能力或任何其他原因而不构成过失，那么该系统就不会被追究刑事责任，并且该系统会被归类为通过他人实施犯罪中的“无罪的代理人”。

换言之，如果人工智能系统既不是无罪的代理人，也不是部分无罪的代理人，那么这就意味着该系统已经完全符合故意犯罪的要求。当然，这在通过他人实施犯罪时并非如此，而只在人工智能系统构成主犯时才是如此。如果人工智能系统能够作为单独犯罪人对故意犯罪承担刑事责任，那么没有任何理由可以阻止它与其他实体（自然人、公司法人或其他人工智能实体）实施共同犯罪。人工智能系统的共同犯罪至少需要故意而不是过失，因为共同犯罪要求对共谋及违法联合（delinquent
147 association）形成意识。如前所述，这种情况与满足任何其他故意犯罪的要求没有实质性不同。[37]

三、自然人和人工智能实体的共同责任：可能的后果责任

可能的后果责任是针对实施无计划的犯罪而言的，无计划的犯罪不同于多个犯罪人实施的主要的、有计划的犯罪。这些案件涉及一名当事人实施无计划犯罪时，其他当事人的刑事责任的问题。我们已经讨论了无计划的故意犯罪的可能的后果责任。[38]此处，相关的问题涉及人工智

能系统实施无计划的过失犯罪的可能的后果责任。程序员、用户和其他相关人员，是否应对人工智能系统实施的无计划的过失犯罪负有刑事责任?

这个问题将补充完整前两节讨论的内容，即在人工智能实体过失犯罪中，在人工智能系统承担刑事责任之外，或者代替人工智能系统承担刑事责任之时，自然人的刑事责任问题。[39]比如，我们使用医疗专家系统，通过分析患者的症状，来诊断某些类型的疾病。该分析基于机器学习和各种案例的归纳概括。当系统无法正确诊断病例时，会引起错误的治疗，最终导致患者的死亡。对该系统活动的分析表明系统存在过失，同时满足过失致人死亡的事实要素和心理要素要求。此时，程序员对该犯罪的刑事责任的问题浮出水面。

程序员的刑事责任与使用人工智能系统、遵循系统的诊断等决定无关，而仅仅涉及系统的初始编程。如果程序员已经将系统编程为杀害患者，并以此为目的将其作为工具使用，这就应是通过他人实施谋杀犯 148
罪，但本案并非如此。在这个案例中，可能的后果责任也许与程序员的刑事责任相关。

可能的后果责任的心理状态要求，从没有真正实施无计划的犯罪的当事人角度来看，无计划犯罪是“可能的”。上述当事人必须能够预见并合理预测犯罪行为的实施。一些法律系统倾向于审查事实的和主观的可预见性(当事人事实上和主观上已经预见到无计划犯罪的发生)，而另一些法律系统则倾向于通过客观的理性标准来评估预见能力(当事人事实上没有预见到无计划犯罪的发生，但任何理性人在该情形下都能够预见)。

事实上的可预见性类似于主观的故意，而客观上的可预见性类似于客观的过失。因此，在要求客观上的可预见性的法律体系中，程序员至少应该对人工智能系统犯下的过失犯罪行为构成过失，才应对该犯罪行为承担刑事责任。但是，在要求主观上的预见性的法律体系中，程序员必须至少意识到人工智能系统犯过失犯罪的可能性，才应对该犯罪行为承担刑事责任。

然而，如果犯罪的主观上的可预见性和客观上的可预见性都不适用于程序员，那么可能的后果责任就无关紧要。在这种情况下，程序员无需承担刑事责任，人工智能系统对过失犯罪的刑事责任不影响程序员的责任。

总结开篇事例：过失杀人的机器人

本章内容我们以一个事例开始，该事例描述了一个因过失而杀人的专家系统。我们现在可以回到这个案例，并根据本章所获得的见解对其进行分析。对这起凶杀案，需要考虑四个主要人物的刑事责任：人工智能系统、程序员、医院和人工智能系统的用户。为了审查人工智能系统
149 的刑事责任，我们必须首先审查它的技术能力。如果人工智能系统具有满足过失犯罪要求的技术能力，那么在这种情况下它就成为机械犯罪人。

如果具有这些能力，人工智能系统的刑事责任应该跟自然人刑事责任一样进行审查。但是，如果人工智能系统不具备满足过失犯罪要求的技术能力，那么它就不能被认为是机械犯罪人，对过失致人死亡罪不负刑事责任。在开篇事例中，医疗专家系统满足过失致人死亡的事实要素要求，因为它的诊断和建议引发了一系列事件，最终导致婴儿的死亡。[40]

为了满足心理要素要求，还有必要证明人工智能系统存在过失。要做到这一点，需要说明系统有能力形成意识，尽管事实上它没有意识到错误诊断所涉及的相关因素，但理性人能够形成这种意识。如前所述，第一个条件可以根据系统的特点和刑法中意识的定义（对事实数据的感知及其理解）来证明。[41]如果系统具有这样的能力，并且如果这个能力已经被激活，那么系统就形成了意识。

如果系统已经意识到细菌感染，但是仍然作出不适当的诊断和建议，这就不是过失，而是故意，凶杀罪行应该被认为是误杀罪或谋杀罪。否则，该系统满足过失的第二个条件。为了使人工智能系统对过失致人死亡负刑事责任，它的心理状态必须与理性人的心理状态进行比较。在该事例中，理性人的主观化身是一个理性的医学专家系统。该系统是否已经考虑正确诊断所需的所有相关因素，是否已经根据案件的相关情况对这些因素进行了适当的权衡。

系统作出的诊断不一定非得是正确的，才能免除其过失责任。并非
所有不正确的诊断都被认为是过失。这里的问题在于系统的判断。如果 150
证明系统的判断是正确的(计算中将所有因素都考虑在内，并对所有因素进行了适当的权衡)，那么系统所采取的行动就是合理的。虽然诊断没有正确识别症状的病因，但是如果系统的判断是合理的，这就仍然不属于过失的范围。并非每个错误都被认为是过失。在该事例中，无论有没有医学专家和软件专家的帮助，法院都必须仔细审查情况。

如果法院得出结论，理性人会意识到由细菌感染引发症状的可能性，或者理性人会认为由流感引发症状的可能性很低，那么该系统被认为构成过失。否则，该系统不应对婴儿的死亡承担刑事责任。在该事例中，除人工智能系统之外(并非代替人工智能系统)，还有其他三个行为人可能需要承担刑事责任。人工智能系统的刑事责任可能会影响这些行为人的责任，但也并不一定。

程序员的刑事责任取决于他在死亡事件中的角色。如果程序员通过设计人工智能系统作出错误的医疗诊断来杀害婴儿，那么程序员就是通过他人实施杀人罪的犯罪人。当人工智能系统不具有先进的人工智能能力来满足犯罪的要求时，情况也是如此。只有程序员和其他相关当事人(不包括人工智能系统)需要对杀人行为承担刑事责任。他们对杀人行为的具体刑事责任(谋杀或是误杀)，取决于他们是否符合这些犯罪的心理要素。

如果程序员已经预见到后果(患者的死亡)，或者如果任何理性的程序员都能够预见到后果，并且如果人工智能系统对杀人案负有刑事责

任，而且该罪行是计划之外的，那么程序员可能会因可能的后果责任而需要对过失致人死亡罪承担刑事责任。一般来说，如果程序员没有故意将系统设计为实施任何犯罪行为，并且发生了计划之外的杀人事件（谋杀、误杀或过失致人死亡），那么人工智能系统的刑事责任将根据其能力以及是否满足相关杀人犯罪的要求来进行审查，而程序员的刑事责任则根据过失的标准来进行审查。这里，程序员不仅指真正编写系统程序的人员，也指所有相关人员，包括系统的生产商。

151 另外两个可能负有刑事责任的行为人是该系统的用户（医务人员）和医院。医院可能要为在现实生活的医疗病例中使用人工智能系统的决定而承担刑事责任。为了确定医院的责任，应当审查医院可获得的并已知道的系统的事实数据，包括系统出错的可能性。如果这个决定是合理的，医院则不构成过失。同样，必须对医务人员进行审查，以确定其对杀人行为的刑事责任。医务人员可获得的和已知道的关于该系统的事实数据，对于评估医务人员所作出的遵循该系统的诊断和建议的决定极其重要。

如果人工智能系统在此前1000个案例中都是正确的，那么医务人员遵循其建议的决定可能是合理的。但是，在每个案件中，均应由法院来决定合理的范围。在急诊室中，10%的失误率也许是合理的，但在整容手术中，上述失误率则远远超出了合理的范围。因此，人工智能系统可能对过失犯罪承担刑事责任，并且这不一定会减少其他相关实体的刑事责任。

注释

1. 关于人工智能专家系统在工业和研究中的作用，见第一章第一节第三段。

2. 见，Gabriel Hallevy，The Criminal Liability of Artificial Intelligence Entities-from Science Fiction to Legal Social Control，4 Akron Intell. Prop. J. 171(2010)。

3. 参见第一章第三节第二段。

4. 参见第二章第一节。

5. 见 REUVEN YARON, THE LAWS OF ESHNUNNA 264(2nd ed., 1988)。

6. Collatio Mosaicarum et Romanarum Legum, 1.6.1—4, 1.11.3—4; Digesta, 48.8.1.3, 48.19.5.2; Ulpian, 7 de off. Proconsulis. Pauli Sententiae, 1 manual: "magna neglegentia culpa est; magna culpa dolus est".

7. HENRY DE BRACTON, DE LEGIBUS ET CONSUETUDINIBUS ANGLIAE 278 (1260; G.E. Woodbine ed., S.E. Thorne trans., 1968—1977).

8. Hull, (1664) Kel. 40, 84 E.R. 1072, 1073.

9. Williamson, (1807) 3 Car. & P. 635, 172 E.R. 579.

10. Knight, (1828) 1 L.C.C. 168, 168 E.R. 1000; Grout, (1834) 6 Car. & P. 629, 172 E.R. 1394; Dalloway, (1847)2Cox C.C. 273.

11. Finney, (1874) 12 Cox C.C. 625.

12. Bateman, 1925 All E.R. Rep. 45, 94 L.J.K.B. 791, 133 L.T. 730, 89 J.P. 162, 41 T.L.R. 557, 69 Sol. Jo. 622, 28Cox. C.C. 33, 19 Cr. App.Rep. 8; Leach, 1937 1 All E.R. 319; Caldwell, 1982 A.C. 341, 1981 1 All E.R. 961, 1981 2 W.L.R. 509, 73 Cr. App. Rep. 13, 145 J.P. 211.

13. G., 2003 U.K.H.L. 50, 2003 4 All E.R. 765, 2004 1 Cr. App. Rep. 237, 167 J.P. 621, 2004 Crim. L.R. 369, 2004 1 A.C. 1034.

14. JEROME HALL, GENERAL PRINCIPLES OF CRIMINAL LAW 126(2nd ed., 1960, 2005).

15. Commonwealth v. Thompson, 6 Mass. 134, 6 Tyng 134(1809); United States v. Freeman, 25 Fed.Cas. 1208(1827); Rice v. State, 8 Mo. 403 (1844); United States v. Warner, 28 Fed. Cas. 404, 6 W.L.J. 255, 4 McLean 463(1848); Ann v. State, 30 Tenn. 159, 11 Hum.159(1850); State v. Schulz, 55 Ia. 628(1881).

16. Lee v. State, 41 Tenn. 62, 1 Cold. 62(1860); Chrystal v. Commonwealth, 72 Ky. 669, 9 Bush. 669(1873).

17. Commonwealth v. Pierce, 138 Mass. 165(1884); Abrams v. United States, 250 U.S. 616, 63 L.Ed. 1173, 40 S.Ct. 17(1919).

18. Commonwealth v. Walensky, 316 Mass. 383, 55 N.E.2d 902(1944).

19. 见，例如，People v. Haney, 30 N.Y.2d 328, 333 N.Y.S.2d 403, 284 N.E.2d 564(1972); Leet v. State, 595 So.2d 959(1991); Minor v. State, 326 Md. 436, 605 A.2d 138(1992); United States v. Hanousek, 176 F.3d 1116(9th Cir.1999)。

20. 见，例如，State v. Foster, 91 Wash.2d 466, 589 P.2d 789(1979); State v. Wilchinski, 242 Conn. 211, 700 A.2d 1(1997); United States v. Dominguez-Ochoa, 386 F.3d 639(2004)。

21. 见，例如，Jerome Hall, Negligent Behaviour Should Be Excluded from Penal Liability, 63 COLUM. L. REV. 632(1963)；Robert P. Fine and Gary M. Cohen, Is Criminal Negligence a Defensible Basis for Criminal Liability?, 16BUFF. L. REV. 749(1966)。

22. 参见第二章第一节第一段。

23. 关于美国的车祸统计数据，请参见，例如，http://www.cdc.gov/motorvehiclesafety/(最后访问日期：2019 年 1 月 11 日)。

24. 参见第三章第二节第二段。

25. 参见第一章第三节第二段。

26. 例如，在法国(《法国刑法典》第 121—123 条)。

27. 参见第二章第二节第二段。

28. In Hall v. Brooklands Auto Racing Club, [1932] All E.R. 208, [1933] 1 K.B. 205, 101 L.J.K.B. 679, 147 L.T. 404, 48 T.L.R. 546, "理性人"应是：相关人往往会被描述成"街上的那个人"，或者"克莱普汉姆公共汽车上的那个人"，或者，正如我最近在一位美国作家的作品中读到的，"将杂志带回家，晚上穿着长袖衬衫推割草机的那个人"。

29. State v. Bunkley, 202 Conn. 629, 522 A.2d 795(1987)；State v. Evans, 134 N.H. 378, 594 A.2d 154(1991).

30. People v. Decina, 2 N.Y.2d 133, 157 N.Y.S.2d 558, 138 N.E.2d 799(1956)；Government of the Virgin Islands v. Smith, 278 F.2d 169(3rd Cir. 1960)；People v. Howk, 56 Cal.2d 687, 16 Cal.Rptr. 370, 365 P.2d 426(1961)；State v. Torres, 495 N.W.2d 678(1993).

31. 参见第一章第一节第二段。

32. 参见第二章第二节第二段。

33. 参见第一章第三节。

34. 见，例如，Rollins v. State, 2009 Ark. 484, 347 S.W.3d 20(2009)；People v. Larkins, 2010 Mich. App. Lexis 1891(2010)；Driver v. State, 2011 Tex. Crim. App. Lexis 4413(2011)。

35. 参见第二章第三节第二段。

36. 见，例如，Peter Alldridge, The Doctrine of Innocent Agency, 2 CRIM. L. F. 45(1990)。

37. 参见第二章第三节第一段。

38. 参见第二章第三节第三段。

39. 参见第三章第三节第一段和第三章第三节第二段。

40. 见，例如，United States v. Robertson, 33 M.J. 832(1991)；United States v. Buber, 62 M.J. 476(2006)。

41. 参见第二章第二节第二段。

第四章 153

严格责任犯罪中人工智能的刑事责任

无人机的运行以人工智能技术为基础。人工智能无人机不仅在地面上运行(自动驾驶汽车),而且也能在空中和水下运行。[1]例如,2012年,美国海军依靠精确的GPS坐标和先进的航空电子设备对一架预计将降落在航母上的无人驾驶飞机进行了检查。当无人机将要着陆时,航母上的计算机以数字方式将相关数据(速度、横风等)传输给无人机。无人机不仅知道自己该如何着陆,而且还知道它所携带的武器,知道是否、何时以及何地需要通过空中加油机加油,而且知道附近是否存在威胁。之后,无人机自己计算并决定下一步该如何。[2]

同样的技术也能运用到其他设备中,这些设备可能会在空中或地面上实施交通犯罪行为。例如,在人类驾驶汽车行驶的道路上,使用自动驾驶车进行地面运输。当自动驾驶汽车到达交叉路口时,它分析交通状况,并决定继续行驶。车辆行驶方向是绿灯,其他所有方向都是红灯,但是,救护车此时高速到达并通过十字路口。 154

自动驾驶汽车撞上救护车,给乘客造成严重伤害,救护车内的患者因受伤而死亡。对患者的医疗状况的分析表明,如果救护车未被自动驾驶汽车撞击,患者将能幸免于难,因此,撞车是患者死亡的直接事实上的原因。这起事例中的法律问题在于，谁应该对患者的死亡承担刑事责任？[3]

绝大多数国家在公共秩序和福利方面(例如，交通犯罪、劳动安全犯罪、环境犯罪等)都普遍使用严格责任犯罪。要对这些犯罪追究刑事责任，犯罪人必须同时满足事实要素要求和心理要素要求。因此，关于对人工智能实体就严格责任犯罪追究刑事责任的问题是，它们是否有能力同时满足这些要求。此外，即使这些实体具有这种能力，在它们参与实施犯罪行为时，也不能免除自然人的刑事责任。

再举一个发生在2018年的真实例子。在2018年之前，当优步和其他公司开始测试自动驾驶汽车时，亚利桑那州的官员们看到了机会。他们承诺保持宽松监管，他们邀请上述公司在该州的道路上测试机器人车辆。然而，在2018年3月18日晚上，优步运营的一辆自动驾驶汽车，在亚利桑那州坦佩市的一条街道上撞死了一名妇女，当时车上坐着一名紧急后备驾驶员。这被认为是首例因自动驾驶技术而导致行人死亡的事件。该公司迅速暂停测试。现在，这起事故正影响着自动驾驶汽车的发展进程。

155 这次事故提醒人们，自动驾驶技术仍处于试验阶段，政府仍在试图明确如何对其进行规制。优步、韦莫和一系列科技公司和汽车制造商已经开始在全国各地的城市扩大自动驾驶汽车的测试范围。这些公司表示，自动驾驶汽车比普通汽车更安全，因为它们不会像人类那样，在驾驶时受到注意力分散的影响。但是，这项技术仍然只有短短十年左右的时间，而且才刚开始经历驾驶员可能遇到的无法预测的情形。

为了探讨这些问题，我们将研究人工智能实体满足严格责任犯罪的事实要素和心理要素的能力，以及自然人犯罪人对人工智能实体所实施的严格责任犯罪的刑事责任。

第一节　事实要素要求

如上所述，事实要素要求的结构对于所有类型的犯罪都是相同的：

故意犯罪、过失犯罪和严格责任犯罪。[4]该结构包含所有犯罪的一个必要性构成要件(行为)，以及某些犯罪的两个非必要性构成要件(情节和结果)。关于这种结构，机器满足事实要素要求的能力已在上文予以讨论，[5]而且，该讨论的结论也同样适用于严格责任犯罪。

第二节　心理要素要求

对严格责任犯罪追究刑事责任需要满足事实要素要求和心理要素要求。严格责任犯罪的心理要素要求是严格责任或推定过失。如果人工智能技术能够满足严格责任要求，那么对其就严格责任犯罪追究刑事责任
就既是可能的，而且是可行的。我们首先探讨严格责任要求的结构，然 156
后研究人工智能技术满足这些要求的方式。

一、严格责任要求的结构

严格责任从绝对责任(absolute liability)演变而来，并且在刑法中被认可为一种心理要素要求。自 18 世纪以来，英国普通法判定，某些犯罪既不需要故意，也不需要过失。这些犯罪被称为公共福利犯罪，这是受到了侵权法的启发，因为在侵权法中绝对责任是正当的。[6]因此，这些犯罪成为绝对责任刑事犯罪，对这些犯罪追究刑事责任只需要证明事实要素即可。[7]

绝对责任犯罪被视为例外犯罪，因为它们不需要任何心理要素。但在某些案件中，议会进行了干预并要求具备心理要素，[8]而在其他案件中，法院判决加入了心理要素。[9]到 19 世纪中叶，英国法院在多种情形中开始将效率作为刑法的标准之一，这导致基于公共不便(public inconvenience)而予以定罪。尽管由于实施犯罪而造成了公共不便，而且并未证明任何心理要素，但是犯罪人仍被起诉和定罪。[10]

实践中，这些有罪判决提高了过失的阈值，创建了一种增强的过失，它要求个体遵守严格准则并确保自身不实施任何犯罪行为。这种行

为标准高于过失所确定的行为标准，因为过失只需要合理的行为。严格责任犯罪需要的不仅仅是合理性，而是确保不实施任何犯罪行为。这些
157 犯罪显示，比起对潜在犯罪人的严格正义(strict justice)，我们更倾向于公共福利。因为这些犯罪并不被认为是严重犯罪，所以我们“为了所有人的利益”对其予以扩大。[11]

由于第一次工业革命时期的法律变革和社会变革，这种发展被认为是必要的。例如，城市中工人越来越多，使得雇主降低了工人的生活条件。议会通过社会福利立法进行干预，这项立法的有效执行是通过绝对责任犯罪而实现的。[12]雇主是否知道工人的适当生活条件是无关紧要的，雇主必须确保不会发生违反这些条件的情况。[13]20世纪，这种刑事责任也扩展到其他法律领域，包括交通法。[14]

美国刑法在19世纪中期认可了绝对责任作为刑事责任的基础，[15]而完全无视先前的对其予以拒绝的判决。[16]当然，该认可仅限于微罪(petty offense)，违法犯罪行为只会受到罚金刑罚，而不是非常严厉的刑罚。几乎同时，在大陆法系中也出现类似的认可，因此，刑法中的严格责任成为全球现象。[17]与此同时，由于刑法的内部发展，刑法中
158 的过错要素变得更为重要，但是故意成为刑法心理要素的关键和主导要求。

因此，我们要求刑法对绝对责任进行改造，以满足现代社会对过错的理解，这导致了绝对责任到严格责任的转变。改变的核心是从绝对法律推定(praesumptio juris et de jure)转向相对法律推定(praesumptio juris tantum)，从而使得犯罪人有机会对刑事责任提出反驳。这种推定是过失推定，或者可以驳回，或者不可以驳回。[18]从绝对责任转为严格责任，使得推定过失成为刑法中的第三种心理要素。

自从世界范围广泛接受严格责任以来，各个法律体系从刑法过错层面[19]和合宪性角度，都对其予以了正当化。1998年，欧洲人权法院也对刑法中使用严格责任进行了正当化解释，[20]该院认为严格责任与1950年《欧洲人权公约》所保护的无罪推定原则不相矛盾。[21]该裁决已被欧

洲和英国所接受。[22]美国联邦最高法院一致裁定，严格责任与美国宪法 159
不相矛盾。[23]各州的最高法院亦是如此。[24]但是，在美国，法院建议将这些犯罪的使用限制在绝对必要的最低限度，并且更倾向于使用故意或过失犯罪。

刑法建构的严格责任着重于相对过失推定及其反驳方式。根据这一推定，如果犯罪的事实要素要件全部得以证明，那么推定犯罪人至少是过失。因此，对严格责任犯罪追究刑事责任，控方不必证明被告的心理状态，只需要证明其满足事实要素要求即可。犯罪人的心理状态源自行为。到目前为止，严格责任与绝对责任非常相似。

但是，与绝对责任不同，被告可以反驳严格责任，因为它是基于相对法律推定。为了反驳严格责任，犯罪人必须同时满足两个条件：(1)犯罪人不具有故意或过失；(2)犯罪人已经采取一切合理措施防止犯罪。

第一个条件是指犯罪人的心理状态。根据这一推定，事实要素之实施可推定犯罪人至少存在过失。这意味着犯罪人的心理状态是过失或者故意。因此，犯罪人必须反驳推定的结论，并证明在他的案件中这是不正确的。为此，犯罪人必须证明他没有意识到相关事实，并且在相同情形下，没有任何其他理性人能够意识到这些事实。这一证据类似于反驳故意犯罪中的故意以及过失犯罪中的过失。

但是，严格责任犯罪不是故意或过失犯罪，因为反驳故意和过 160
失不足以避免追究刑事责任。这些犯罪的社会和行为目的是确保个体严格按照规则行事，而不实施任何犯罪行为。而且，这也应该被证明。因此，犯罪人必须证明他已采取一切合理措施防止犯罪。[25]注意，严格责任与过失责任之间的区别：反驳过失责任只要证明犯罪人合理行事即可，但反驳严格责任则必须证明犯罪人采取了所有合理的措施。[26]

为反驳严格责任的过失推定，被告必须如民事案件那样，以优势证据积极证明其同时满足这两个条件。被告无需“超出一切合理怀疑”地证明已满足这些条件，但一般而言，仅仅“提出合理怀疑”也是不够的。此时的举证责任要高于被告的一般证明责任。犯罪人反驳推定的可能性成为严格责任要求的一部分，因为它涉及犯罪人的心理状态。表6描述了严格责任的结构：

表6　严格责任的一般结构

事实要素要件	严格责任要件
行为	已经实施行为，犯罪人未能证明既非故意也非过失。 要求已得到满足，并且已经采取所有合理措施防止犯罪。
情节	情节存在，犯罪人未能证明既非故意也非过失。 要求已得到满足，并且已经采取所有合理措施防止犯罪。
结果	结果已经发生，犯罪人未能证明既非故意也非过失。 要求已得到满足，并且已采取所有合理措施防止犯罪。

161 现代严格责任结构与作为上述最低要求的刑法理念一致，[27]它既有内在部分也有外在部分。对于内在部分而言，严格责任是每个事实要素要件的最低心理要素要求。因此，如果对情节和结果经证明严格责任，而且对行为已经证明存在过失，那么就满足了严格责任的要求。这意味着，对每个事实要素要件最低要求是严格责任，但并不仅限于严格责任。对于外在部分，严格责任犯罪的心理要素要求至少要通过严格责任来满足，但并不仅限于此。这意味着，严格责任犯罪的刑事责任可以通过证明故意、过失以及严格责任来实现。

由于严格责任仍被视为故意一般要求的例外，因此，对于相对较轻的犯罪而言，这是一个充分的心理要素。在一些法律体系中，事前或事后的严格责任都仅仅局限于轻罪。[28]这种严格责任的一般结构是一个模板，其中包含源自心理学的术语。为了探究人工智能实体是否能够满足特定犯罪的严格责任要求，我们必须研究这些术语。

162 **二、满足严格责任：使事实成为心理**

为了证明被告符合严格责任的要求，控方可以选择只证明犯罪的事实要素。根据过失推定，事实要素的存在表明犯罪人至少是过失。但是，如上所述，[29]被告反驳推定的可能性是严格责任实质性的和结构性的不可分割的组成部分。因此，严格责任只适用于具有反驳推定的心理能力的犯罪人，而这与心理要素有关。

反驳推定的心理能力并不一定意味着犯罪人有证据表明其无罪或有能证明其无罪的有说服力的论点，而只是意味着犯罪人具有反驳过失推定所需的内在能力。驳回推定要求证明，犯罪人(1)对事实要素部分既无意识也无过失；并且(2)已采取一切合理措施防止犯罪。因此，所需的能力是形成意识和过失所需的能力，以及合理行事所需的能力。

问题在于，人工智能系统是否具备这种能力，因此，是否可以因严格责任犯罪而对其追究刑事责任。下面我们逐一研究这些能力。第一个是形成意识和过失的能力。关于故意和过失犯罪，我们已经审查人工智能系统的上述能力。[30]具有上述相关特征的人工智能系统确实具备这种能力。因此，所有可以因故意和过失犯罪而被指控的人工智能系统，也可以因严格责任犯罪而受到指控。

这是有道理的。类似地，如果故意犯罪和过失犯罪比严格责任犯罪要求更高的心理能力，那么严格责任犯罪所需的较低能力将比故意犯罪和过失犯罪所需的较高能力更容易实现。因此，无论犯罪类型如何，人工智能犯罪人都必须具备相同的特征。因为过失要求具备形成意识的能 163
力，[31]由于严格责任要求具备形成意识和过失的能力，因此，显然所有人工智能犯罪人都必须具备形成意识的能力。

因此，在这种情况下，能够受到指控的犯罪人是能够形成意识的人，无论这种能力是否已经实现和使用，并且无论犯罪的类型如何。能够因严格责任犯罪而被起诉的人工智能系统必须具备因故意或过失犯罪而被起诉的心理特征和能力。这个事实揭示了人工智能犯罪人内在能力方面的性质，而且这大致上是统一的。因此，机械犯罪人的最低内在特征和能力是统一的，并且可以相应地予以定义。

第二个必要的能力是合理性。反驳过失假设需要证明，犯罪人已经采取如上所述的所有合理措施并具有合理行事的能力。如果没有这种能力，人工智能系统就无法采取所有合理措施。过失也需要合理性的能力。这与严格责任所要求的能力相同，并且已在上文过失犯罪章节中进行了讨论。[32]需要相同能力的事实强化了上述论点，即无论犯罪类型如何，机械犯罪人所有的内在能力都是统一的。

虽然过失和严格责任犯罪所需的能力相同，但在过失和严格责任犯罪案件中，其运作方式并不相同。对于过失犯罪，要求人工智能系统确定合理的选项，并在各个选项中作出选择。实践中的要求是，其最终选择必须是合理选项。对于严格责任犯罪而言，还要求人工智能系统确定合理的选项，而且此外，它必须选择执行所有这些选项。这里的选择或者是合理的，或者是不合理的，但是，在过失犯罪案件中，则是在合理的选项之间作出选择。

根据这些条件，人工智能系统在严格责任案件中合理行事，要比在过失案件中合理行事容易得多，因为在严格责任案件中，所要求的
164 选择较少。因此，关于严格责任犯罪中人工智能系统的刑事责任，法院必须回答以下三个问题：(1)人工智能系统是否满足犯罪的事实要素？(2)人工智能系统是否具备形成意识或过失的一般能力？(3)人工智能系统是否具有合理性的一般能力？

如果对上述三个问题的答案都是肯定的，并且已经超出一切合理怀疑地予以证明，那么人工智能系统已经满足了严格责任犯罪的要求，并且人工智能系统被认为至少是过失的。在这一点上，被告有机会通过正面证据(positive evidence)反驳推定过失。在提交证据后，法院必须对如下两个问题作出决定：(1)人工智能系统是否确实对严格责任犯罪的事实要素形成了故意或过失？并且(2)人工智能系统是否没有采取所有合理措施来防止实际实施犯罪行为？

如果对其中一个问题的答案是肯定的，那么就不能反驳过失推定，并且能够就严格责任犯罪追究人工智能系统的刑事责任。只有当两个问题的答案都是否定之时，才能成功反驳过失推定，并且不能就严格责任犯罪追究人工智能系统的刑事责任。一般而言，如上所述，

能够形成意识和过失的人工智能系统，[33]在形成严格责任犯罪的内在要求上既没有技术限制也没有法律限制，因为严格责任犯罪所要求的心理要素，比故意或过失犯罪更低。鉴于严格责任与人工智能技术相关，并且可以在法庭上证明，因此，问题在于，谁应当对此类犯罪承担刑事责任。

第三节　人工智能严格责任犯罪的刑事责任实体

一般而言，对严格责任犯罪追究刑事责任要求同时满足这些犯罪的事实要素要求和心理要素要求。自然人参与人工智能技术和实体的创建、设计、编程和操作。因此，当人工智能实体满足犯罪的事实要素要
求和心理要素要求时，问题是谁对其所实施的犯罪承担刑事责任。可能 165
的答案是人工智能实体、自然人或两者兼而有之。

这些答案将在下文予以讨论。

一、人工智能实体责任

对于严格责任犯罪，正如故意和过失犯罪那样，当犯罪人满足犯罪的事实要素和心理要素要求时，将被追究刑事责任。如上文所述，如同故意和过失犯罪一样，法院不应该检查犯罪人是否是“邪恶的”或“不道德的”。[34]对于所有类型的犯罪人，包括自然人、公司法人和人工智能实体，都是如此。因此，在故意和过失犯罪中，对人工智能实体追究刑事责任的理由，也与严格责任犯罪相关。只要精确满足这些要求，就可以追究刑事责任。

但是，如上文所述，严格责任和过失犯罪的社会目的与故意犯罪不同。[35]相关的问题是，不同的社会目的是否不仅适用于人类和公司法人，也适用于人工智能实体。从一开始，严格责任犯罪就并非旨在处理“邪恶”之人，而是针对没有尽一切努力防止犯罪的个体。因此，刑法中关于邪恶的探讨与严格责任犯罪无关，而与故意犯罪相关。

在这种情况下，刑法的功能是教育并确保个体不实施犯罪行为，严格责任犯罪有助于划定个人自由裁量的界限。每个人都可能作出错误的判断，并作出某些努力(但并非所有可能的努力)来防止犯罪。大多数时候，这与刑法规范并不矛盾。例如，我们可能会冒险将资金投入可疑股票，我们可能不会采取所有可能的预防措施来防止我们的投资遭受损失，但这并不违反任何刑法。

166 然而，在某些案件中，它与旨在教育人们确保不去犯罪的刑法规范相矛盾。只要我们的错误判断以及我们未能尽力防止犯罪的事实不违反刑法，那么社会就希望我们自己吸取教训。下次我们投资时，会更仔细地检查投资细节。这就是我们获得生活经验的方式。在这种情况下，社会承担着我们不从风险中吸取教训的风险，但是，社会仍然没有通过刑法进行干预。

但是，当实施刑事犯罪时，社会不承担允许个人自己吸取教训的风险。在这些情况下，社会危害过于严重而不能允许这种风险，社会则使用严格责任犯罪和过失犯罪进行干预。在严格责任犯罪的案件中，社会目的是教育个体尽一切努力防止犯罪的发生。例如，期望(并且教育)驾驶员小心驾驶，以防止任何可能的交通违规行为。

惩治犯罪的目的是确保个体学会如何谨慎行事。我们预期性地假设，在个体因严格责任犯罪被定罪之后，再次犯罪的可能性要降低很多。例如，社会教育驾驶员谨慎驾驶，教育雇主遵守国家有关工资支付等方面的规定。我们期望通过刑法使自然人和公司法人中的犯罪人学习到如何谨慎行事。这种教育方式是否也与人工智能实体相关?

答案是肯定的。对于严格责任的教育目的，除非犯罪人有能力进行相应的学习并改变其行为，否则对其追究刑事责任毫无意义。如果我们想让犯罪人学会非常谨慎地行事，我们必须假设他们有能力学习并实践这些知识。如果这类能力存在并被行使，那么就有必要追究严格责任犯罪的刑事责任。但是，如果这类能力无法被行使，那么就完全没有必要追究刑事责任，因为我们不会期望任何预期价值，对严格责任犯罪是否追究刑事责任，都将是相同的结果。

对于具备相关机器学习能力的人工智能系统，在系统有特别谨慎行事的义务之时，系统应当行使这些能力，否则必须就严格责任犯罪对其追究刑事责任。自然人的情形正是如此，严格责任犯罪可能会追踪到人 167
工智能系统的自由裁量权。自然人、公司法人和人工智能系统都应该从他们的经验中学习并在将来改进他们的决策，包括谨慎的标准。

如果未尽的谨慎义务构成刑法中的义务，那么刑法就会干预，并形成对谨慎行为的判断。对于人工智能系统而言，严格责任犯罪的刑事责任是根据刑法规定的外在限制重新考虑决策过程的机会，而刑法要求非常谨慎的行为和决策过程。我们已经从无数先辈那里学习到，人类决策过程要求追究严格责任犯罪的刑事责任，这样该过程才能得到改进，同样的逻辑也适用于能够进行机器学习的人工智能系统。

固然，我们每次都能简单地对人工智能系统进行重新编程，但这与它通过机器学习获得的宝贵经验完全不同。人工智能系统能够学习自己的界限并自行修正自己的判断，而自然人亦是如此，我们仍然因严格责任犯罪对其追究刑事责任。因此，如果人工智能实体具有满足严格责任犯罪刑事责任的事实要素和心理要素所需的能力，并且，对这些犯罪追究刑事责任的理由对人工智能和自然人而言并无不同，那么我们没有任何理由不在所有这些案件中对其追究刑事责任。但是，这并不是人工智能系统参与严格责任犯罪的唯一类型。

二、自然人责任:间接正犯

如上所述，[36]处理将个体作为工具使用来实施犯罪行为的最常见方式是间接正犯的一般形式。要追究间接正犯的刑事责任，必须证明其意识到对工具的使用。因此，通过他人实施犯罪只适用于故意犯罪。在大多数情况下，犯罪人所使用的他人被视为“无罪的代理人”，我们不对 168
其追究刑事责任。上文已经分析过故意犯罪中的间接正犯。

但是，被作为工具使用的他人也可能被视为“部分无罪的代理人”，其因过失承担刑事责任，尽管犯罪人同时对故意犯罪承担刑事责任。过失曾被视为“部分无罪的代理人”所需的最低层次的心理要素。在这种情况下，严格责任的心理因素层级太低，因而不能被视为“部分无罪的代理人”。如果被作为工具使用的他人处于严格责任的心理状态，那么其应被视为无罪的代理人，就像他根本不具有任何犯罪心理状态那样。

因此，在间接正犯中，他人（被作为工具使用的他人）可能处于如下四种可能的心理状态中，并能反映出相应的法律后果，如表 7 所示：

表 7　间接正犯中“他人”的犯罪心理状态所反映的法律状态

他人的犯罪心理状态	他人的法律状态
故意	共犯
过失	部分无罪的代理人
严格责任	无罪的代理人
无	无罪的代理人

如果“他人”意识到违法行为并且仍然继续参与，尽管他没有受到任何压力，那么他就成为所实施犯罪行为的共犯。

169 过失将“他人”的法律状态降低成为部分无罪的代理人。[37]但是，无论该人的心理状态是严格责任还是非犯罪的心理状态，该人都必须被视为无罪的代理人，因此不能对他追究刑事责任，相关犯罪的全部刑事责任都应归咎于将他作为工具使用的间接正犯。对于自然人和人工智能实体都是如此。

在通过他人实施犯罪的法律结构中，人工智能系统是否被作为工具使用以及是否利用强人工智能的能力，对于其形成严格责任的心理状态而言，并不重要。因此，将弱人工智能系统、强人工智能系统（构成严格责任）或螺丝刀作为工具使用，都具有相同的法律后果。将他人作为工具使用的实体（自然人、公司法人或人工智能系统）对所实施的犯罪行为承担全部责任，被作为工具使用的实体（自然人、公司法人或人工智能系统）则被视为无罪的代理人。

例如，基于高级人工智能系统的自动驾驶汽车的自然人用户将人工智能系统作为工具使用，在交叉路口闯红灯。系统能够意识到交通信号灯的颜色，但实际上它并未意识到红灯。系统没有采取一切合理的措施来检查数据，例如，分析对面交通信号灯的颜色。在交叉路口闯红灯是一种严格责任犯罪。在这种情况下，这名自然人应当作为间接正犯对该犯罪承担刑事责任。由于人工智能系统是被犯罪人作为工具使用的，因此，系统被视为无罪的代理人，不对其追究刑事责任。

三、自然人和人工智能实体的共同责任：可能的后果责任

可能的后果责任探讨的是无计划而实施的犯罪（不同于有计划的犯罪或计划外的犯罪）。这些案件中的问题是，关于无计划犯罪的其他当事人的刑事责任。我们在上文讨论过无计划犯罪和过失犯罪中可能的后 170
果责任。[38]此处的相关问题是，关于人工智能系统所实施的无计划严格责任犯罪的可能的后果责任。程序员、用户和其他相关人员是否对人工智能系统实施的无计划严格责任犯罪承担刑事责任？

例如，两个人正在银行实施抢劫。为了逃离犯罪现场，他们使用基于先进人工智能系统的自动驾驶汽车。在逃跑过程中，车辆超过法定限速，实施了严格责任犯罪。分析车辆的记录表明，它符合严格责任犯罪的要求。抢劫犯没有对车辆进行编程以实施犯罪，也没有命令它这样做。该问题涉及在对抢劫的刑事责任之外，他们对车辆所犯的严格责任交通犯罪行为的刑事责任。如果犯罪人已经命令车辆以该速度行驶并且将其作为工具使用，那么这就是间接正犯的情形，但本案中并非如此。

可能的后果责任也许与银行抢劫犯的刑事责任有关。可能的后果责任的心理条件要求，从未实施犯罪的当事方来看，“无计划的犯罪行为”是“可能的”。换言之，该方当事人应当能够预见到并合理预测到该犯罪行为。一些法律体系倾向于审查事实的和主观的可预见性（该方当事人事实上和主观上预见到了无计划犯罪行为的发生），而另一些法律体系则倾向于根据合理性的客观标准来评估预见的能力（该方当事人

实际上并未预见到无计划犯罪行为的发生，但在同等条件下的任何理性人都能预见到)。

事实上的可预见性与主观故意相似，而客观上的可预见性与客观过失相似。较低层级的可预见性并不适合可能的后果责任。因此，问题在于，我们对银行抢劫犯所要求的可预见性层级。如果他们事实上预见到车辆会实施交通犯罪，那么他们在对抢劫罪承担刑事责任之外，还要对该犯罪承担刑事责任。如果银行抢劫犯已经形成客观可预见性，那么只
171 有在“能够通过客观可预见性来满足可能的后果责任”的法律体系中，
他们才对该额外犯罪承担刑事责任。

但是，如果银行抢劫犯对额外犯罪的心理状态是严格责任，那么就不适合通过可能的后果责任来对其追究刑事责任。虽然额外犯罪要求严格责任才能追究刑事责任，但是这只是针对该犯罪的犯罪人，而不是通过可能的后果责任来追究刑事责任。因此，如果对犯罪行为的主观上的或客观上的可预见性都不能归咎于银行抢劫犯，那么可能的后果责任就是毫不相关的。在此类案件中，银行抢劫犯们对交通犯罪不承担刑事责任，人工智能系统对严格责任犯罪(交通犯罪)所承担的刑事责任不影响抢劫犯的责任。

总结开篇事例：杀人机器人的严格责任

在本章开篇，我们介绍了一个杀人机器人的例子，事例中基于人工智能系统的自动驾驶汽车成为严格责任的主体。回到这个事例上，我们可以依据本章中的观点来分析该事例。本例中的杀人案必须考虑三个主要人物的刑事责任：人工智能系统、制造商(包括程序员)和用户。为了审查人工智能系统的刑事责任，我们必须首先调查其技术能力。如果人工智能系统具备满足严格责任犯罪要求所需的技术能力，那么在这种情况下，它就成为一个机械犯罪人。

如果人工智能具备这种能力，那么应该审查人工智能系统的刑事责任，就如它是自然人那样。但是，如果人工智能系统缺乏满足严格责任犯罪要求所需的技术能力，那么在这种情况下，它不能成为一个机械犯罪人，对该犯罪不承担刑事责任。在开篇事例中，人工智能系统符合杀人罪的事实要素要求，因其行为导致一系列事件，并以患者的 172
死亡告终。[39]

为了满足心理要素要求，我们必须证明严格责任，包括证明该系统具有形成意识或过失的能力，并且具有合理性的能力。为了反驳过失推定，有必要证明人工智能系统事实上对相关事实并未形成意识或者不存在过失，并且已经采取一切合理措施防止犯罪。第一个条件可以基于系统的特征，使用上文讨论的刑法中的意识和过失的定义来证明。[40]如果系统具有这种能力，并且如果这种能力已被激活，则系统已经形成意识或过失。

合理性的能力与上文讨论的过失所需的相应能力没有区别。[41]系统不需要合理行事，只要具备作出合理决策的能力。强人工智能系统可以根据现有的事实数据(如天气预报计算机[42])计算事件发生的概率，并选择满足某些标准的选项，故而它应该具备这种能力。如果没有向法院提交其他证据，这足以激活过失推定，并对严格责任犯罪承担刑事责任。

反驳过失推定从没有形成意识或过失的正面证据开始。这可以根据人工智能系统的记录来证明。如果得到证实，那么有必要证明其已采取一切合理措施来防止犯罪。由于已经证明了合理性的能力，因此，应当据此审查系统的行为。必须审查系统计算的合理选项以及基于这些计算采取的行动，以确定它们是否包括本案中的所有合理选项。审查的方式与过失案例相同，有时需要使用专家证人。如果证明系统并未对事实数 173
据形成事实上的意识或过失，并且系统已经采取所有合理的措施，那么就可以反驳过失推定。如果不是，那么系统应当对严格责任犯罪承担刑事责任。

制造商、程序员和用户的刑事责任，根据他们各自对所造成的死亡后果的作用来确定。如果他们将人工智能系统作为工具使用，将它设计为撞向救护车并杀死患者，而系统对事实情形发生误解，那么他们就是杀人罪的间接正犯。如果人工智能系统没有高级人工智能功能来满足犯罪的要求，那么情况亦是如此。在这种情况下，只有他们和相关当事方（不包括人工智能系统），对杀人罪负有刑事责任之人。他们对杀人罪的确切刑事责任，无论是谋杀还是误杀，都取决于他们是否符合这些犯罪的心理要素要求。

如果他们已经预见到后果（患者的死亡）或处在同等条件下的任何理性人都能预见到这些后果，并且如果人工智能系统对杀人罪负有刑事责任，那么他们可能会因可能的后果责任而对该杀人罪承担刑事责任，只要犯罪是无计划的。一般来说，如果他们没有将该系统设计为实施任何犯罪，但却发生了无计划的杀人罪，那么应当根据其能力以及满足相关的杀人罪的要求，来审查该系统的刑事责任；并且同时，根据可能的后果责任，来审查自然人当事方的刑事责任。

因此，人工智能系统可能对严格责任犯罪承担刑事责任，而这并不一定会减少其他相关实体的刑事责任。

注释

1. 参见第一章第一节第一段。

2. W. J. Hennigan, New Drone Has No Pilot Anywhere, So Who's Accountable? , Los Angeles Times, January 26, 2012.

3. 见，例如，Gabriel Hallevy, Unmanned Vehicles-Subordination to Criminal Law under the Modern Concept of Criminal Liability, 21 J. L. INF. & SCI. 311 (2011)。

4. 参见第一章第三节第二段。

5. 参见第二章第一节。

6. Francis Bowes Sayre, Public Welfare Offenses, 33 COLUM. L.REV. 55, 56(1933).

7. 见，例如，Nutt，(1728)1 Barn. K.B. 306，94 E.R. 208；Dodd，(1736) Sess. Cas. 135，93 E.R. 136；Almon，(1770) 5 Burr. 2686，98 E.R. 411；Walter，(1799) 3 Esp. 21，170 E.R. 524。

8. 见，例如，6 & 7 Vict. c.96。

9. Dixon，(1814) 3 M. & S. 11，105 E.R. 516；Vantandillo，(1815) 4 M. & S. 73，105 E.R. 762；Burnett，(1815) 4 M. & S. 272，105 E.R. 835.

10. Woodrow，(1846) 15 M. & W. 404，153 E.R. 907.

11. [1866] 1 Q.B. 702；Fitzpatrick v. Kelly，[1873] 8 Q.B. 337；Dyke v. Gower，[1892] 1 Q.B. 220；Blaker v. Tillstone，[1894] 1 Q.B. 345；Spiers & Pond v. Bennett，[1896] 2 Q.B. 65；Hobbs v. Winchester Corporation，[1910] 2 K.B. 471；Provincial Motor Cab Company Ltd. v. Dunning，[1909] 2 K.B. 599，602.

12. W. G. Carson，Some Sociological Aspects of Strict Liability and the Enforcement of Factory Legislation，33 MOD. L. REV. 396 (1970)；W. G. Carson，The Conventionalisation of Early Factory Crime，7 INT'L J. OF SOCIOLOGY OF LAW 37(1979).

13. AUSTIN TURK，CRIMINALITY AND LEGAL ORDER(1969).

14. NICOLA LACEY，CELIA WELLS AND OLIVER QUICK，RECONSTRUCTING CRIMINAL LAW 638—639(3rd ed.，2003，2006).

15. Barnes v. State，19 Conn. 398(1849)；Commonwealth v. Boynton，84 Mass. 160，2 Allen 160(1861)；Commonwealth v. Goodman，97 Mass. 117 (1867)；Farmer v. People，77 Ill. 322(1875)；State v. Sasse，6 S.D. 212，60 N.W. 853(1894)；State v. Cain，9 W. Va. 559(1874)；Redmond v. State，36 Ark. 58(1880)；State v. Clottu，33 Ind. 409(1870)；State v. Lawrence，97 N. C. 492，2 S.E. 367(1887).

16. Myers v. State，1 Conn. 502(1816)；Birney v. State，8 Ohio Rep. 230 (1837)；Miller v. State，3 Ohio St. Rep. 475(1854)；Hunter v. State，30 Tenn. 160，1 Head 160(1858)；Stein v. State，37 Ala. 123(1861).

17. John R. Spencer and Antje Pedain，Approaches to Strict and Constructive Liability in Continental Criminal Law，APPRAISING STRICT LIABILITY 237 (A. P. Simester ed.，2005).

18. Gammon(Hong Kong) Ltd.v. Attorney-General of Hong Kong，[1985] 1 A.C. 1，[1984] 2 All E.R. 503，[1984]3 W.L.R. 437，80 Cr. App. Rep. 194，26 Build L.R. 159.

19. G.，[2003] U.K.H.L. 50，[2003] 4 All E.R. 765，[2004] 1 Cr. App. Rep. 237，167 J.P. 621，[2004] Crim. L.R. 369；Kumar，[2004] E.W.C.A. Crim. 3207，[2005] 1 Cr. App. Rep. 566，[2005] Crim. L.R. 470；Matudi，

[2004] E.W.C.A. Crim. 697.

20. Salibaku v. France, (1998) E.H.R.R. 379.

21. 《1950 年欧洲人权公约》第 6 条第 2 款规定："凡受刑事罪指控者在未经依法证明为有罪之前，应当推定为无罪"。

22. G., [2008] U.K.H.L. 37, [2009] A.C. 92; Barnfather v. Islington London Borough Council, [2003] E.W.H.C. 418(Admin), [2003] 1 W.L.R. 2318, [2003] E.L.R. 263; G. R. Sullivan, Strict Liability for Criminal Offences in England and Wales Following Incorporation into English Law of the European Convention on Human Rights, APPRAISING STRICT LIABILITY 195(A. P. Simester ed., 2005).

23. Smith v. California, 361 U.S. 147, 80 S.Ct. 215, 4 L.Ed.2d 205 (1959); Lambert v. California, 355 U.S. 225, 78 S.Ct. 240, 2 L.Ed.2d 228 (1957); Texaco Inc. v. Short, 454 U.S. 516, 102 S.Ct. 781, 70 L.Ed.2d 738 (1982); Carter v. United States, 530 U.S. 255, 120 S.Ct. 2159, 147 L.Ed.2d 203 (2000); Alan C. Michaels, Imposing Constitutional Limits on Strict Liability: Lessons from the American Experience, APPRAISING STRICT LIABILITY 218, 222—223(A. P. Simester ed., 2005).

24. State v. Stepniewski, 105 Wis.2d 261, 314 N.W.2d 98(1982); State v. McDowell, 312 N.W.2d 301(N.D. 1981); State v. Campbell, 536 P.2d 105 (Alaska 1975); Kimoktoak v. State, 584 P.2d 25(Alaska 1978); Hentzner v. State, 613 P.2d 821(Alaska 1980); State v. Brown, 389 So.2d 48(La.1980).

25. B. v. Director of Public Prosecutions, [2000] 2 A.C. 428, [2000] 1 All E.R. 833, [2000] 2 W.L.R. 452, [2000]2 Cr. App. Rep. 65, [2000] Crim. L. R. 403; Richards, [2004] E.W.C.A. Crim. 192.

26. 对于过失的合理性，见第三章第二节。

27. 参见第一章第三节。

28. 见 Welfare of C.R.M., 611 N.W.2d 802(Minn.2000); State v. Strong, 294 N.W.2d 319(Minn.1980); Thompson v. State, 44 S.W.3d 171(Tex.App. 2001); State v. Anderson, 141 Wash.2d 357, 5 P.3d 1247(2000)。

29. 参见第四章第二节第一段。

30. 参见第二章第二节第二段和第二章第二节第三段。

31. 参见第三章第二节第一段。

32. 参见第三章第二节。

33. 参见第二章第二节第二段和第三章第二节第二段。

34. 参见第一章第三节。

35. 参见第三章第二节第一段和第四章第二节第一段。

36. 参见第二章第三节第二段。

37. 见，例如，Glanville Williams，Innocent Agency and Causation，3 CRIM. L. F. 289(1992)。

38. 参见第三章第三节第三段。

39. 并非所有法律体系中都存在严格责任的杀人罪。在这种情况下，相关的犯罪可能是特定的交通犯罪。见，例如，Dana K. Cole，Expending Felony-Murder in Ohio：Felony-Murder or Murder-Felony，63 OHIO ST. L.J. 15(2002)。

40. 参见第二章第二节第二段和第三章第二节第二段。

41. 参见第三章第二节第二段。

42. 见，例如，Peter Lynch，The Origins of Computer Weather Prediction and Climate Modeling，227 JOURNAL OF COMPUTATIONAL PHYSICS 3431(2008)。

175 # 第五章

一般抗辩对人工智能刑事责任的适用性

人工智能系统会患精神疾病吗？ 会是未成年人吗？ 会出现麻醉状态吗？ 会陷入正当防卫、紧密避险或受胁迫的境遇吗？ 如上文所述，人工智能技术最普遍的应用之一就是守卫。[1]例如，从2012年起，韩国政府便将人工智能机器人用作监狱守卫，戍守在朝鲜与韩国的边界。[2]
176 这项技术的软件却面临着特殊威胁，这些威胁会削弱其守卫功能。这项技术还可能面临一些人类在日常生活中会遇到的难题。如果监狱守卫观察到一名囚犯正在逃跑，要阻止他逃跑就必须对其造成伤害，机器人出于这样的目的而去伤害人类，这是对的吗？

想象一下，如果黑客侵入控制监狱守卫机器人的主计算机。黑客企图通过让一些机器人失去活动能力，来帮助囚犯朋友逃跑。黑客在系统中植入的病毒立刻影响了机器人，使机器人不能对事实真相形成正确图像，并忽视系统中的一些规则。有些囚犯利用这一情形企图逃跑。其中一个囚犯抓住一个人类守卫，脱下他的制服，企图穿着制服逃跑。随后，这名囚犯又被另一个人类守卫抓住，双方扭打起来。机器人目睹了这一情形，并错误地理解为，这是两个囚犯在扭打，于是靠近这两人，试图加以干预，并阻止这起暴力事件。人类守卫命令机器人让开，机器人认为，这是对自身任务的威胁，于是，用液压手臂抓住人类守卫，并将他猛地撞向墙壁。最终，伪装成守卫的囚犯成功逃脱，而人类守卫不幸身亡。这起事例中的法律问题在于，谁应该对人类守卫的死亡承担刑事责任？

控制这些机器人的软件被认为是强人工智能技术，所以机器人有能力形成刑法意义上的意识和犯罪意图。对机器人记录的分析显示，谋杀罪所需的犯罪意图要求完全满足。但是，这并不是这些机器人的正常行为过程，这些机器人被编程为只在绝对必要时使用武力。若要正确分析这起事例，则必须探讨刑法中一般抗辩是否适用于人工智能技术。而这正是本章试图回答的问题：一般抗辩是否适用于人工智能的刑事责任？

第一节　刑法中一般抗辩的功能 177

刑法中的一般抗辩是对心理要素要求的补充；两者都处理犯罪实施过程中犯罪人的过错问题。心理要素要求代表过错的积极方面(犯罪人在实施犯罪过程中出现的心理状态)，然而，一般抗辩要求则代表过错的消极方面(犯罪人在实施犯罪过程中没有出现的心理状态)。[3]比如，意识是心理要素要求(犯罪意图)的一部分，而精神疾病则是一种一般抗辩。因此，故意犯罪中的犯罪人必须具有意识，而且必须没有精神疾病。

所以，刑法中的过错要求包含心理要素要求和一般抗辩要求。一般抗辩从古代世界发展而来，旨在防止特定案件中的不公平现象。比如，一个人因自我防卫而杀害他人，则无需承担谋杀罪的刑事责任，因为他缺乏谋杀罪要求的过错。故意犯罪的犯罪人具有的事实错误，否定了追究刑事责任所需的过错。[4]在现代社会，一般抗辩的应用更为广泛，更加确凿，但其中的所有共同因素并没有变化。

刑法中所有的一般抗辩都属于过错要求的消极方面，因为一般抗辩的目的正是否定犯罪人的过错。一般抗辩背后深刻抽象的问题在于，在某种程度上，是否无需将所犯罪行归责于犯罪人。例如，如果一个人的行为真的出于正当防卫，那么该犯罪就不应归责于他。犯罪人自救的目的是合法的，他别无选择，只能正当防卫。固然，他本来也可以选择放弃自己的生命，可这并不被视作正当要求，因为这不符合每个生物的天生本能。

178 一般抗辩可以分为两个主要的类型：免责化抗辩(exemption)和正当化抗辩(justification)。[5]免责化抗辩是和犯罪人的个人特性相关的一般抗辩(对人抗辩)，而正当化抗辩则是和事实事件相关的一般抗辩(对物抗辩)。无论事件的事实特征或是犯罪人的身份如何，犯罪人的个人特性都可能否定其犯罪行为的过错。在免责化抗辩的情况中，犯罪人的个人特性足以使其免于承担任何犯罪的刑事责任。

例如，未达到法定年龄的儿童无需为其事实上实施的犯罪行为承担刑事责任。任何在犯罪时患有精神疾病的个体情况也是如此。此时，个体所犯罪行的确切性质与刑事责任的认定无关。这或许与犯罪人的处遇与修复(rehabilitation)的后续程序相关，但是，与追究刑事责任无关。

正当化抗辩是非人格性的一般抗辩，取决于发生的事实事件，而非取决于犯罪人的身份。个体的个人特性和正当化抗辩无关。例如，个体受到他人的致命攻击。他将袭击者推开，该行为被视为是一种殴击(assault)，除非该行为得到允许。在这种情况下，推开他人的个体声称，自己是正当防卫，这和他自己的身份、攻击人的身份以及他们的任何其他个人属性无关，因为正当防卫仅与事实事件本身相关。

因为正当化抗辩是非人格性的，所以它同时还具有预期价值。如果个体的行为能够正当化，那么他不仅不必承担刑事责任，而且，这正是他应该采取行动的方式。正当化抗辩不仅对一般抗辩的类型作出界定，也对适当的行为作出界定。[6]所以，在需要正当防卫时，个体需要保护
179 自己，尽管这看起来是一种犯罪。但是，这并不适用于免责化抗辩。未

达法定年龄的儿童即使不会承担刑事责任，也不应该实施犯罪。患有精神疾病的个体，亦是如此。

正当化抗辩的预期行为价值表现为其社会价值。举例而言，如果我们接受正当防卫是合法的正当化抗辩，那么这意味着我们倾向于个体在得不到政府保护时能保护自己，我们倾向于通过将自我救助合法化来减少国家对权力的垄断，而不是让个体陷入脆弱无助的境地。我们不会强迫个体采取行动进行正当防卫，但是，如果他们进行正当防卫，那么也不必因进行正当防卫所触犯的罪行而承担刑事责任。

免责化抗辩和正当化抗辩都是一般抗辩。术语“一般抗辩”可适用于任何犯罪，而不是某些特定犯罪。比如，未达法定年龄适用于所有未成年人实施的犯罪。与之相对，一些特殊抗辩只能适用于特定犯罪或特殊类型的犯罪。例如，一些国家的法定强奸案中，如果被告人和受害者之间的年龄差距不超过 3 岁，那么可以适用抗辩。该抗辩仅适用于法定强奸案，与任何其他犯罪无关。免责化抗辩和正当化抗辩都被归类为一般抗辩。

作为抗辩理由，一般抗辩完全由辩方主张。如果辩方选择不提出这些理由，那么在法庭上将不会对其进行讨论，即使审判参与人都清楚这些理由和审判相关。辩方不仅需要陈述一般抗辩，还需要证明一般抗辩的要素。在一些法律体系中，通过“提出合理怀疑”来证明一般抗辩的抗辩要素。在其他法律体系中，则通过“优势证据”予以证明。所以，控方有机会反驳一般抗辩。

免责化一般抗辩包括未达法定年龄、失去自控(自动症)、精神疾病、麻醉状态、事实错误、法律错误以及实质豁免。正当化一般抗辩包括正当防卫(包含住所防卫)、紧急避险、胁迫、上级命令以及轻微不计(de minimis)抗辩。所有这些抗辩均可使犯罪人的过错无效。问题在于，在刑法中，这些一般抗辩是否适用于人工智能技术。下面我们会对 180
这个问题作出解答，对此需要分别讨论免责化抗辩和正当化抗辩。

第二节　免责化抗辩

如上所述，免责化抗辩是与犯罪人的个人特性相关的一般抗辩(对人抗辩)。[7]对人工智能实体适用刑事责任的免责化抗辩引发一个问题：人工智能实体是否具备一般抗辩所必需的个人特性的能力。例如，人工智能系统是否会患有精神疾病，换言之，即人工智能系统是否具备形成刑法中精神疾病要素的心理能力。如下所述，该问题只要稍加修改(mutatis mutandis)，便可适用于所有免责化抗辩。

一、未达法定年龄

就刑事责任而言，是否能将人工智能系统视为未成年人？从古代起，未满特定生理年龄的儿童，便不应该承担刑事责任(无犯罪能力推定，doli incapax)。各种法律体系的不同之处在于，对具体的法定年龄界定不同。例如，罗马法规定7岁为成年的法定年龄。[8]该抗辩由立法[9]和判例法确定。[10]很显然，法定的界限年龄是生理年龄，而非心理年龄。这主要是基于证据原因，因为生理年龄更容易证明。[11]但是，这是基于“生理年龄和心理年龄相符”的假定。

181 如果儿童的生理年龄超过最低年龄，又不到完全成年的法定年龄(例如，在美国是14岁)，则依据证据(例如，专家证言)审查儿童的心理年龄。[12]决定性检查主要针对儿童是否认识到自身行为及其错误性，[13]以及儿童是否能像成年人那样认识到自己可能对其所犯罪行承担刑事责任。但是，和标准的刑事程序相比，仍有一些程序性的变化(例如，未成年人法庭、父母列席、宽大处理等)。

该一般抗辩背后的根本原理在于，假定未达特定年龄的儿童，无论是生理年龄还是心理年龄，不具备形成刑事责任必需的过错的能力。[14]儿童不能在心理上控制过错，不能理解刑事责任的全部社会意义和个人意义，因此，追究刑事责任是无意义的、不必要的，而且是有害的。因此，儿童不是承担刑事责任，而是接受教育，改过自新，并接受治疗。[15]在我们的案例中，问题在于，该原理是否只和自然人相关，是否和其他法律实体也相关。

未达法定年龄一般抗辩不适用于公司法人。不存在“公司法人儿童”。一旦企业注册成立，便可能承担法律上的刑事责任；因此，此类一般抗辩的原理和公司法人无关。儿童缺乏形成必要过错的心理能力，因为在这个年龄阶段，他的意识尚未发展成熟。随着儿童的成长，他的心理能力也逐渐发展，直至能完全理解是非。此时，刑事责任才有意义。

公司法人的心理能力并不依赖于它的时间“年龄”，即注册日期。 182
公司法人的心理能力被视为固定不变的。不仅如此，公司法人的心理能力源自其成年的人类员工。因此，公司法人无法因未达法定年龄的一般抗辩，而获得合法的正当化抗辩。我们感兴趣的问题是，在这种情况下，人工智能系统是类似于自然人，还是类似于公司法人。

答案因人工智能系统的类型不同而有所区别，我们必须将固定运行的人工智能系统和动态发展的人工智能系统加以区分。固定运行的人工智能系统的能力在整个生命周期内保持不变。这些系统的能力不会随着时间的变化而发生改变。因此，必须在他们每次实施犯罪之时，对其形成心理要求的能力(例如，意识、故意、过失等)进行审查，而未达法定年龄的一般抗辩并不适用。

但是，动态发展的人工智能系统的能力在起点和终点并不相同。这些系统的能力(包括心理能力)借助机器学习或其他技术，随着时间而不断发展。如果系统在活动之初并不具备刑事责任必需的心理能力，而是在某个时间点发展出这项能力，那么活动之初和能力获取之间的时间段便相当于人类的儿童时期。在这个时期内，系统并不具备刑事责任追究所必需的能力。

但是，如果人工智能系统在实施犯罪时其心理能力已经发展成熟，那么问题在于未达法定年龄的抗辩是否仍然具有相关性，因为如果系统具备所需能力，不管能力何时获取，人工智能系统都应承担刑事责任。这个问题的答案和自然人犯罪人一般抗辩的基本原理类似。[16]我们可以审查各个儿童各个年龄的心理能力，并单独确定某个儿童是否具备所要求的能力，但是，这还不足够。在幼儿园里，一名学龄前幼儿打了另一
183 名幼儿。我们立即可以确定，这名幼儿不具备刑事责任所需的心理能力。

另一种方法是建立法律推定，进而限定为未满特定年龄的儿童不承担刑事责任。人工智能系统便是这种情形。对于具备相同能力、使用相同学习技能的批量生产的强人工智能系统（例如，成千上万的监狱守卫、军用机器人），不需要评估单个机器人的心理能力。如果我们根据经验了解到，某个确定的系统在经过 264 小时的活动便能具备所有必需的心理能力，而且，如果该机器人在完成 264 小时活动之前实施犯罪，便推定该机器人正处于儿童期，无需承担刑事责任。

如果控方坚持认为仍处于“未成年期”的单个系统具备心理能力，或者辩方坚持认为某个系统虽然已经度过未成年期，但仍然不具备所需的心理能力，那么可通过专门的检查和评估来确定该系统的实际心理能力。这与自然人的生理年龄和心理年龄的自然差距并没有本质上的不同。如果辩护理由是一位 17 岁的自然人犯罪人心理发育仍未成熟，法院会审查犯罪人的心理能力，并判断他是否具备刑事责任所需的能力。

以上基本原理与自然人和动态发展的人工智能系统相关，与公司法人无关。因此，在适当情形下，似乎未达法定年龄的一般抗辩和这类动态发展的人工智能系统相关。

二、失去自控（自动症）

就刑事责任而言，人工智能系统是否会失去自控？ 失去自控（自动症）是一种一般抗辩，是指个体没有能力控制自己的身体运动。如果这
184 种能力的丧失是由心理疾病导致的，则认为此个体患有精神疾病。[17]如果这种能力的丧失是由麻醉物质所致，则认为是麻醉状态。[18]但是，失去自控（自动症）的一般抗辩比精神疾病和麻醉状态更为广泛，因为失去

自控（自动症）并不要求具有某类特定原因。如果犯罪人的身体运动并不完全受自己控制，只要满足条件，他便能够使用此抗辩。[19]

此抗辩的基本原理是不受控制的身体运动不能反映犯罪人的意志，因此，不能作为刑事责任认定的依据。因此，个体不受控制的反应可能是失去自控（自动症）的一种表现形式。[20]例如，当医生在例行体检期间敲击患者膝盖时，他触发条件反射，使患者的腿向前移动。患者的腿可能会踢到医生，这原本应该是一种殴击，但是，因为在这种情况下，患者踢腿是由条件反射引起的结果，所以可以适用失去自控一般抗辩，患者无需承担刑事责任。

但是，如果要适用一般抗辩，那么失去自控（自动症）必须是完整性的。上述事例中，如果病人故意敲击自己的膝盖引起条件反射使自己的腿踢到医生，那么一般抗辩便不再适用，因为殴击反映了犯罪人的意志。因此，失去自控（自动症）的适用必须同时满足两个条件：（1）不能控制自己的行为；（2）不能控制行为发生的条件。

在上述事例中，病人不能控制自己的行为（条件反射），但是他控制了发生的条件（敲击膝盖），所以，失去自控的一般抗辩对他不适用。

很多类型的情形都认为是失去自控（自动症），包括自动症（在对身 185
体失去中央控制意识的情况下行动）、[21]抽搐、癫痫发作后状态、[22]脑卒中后状态、[23]器质性大脑疾病、中枢神经系统疾病、低血糖症、高血糖症、[24]梦游症（梦游）、[25]严重睡眠不足、[26]生理创伤[27]或心理创伤副作用、[28]眩晕、[29]健忘症[30]和洗脑的副作用[31]，等等。[32]失去自控（自动症）的原因与是否满足第一个条件无关。只要犯罪人确实不能控制自己的行为，便满足第一个条件。

第二个条件与第一个条件的原因有关。如果原因受犯罪人控制，那么不认为犯罪人失去了自控能力。控制失控行为的条件就是控制失控行为。所以，如果犯罪人能控制受控或失控的条件，那么就不认为他失去 186
自控。在欧洲，第二个条件的理论依据是原因自由行为（actio libera in causa）。该理论指出如果个体能对自己是否进入失控状态加以控制，那么他所提出的失去自控(自动症)的一般抗辩会被驳回。[33]

相应地，在刑法中，人工智能系统由于外部原因和内部原因也会失去自控(自动症)。例如，自然人将人工智能机器人推向另一个自然人。被推的机器人无法控制地进行移动。这便是外部原因导致的失去自控(自动症)。如果被推的机器人未经允许与他人发生物理接触，那么这有可能视为殴击罪。殴击罪所需的心理要素是意识，所以，如果机器人对这种物理接触具有意识，那么殴击罪所需的心理要素要求和事实要素要求便都得到了满足。

如果人工智能机器人是自然人，那么它可能会立刻主张失去自控的一般抗辩(自动症)。所以，尽管殴击罪的事实要素要求和心理要素要求都已经满足，也不能追究自然人的刑事责任，因为实施犯罪是非自愿的，或是由于失去自控(自动症)造成的。该一般抗辩会阻止对自然人追究刑事责任，同时也应该阻止对机器人追究刑事责任。如果机器人不具备形成意识的人工智能能力，便不需要此抗辩，因为机器人仅仅是作为工具使用。但是，人工智能机器人却能对殴击罪具有意识。

人工智能机器人具有满足犯罪心理要素要求的能力，所以必须对其适用一般抗辩。而且，对自然人和机器人而言，一般抗辩的功能完全相同。由内部原因导致的失去自控(自动症)的例子有：机器人的内部故障或技术故障导致机器人无法控制自身部件的移动。机器人或许能意识到故障，但是仍然不能对其加以控制或修正。失去自控(自动症)一般抗辩的情况亦是如此。无论失去自控(自动症)的原因是内部的还是外部的，都与失去自控的一般抗辩不相关。

187 但是，如果机器人能控制这些原因，那么该抗辩就不再适用。例如，如果机器人让一个自然人将自己推向另一个自然人(外部原因)，或者机器人知道故障会对其机制可能造成的结果但仍然引发故障(内部原因)，那么，该抗辩的第二个条件就无法满足，因此该抗辩不适用。自然人的情况也是如此。所以，似乎失去自控(自动症)的一般抗辩能够适用于人工智能系统。

三、精神疾病

就刑事责任而言，是否能认为人工智能系统会患精神疾病？ 早在公元前4000年，[34]精神疾病便为人类所知，[35]但是，那时，精神疾病被视为宗教罪恶的一种惩罚，[36]因此，精神疾病不需要治疗。[37]直到18世纪中期，精神疾病才被解释为心理疾病，人们才考虑到其法律性质。[38]19世纪，术语“精神疾病”和“道德精神疾病”描述的是，个体失去道德取向或者对道德的理解有缺陷，但是却能意识到普遍的道德价值。[39]

只有在和普遍行为(尤其是和性行为)有明显差异时，才会被诊断为 188
精神疾病。[40]自19世纪末以来，人们一直认为精神疾病是心理障碍，因为有时它并不表现为对普遍行为的偏离。该观点是理解刑法学和犯罪学中精神疾病的基础。[41]我们根据症状和相应的医学治疗对精神疾病和精神缺陷进行分类，精神疾病和精神缺陷对刑事责任的影响也得以展开，并予以记录。但是，精神病学和刑法学的不同需求使得其对精神疾病的定义也并不相同。

例如，早期英国对精神病人(“白痴”)的法律定义是，不能数到20的人。但是，精神病学并不认为这样的人是精神病人。[42]刑法需要对精神疾病作出清楚明晰的定义，而精神病学则没有这个需求。在大多数现代法律体系中，精神疾病的现代法律定义都受到19世纪两项英国测试的启发。一个是1843年的麦克诺顿规则①(McNaughten rules)，[43]另一个是1840年的不可抗拒之冲动测试②(the irresistible impulse test)。[44]如

① 译者注：1843年的一个判例，确立了麦克诺顿规则。当时一个名叫丹尼尔·麦克诺顿(Doniel McNaughton)的人，开枪杀死了英国首相罗伯特·皮尔(Robert Peer)的私人秘书爱德华·德拉蒙德(Edward Drummond)。麦克诺顿认为首相皮尔正在策划一个杀害他的阴谋，并且跟踪他、注视他的一举一动。因此，他决定进行反击，先杀死皮尔。1月20日，他向皮尔的车开枪，但皮尔临时改乘另外一辆车，他自己的车由德拉蒙德乘坐，结果德拉蒙德被枪杀。审判时，麦克诺顿声称自己是一个精神分裂症患者，不能对自己的行为负责，因为是他的幻觉造成了他的杀人行为。陪审团同意了他的申辩，以精神错乱为由宣告麦克诺顿无罪。

② 译者注：该规则认为，一部分人虽有精神障碍，但能认识自己行为的性质，只是在情绪上发生不可抗拒的冲动，没有能力控制自己的行为。麦克诺顿规则只涉及人的心理能力，即不能辨别是非善恶；而该规则，则强调人的意志能力，即失去控制力。

上所述，两者共同确保精神疾病的一般抗辩符合犯罪意图的结构。[45]

精神疾病的法律定义具有认识和意志两个方面特性。认识方面强调的是理解行为犯罪性的能力，而意志方面强调的是控制意志的能力。因此，如果心理疾病或心理缺陷引起了认识故障（难以理解事实真相和行
189 为的犯罪性）或意志故障（不可抗拒之冲动），那么，从法律角度来看，一般认为这种状态就是患有精神疾病，[46]这对精神疾病通用测试具有决定性。[47]它符合犯罪意图的结构，包含认识和意志两个方面。而且，它对犯罪意图要求进行补充。[48]

这个精神疾病的定义是功能性的，并不是排他性的。在特定精神疾病列表上的精神病症并不一定是精神疾病。任何心理缺陷只要会引起认识故障或意志故障，都能作为精神疾病的依据。对这些故障会进行功能性审查，但不一定会进行医学测试，而且这些故障不必出现在心理疾病列表上。[49]因此，在刑法中，被认定为精神病的人从精神病学角度来看却精神健全，因为认识障碍不被归类为精神病症。在刑法中精神健全但在精神病学上却是精神病，这种相反情况也可能存在，只要心理疾病不会造成任何认识故障或意志故障。

我们假定，精神病人没有能力形成刑法要求的过错。问题在于，精神疾病的一般抗辩是否适用于人工智能系统。精神疾病的一般抗辩要求能引发认识故障或意志故障的心理缺陷或内在缺陷。没有必要证明是何
190 种特定类型的精神疾病，任何心理缺陷都能满足要求。问题在于，我们如何知道存在“心理缺陷”。因为心理缺陷由功能性审查得出，而不是依据特定列表而定，所以心理缺陷的症状对心理疾病的确定至关重要。

内在缺陷导致认识故障或意志故障，无论它是否被归类为“精神障碍”、大脑化学失衡、大脑电波失衡，等等。内在原因的审查以其对人类大脑的功能性影响为依据。这是自然人的法律情形，对人工智能系统也同样如此。人工智能系统越复杂先进，系统的软件和硬件出现内在缺陷的可能性越高。有些内在缺陷不会导致人工智能系统故障，但是有些内在缺陷则会。如果内在缺陷引起人工智能系统的认识故障或意志故

障，它便符合刑法上对精神疾病的定义。

如上所述，因为强人工智能系统有能力形成所有犯罪意图要件，[50]而且考虑到这些要件由符合犯罪意图结构的认识要件和意志要件构成，所以内在缺陷极有可能导致这些能力出现故障。引发该故障的内在缺陷符合刑法对精神疾病的定义。如果认识或意志并未彻底发生故障，那么适用部分精神疾病。如果这些故障只是在某段时间内影响犯罪人（自然人或人工智能系统）时，那么适用间歇性精神疾病。[51]

有人可能会认为，这不是精神病人的典型特征，因为它与精神病学、社会文化、民间传说、文学乃至电影中反映的精神疾病概念不符。但是，这是刑法视域中的精神疾病。首先，刑法中的精神疾病定义不同于其在精神病学、社会文化等领域中的定义，而且，既然对自然人适用该定义，那么就没理由对人工智能系统使用不同的定义。其次，对于自然人精神疾病，刑法并不要求存在心理疾病，那么，为什么我们要对人工智能系统提出该要求呢？

刑法上对精神疾病的定义似乎过于技术化，但是，只要犯罪人满足 191
其条件，即可适用精神疾病抗辩。如果自然人犯罪人和人工智能犯罪人都能满足刑法中的精神病要求，没有任何正当理由使精神疾病的一般抗辩对自然人犯罪人适用，而对人工智能犯罪人不适用。因此，似乎精神疾病的一般抗辩能够适用于人工智能系统。

四、麻醉状态

就刑事责任而言，能认为人工智能系统会陷入麻醉状态吗？ 自史前时期以来，麻醉物质的效果便为人类所知。古代早期法律中，术语“麻醉状态”（intoxication）指摄取酒精导致的醉酒状态。随后，由于其他物质的毒素效果逐渐为人所知，这一术语的内涵也随之扩大。[52]直到19世纪初，人们才接受麻醉状态的一般抗辩。公元7世纪时，坎特伯雷大主教曾写道，追究醉酒者的杀人罪刑事责任合乎情理，原因有二：其一，醉酒（drunkenness）本身；其二，谋杀基督徒。[53]

醉酒被概念化为一种宗教罪恶和道德罪恶，因此，让犯罪人因醉酒而免于承担刑事责任，被视为不道德。[54]只有在19世纪，法院才对麻醉状态进行了严肃的法律讨论，因为法律和科学的发展，人们才能逐渐理解，麻醉状态之人并不一定满足承担刑事责任的心理要求(精神不健全，non compos mentis)。

19世纪开始对麻醉状态进行法律评估，法院对自愿麻醉状态与非自愿麻醉状态的案件进行区分。[55]自愿麻醉状态被视为犯罪人的过错，因此，不能作为免除刑事责任的依据。但是，自愿麻醉状态可以被视为
192 宽大处理的相关情节。[56]而且，在一级谋杀案中，自愿麻醉状态还能被用来反驳预谋。[57]法院一般根据麻醉状态原因将案件进行区别，具有犯罪意愿的自愿麻醉状态不同于无犯罪理由的自愿麻醉状态。[58]

与之相反，人们承认并接受，非自愿麻醉状态之人可以免于承担刑事责任。[59]非自愿麻醉状态是个体被迫遭遇的处境，所以，在此情形下，对其追究刑事责任并不公平公正。麻醉状态的一般抗辩具有两个主要功能。非自愿麻醉状态可免于承担刑事责任。不以犯罪为目的的自愿麻醉状态，会作为宽大处理的考虑因素。

麻醉状态的现代理解包括由外部物质(如化学物质)造成的任何心理作用。其所要求的心理作用符合上述犯罪意图的结构。因此，心理作用可能是认识性的或意志性的。[60]麻醉状态作用可能与犯罪人对事实真相的感知、理解或意识(认识影响)有关，也可能会影响他的意愿，包括引
193 发不可抗拒冲动(意志影响)。麻醉状态是由外部物质引起的，但是，我们无法将可能违法(如海洛因、可卡因等)的物质和完全合法(如酒精、糖、纯净水等)的物质逐一列出。

外部物质对人体的影响是主观的。相同数量的相同物质对不同人的影响可能会有很大差异。糖分可能会在一个人的体内产生高血糖，而另一个人却几乎不受影响。纯净水可能会导致一个人的体内电解质失衡，但是对另一个人几乎没有任何影响。成瘾的案例又提出了一个问题，即：缺乏外部物质是否也可能会造成麻醉状态。例如，一个吸毒成瘾的人突然戒毒，他可能会因为缺乏毒品而出现认识故障和意志故障。

所以，刑法将毒品成瘾而对认识和意志产生的影响视为麻醉状态。[61]为了确定麻醉状态是否是自愿的问题（如成瘾的人想开始戒断程序），应审查成瘾原因是否自愿，而不是戒断是否自愿。[62]所以，可以通过对个体认识或意志过程的影响进行功能性评估，来审查该个体是否陷入麻醉状态，不管该影响是由何种外部物质造成的。问题在于，麻醉状态的一般抗辩是否适用于人工智能系统。

如上所述，麻醉状态的一般抗辩要求外部物质对知觉内在的认识或意志过程产生影响（如，具有或缺乏某种化学物质）。例如，人工智能机器人的制造商为了减少生产费用，而采用廉价材料。使用几个月后，机器人的一些原始零件开始出现腐蚀，导致信息传输不及时，进而影响意 194
识过程。从技术层面来说，这类似于酒精对人类神经元的作用。

另一个例子，在平民区发生真实的或模拟的化学袭击后，我们激活一个军用人工智能机器人。有毒气体泄露后导致机器人硬件受损，使得机器人失灵，无法正常识别出人类。所以，机器人开始攻击无辜平民。随后对机器人记录的分析发现，暴露于毒气之中是机器人攻击平民的唯一原因。如果机器人是自然人，法院会接受麻醉状态的一般抗辩，并宣布被告无罪。相同程序难道无法适用于人工智能系统吗？

如果从功能性角度来看，外部物质对自然人和人工智能系统的影响没有任何差别，那么，麻醉状态的一般抗辩只适用于自然人就毫无公平可言。如上所述，强人工智能系统可以同时具有认识和意志的内部过程。[63]这些过程会受各种因素影响，如果它们受到上述外部物质的影响，那么就能满足麻醉状态的一般抗辩之要求。所以，如果由于暴露在特定物质之中导致人工智能系统的认识和意志过程受到影响，使得人工智能实施犯罪，那么陷入麻醉状态的一般抗辩就没有理由不予适用。

可能人工智能系统确实不会醉酒，或是因消化药物而产生幻觉，但是，与麻醉状态有关的影响并不局限于这些。如果人类士兵因遭受到化学袭击而攻击自己的朋友，我们就会接受其陷入麻醉状态的抗辩理由。如果该化学攻击对自然人和人工智能系统造成了相同的实质性影响和功能性影响，那么没有任何正当理由能让陷入麻醉状态的一般抗辩只适用于自然人，而不适用于人工智能系统。所以，陷入麻醉状态的一般抗辩似乎能够适用于人工智能系统。

195 **五、事实错误**

> “人生如梦，
> 短短的生命，
> 我们短暂的一生，都在酣睡之中。”
> （莎士比亚，《暴风雨》，1611 年）

就刑事责任而言，能认为人工智能系统会犯事实错误吗？ 事实错误的一般抗辩是对意识的认识层面的变动方法。我们在讨论意识之时，假定存在一个事实真相，对此个体可能意识到，也可能没有意识到。[64] 这个真相是不变的、客观的、存在于个体之外的。但是，个体了解实际事实的唯一方法便是借助意识，即，通过感官感知并理解事实数据。[65]

只有当大脑告诉我们这是事实真相时，我们才会相信它；我们没有其他办法来判断事实真相的存在。但是，景象、声音、气味和物理压力等或许能被模拟，人类大脑可能会受到刺激并感知到它们，尽管它们并不一定存在。最好的例子便是做梦。我们经常做梦，却不知道自己在做梦；而且，我们在梦中不能区分梦境和现实。在梦中，我们看见景象，听到声音，闻到味道，产生感觉，说话，奔跑，仿佛我们面对的是现实。

在做梦人的眼中，是什么让梦境不同于现实？ 对大多数人而言，梦终究只是梦，因为做梦的人最终会从梦中醒来。但是，与之相反，如果我们在梦中醒来，又会发生什么？ 大多数人不接受这个说法，因为直觉告诉我们，如果早上躺在床上睁开双眼，那么这天的做梦部分已经结束，清醒部分由此开始。但是，如果我们正在睡梦中，我们并没有可
196 靠的办法来区分梦境和我们所谓的“事实真相”（此处加引号是因为我们没有可靠的办法来证实它）。

我们通过大脑而不是眼睛“看见”事物。眼睛仅仅是光线传感器。光线经过电流和化学过程转化，在神经元之间传递信息，并通过刺激大脑的正确部位形成“景象”。但是，这一刺激可以被模拟。给大脑贴上电极，并在适当的位置进行刺激，可以使大脑“看”“听”和“感觉”等。受刺激的大脑会意识到这些图像、声音，人们便会认为这些是事实真相。

如果我们开始怀疑我们对事实真相的意识，那么我们必须考虑到视角的问题。即使我们假定经历的是事实真相(不加引号)，我们也只能通过主观视角来经历，而这并不一定是认识事实的唯一视角。例如，我们从一块纸板上剪下一个三角形，从平面看可能会看到一个三角形，但是，如果将它旋转 90 度，我们看到的可能是一条直线。如果我们把不同的理解和不同的视角联系起来，那么视角问题就变得至关重要。

例如，有两个人看到一名男性手拿长刀，并听到他对一名女性说要杀了她。一个人会认为这是对这名女性生命的严重威胁，他应当报警或想要自己去救她；另一个人理解的是这是一种表演(如街头艺术)，他不需要介入。在这种背景下，刑法中的深刻问题在于：什么才是犯罪的事实基础？ 事实真相指实际发生的现实，还是犯罪人相信是事实真相的现实(尽管可能并没有实际发生)？

例如，被指控犯强奸罪的男性承认自己和原告发生过性行为，但证据证明他确实认为该行为已经得到对方同意，可是控方却证明原告并没有同意。法院相信原、被告双方所说的都是事实。那么，法院应该认定他有罪还是无罪？ 从 17 世纪起，现代刑法倾向于将个体(被告)对事实真相的主观看法作为事实真相本身。[66]一般概念是，个体只能因其相信 197
自己知道的“事实”承担刑事责任，无论这些事实是否真的发生在事实真相之中。[67]

在绝大多数法律体系中，这个概念都因证据而存在局限性，以至于被告所能证明的观点都被认为是真实可信的。而被视为真实可信的观点，就会成为追究刑事责任的依据。在上述事例中，被告无罪释放是因为他确实相信性行为取得了对方同意。如果被告的观点否定了心理要素要求，那么事实错误会作为一般抗辩，使得被告无罪释放。[68]

事实错误的一般抗辩不仅适用于故意犯罪，还适用于过失犯罪和严格责任犯罪。它们之间的不同之处在于，要求的错误类型不同。在故意犯罪中，任何真实错误(authentic mistake)都能否定对事实真相的意识，都足以构成一般抗辩。在过失犯罪中，若要认为被告的行为合理，则该错误必须具有合理性。[69]严格责任犯罪中，还要求该错误具有不可避免性，尽管被告采取一切合理措施进行预防。[70]问题在于，事实错误的一般抗辩是否适用于人工智能系统。

自然人和人工智能系统在意识到事实真相的过程中，都会遇到困难，出现错误，发生故障。无论是在通过感官收集事实数据的过程中，
198 还是在产生关于数据的相关整体图像的过程中，都可能发生困难。在大多数案件中，这种故障会使得所形成的内部事实图像和法院所理解的事实真相产生偏差。这便是和事实真相有关的事实错误。事实错误是我们日常生活的一部分，它们构成我们行为的共同基础。

在某些案件中，自然人和人工智能系统的事实错误会导致他们实施犯罪行为。这意味着，根据事实真相，某行为应当被视为犯罪；但是，根据个体主观内在的事实图像(该图像恰恰包含事实错误)，该行为则不应当被视为犯罪。例如，人类士兵将战友误认作敌军，并将其射杀。由于某些不明原因，如被射杀的士兵穿敌军的制服，说敌军的语言，而且他看起来似乎企图攻击这名射杀他的士兵。尽管他被要求证明自己的身份，但是他并没有遵从该要求。在这起案件中，这个错误是真实的、合理的且不可避免的。

如果人类士兵声称犯了事实错误，他很可能被无罪释放(如果他被起诉的话)。假如士兵不是人类而是强人工智能系统，刑法是否应该采用和处理人类相同的方式，来处理机器人士兵？ 人类士兵和机器人士兵所犯的错误在本质上和功能上完全相同。自然人和人工智能实体所犯的事实错误在本质上和功能上，都对其认识和理解事实真相产生了相同

的影响。因此，没有理由阻止将事实错误的一般抗辩适用于人工智能实体，就像它适用于自然人那样。

计算机确实会犯错。计算机在数学计算中犯错的概率非常低，但是，如果计算机收集了错误的事实数据，那么计算的结果就很可能出错。计算机计算所需的、可能的和不可能的行动过程，与自然人一样，都会受到其所收集的数据的影响。[71]如果事实错误对自然人和人工智能系统的影响在本质上和功能上完全相同，便没有任何正当理由使得事实错误适用于自然人，却不适用于人工智能系统。所以，似乎事实错误的一般抗辩能够适用于人工智能系统。

六、法律错误 199

就刑事责任而言，能认为人工智能系统会犯法律错误吗？法律错误指犯罪人误解法律或不知法律的情况。该一般抗辩背后的主要理念是，一个人因不知具体禁令而实施犯罪，那么就不存在追究刑事责任所需的过错。但是，犯罪的心理要素并不包括了解禁令。

例如，强奸罪要求的心理要素是犯罪意图，这包括犯罪人对“未经女性同意与其发生性行为”具有意识。该犯罪并不要求强奸犯知道“强奸是受到禁止的刑事犯罪”。只要对事实要素要件具有意识，便能满足强奸罪的心理要素要求，不管强奸犯是否知道强奸是受到禁止的行为。考虑到对社会日常生活的预期，大多数犯罪的法律情形皆如此。[72]

如果将犯罪人必须了解禁令的要求作为追究刑事责任的条件，那么我们可能会鼓励犯罪人不去学习法律，因为只要他们不知法律，便能免除刑事责任。如果不将这一要求作为条件，那么我们就能鼓励公众查询法律，了解法律，并遵守法律。这些预期性考虑因素并不完全符合刑法的过错要求。所以，刑法试图在公正、过错要求以及关乎社会日常生活的预期性考虑之间寻求一种平衡。

最初，我们倾向于预期性考虑。罗马法规定，不知法律不能成为实施犯罪的借口(不知法不免责，ignorantia juris non excusat)。[73]直至19世
纪，大多数法律体系都遵循上述通用路径。[74]但是，19世纪开始，刑法 200

中的有罪性要求获得了巨大发展，因此，在法律错误和有罪性要求之间建立一种平衡变得十分必要，即要求所犯的法律错误必须出于善意(bona fide)，[75]并能反映心理要素的最高状态，即严格责任。根据这一标准，法律错误应当是尽管采取所有合理措施也无法避免的错误。[76]

这一最高标准的法律错误是所有类型的犯罪的要求，无论该类犯罪的心理要素要求如何。因此，法律错误的一般标准高于事实错误。在此情形下，法院要审查的主要问题是犯罪人为了避免犯法律错误是否采取了一切合理措施，包括合理信赖法规、司法判决、[77]法律官方解释(包括初步裁决)[78]以及私人律师建议。[79]我们的主要问题在于，法律错误的一般抗辩是否适用于人工智能系统。

从技术层面而言，如果相关实体(无论是自然人还是人工智能系统)能够满足严格责任犯罪的心理要素要求，那么该实体也应该能够主张法律错误的一般抗辩。如上所述，因为强人工智能系统有能力满足严格责
201 任犯罪的心理要素要求，[80]所以，它们也能适用法律错误的一般抗辩。通过审查载明人工智能实体的知识记录，可以证明该实体对特定问题缺乏法律知识，因此也符合善意要求。

法律错误抗辩适用于人工智能系统的重要意义在于，其并不局限于任何形式的法律限制，而且人工智能系统会据此行动。如果人工智能系统包含可以搜索此类限制的软件机制，即使启动该机制也未发现任何法律限制，那么一般抗辩依然适用。但是，注意，系统免于承担刑事责任并不代表系统的程序员或用户也无需承担刑事责任。如果上述人员原本可以限制系统仅从事合法活动却未能成功，如上所述，他们可能需要对机器人的犯罪行为承担间接正犯的刑事责任或可能的后果责任的刑事责任。[81]

例如，人工智能系统收集有关某些人员的事实数据，并应根据这些数据分析这些人员的性格，最后在特定指南里出版相应结果。可能出现一种情况，即出版行为能被视为刑事诽谤(criminal libel)。如果系统记录表明其不受任何关于诽谤出版物限制条件的限制，系统或者未包含任何

搜索此类限制条件的机制，或者确实存在该搜索机制但未能发现这种限制条件，那么，该系统就不应对诽谤罪承担刑事责任。系统的制造商、程序员和用户可能需要作为间接正犯或者对可能的后果承担刑事责任。

一个人工智能系统可能知识广博，但却不一定了解每项法律事务的法律知识。如果先行设计，该系统或许能搜索法律限制条件，但并不一定会有所发现，这便成为适用法律错误一般抗辩的案例。如果法律错误对自然人和人工智能系统的影响在本质上和功能上完全相同，那么没有任何理由让法律错误的一般抗辩只适用于自然人，而不适用于人工智能系统。所以，似乎法律错误的一般抗辩能够适用于人工智能系统。

七、实质豁免 202

就刑事责任而言，人工智能系统能享有实质豁免吗？ 某些人因为其职务(ex officio)可享受刑事责任的实质豁免。这些人员事先获得豁免，所以，因其职务原因，他们不会受到刑法追究。社会对这些人员进行豁免是因为比起由于履行职务而可能实施的刑事犯罪，他们的工作更加重要。这种豁免并不是绝对的，他们所犯的罪行必须和他们履行的职务有关。

例如，执行任务中的消防员为了拯救一名女性的生命，由消防吊臂吊起，打破窗户，进入公寓。这一行为显然符合好几项犯罪的事实要素要求和心理要素要求(例如，侵入住宅、毁坏财产等)，但是为了使消防员能够履行拯救生命的职务，消防员对这些犯罪的刑事责任享有实质豁免权。但是，如果消防员进入公寓并强奸了这位女性，则无法享有豁免权，因为强奸并不是其职务的一部分。

这类豁免是实质性的，因为它使得享受该类豁免权的人员无需承担刑事责任。但是，它不能阻止起诉和其他刑事程序。法律明确列出可以享受实质豁免的人员类型(如，消防员、警察、士兵等)。该一般抗辩对这些人员适用，只要这些罪行是在履行职务过程中出于善意所实施，而不是利用豁免权故意实施其他刑事犯罪。问题在于，实质豁免是否适用于人工智能系统。

前面例子中的消防员是人类，如果因造成财产损失而遭到起诉，他会主张实质豁免。法院很有可能接受他的主张，并立即将他无罪释放。但是，让我们设想一下，如果火势太大而对消防人员过于危险，所以，安排人工智能机器人去拯救这名女性的生命。机器人配备强人工智能系
203 统，在这种情况下，能够作出和消防人员相同的选择。我们有理由不让这个机器人享受与消防人员相同的豁免吗？

如果实质豁免一般抗辩的所有条件都得到满足，那么，就没有理由对自然人和人工智能系统使用不同的标准。人工智能机器人已被用于执行公务（例如，守卫），[82]而且，它们在履行职务的过程中，有时会不可避免地必须实施犯罪。例如，监狱守卫可能需要对逃跑的囚犯实施人身攻击，来阻止他们逃跑。如果这些情形对自然人和人工智能系统造成的影响在本质上和功能上完全相同，那么没有任何正当理由使得实质豁免的一般抗辩只适用于自然人，而不适用于人工智能系统。所以，似乎实质豁免的一般抗辩能够适用于人工智能系统。

第三节　正当化抗辩

正如前文所述，一般抗辩中的正当化抗辩是与事实事件的特性有关的一般抗辩（对物抗辩）。[83]将正当化抗辩适用于人工智能系统的刑事责任会引发一个问题，即，这些系统是否能够涉及正当防卫、紧急避险或胁迫等情形。允许机器人保护自己免受攻击，这是正当的吗？ 如果人类对机器人实施攻击，机器人为了自保而攻击人类，这是正当的吗？

一般来说，因为正当化抗辩是对物的一般抗辩，个体（自然人或人工智能系统）的个人特性无关紧要。但是，这些一般抗辩是针对人类而设计的，我们考虑并谅解的是人类的弱点。例如，正当防卫是为了保护人类自保的本能。这一本能和这些人工智能系统有关吗？ 如果无关，正当防卫为什么能适用于机器？ 下文将探讨正当化抗辩的一般抗辩对

人工智能系统的适用性。

一、正当防卫 204

正当防卫是人类文化中最古老的抗辩之一。正当防卫的基本功能是降低国家权力的绝对垄断，即只有社会（国家）才有权力对个体实施武力。[84]个体之间产生争端时，不得使用武力，而必须诉诸国家（通过法院、警察等），由国家解决问题。国家认为在必要之时，才能使用武力。根据这一概念，个体并不享有任何动用武力的权力。

但是，只有国家的代理人无论何时何地都能出现，这一概念才有效。如果一个人在黑暗的小巷中遭到另一个人的袭击，他不能反击，只能等待国家的代理人，而这些代理人当时并不会出现。在这种情境下，为了让个体能够保护自己不受攻击，社会必须部分地从这一概念中退出。在刑法中接受正当防卫作为一般抗辩，就是一种退出机制。正当防卫允许个体使用武力保护某些价值，而绕过国家享有的垄断权。

在能够实施正当防卫的情形中，追究刑事责任所需的个人过错就会失去效力。自从古代起，这一概念就为全世界的法律体系所接受。逐渐地，这一抗辩也发展得更加宽泛、更加精确。[85]这一现代形式允许个体为了保护合法利益而反抗攻击。适用该一般抗辩必须满足以下几个条件：(1)被保护的利益必须合法。合法利益一般是指自己或他人的[86]生 205
命、自由、身体和财产。[87]正当防卫并不要求受威胁之人和防卫人此前具有联系，[88]所以，正当防卫并不仅仅是保护“自己”。(2)受保护利益必须受到了非法袭击。[89]如果警察持有逮捕令，对某人发起攻击并予以逮捕，那么应该认为这起攻击是合法的。[90](3)受保护的利益必须处于明确且即将发生的危险之中。[91](4)正当防卫行为必须是为了抵抗攻击、与攻击的力度具有相当性，[92]并且是即时实施的。[93](5)防卫人无法控制攻击或攻击发生的条件（原因自由行为）。[94]

如果上述条件全部满足，那么个体就被视为实施正当防卫行为，因此，无需对所犯罪行承担刑事责任。但是，并非所有反抗攻击的行为都是正当防卫，除非该行为满足全部上述条件。问题在于，正当防卫的一 206

般抗辩是否适用于人工智能系统。答案取决于，在相关情形下，人工智能系统满足上述条件的能力。

正当防卫的核心是受保护的合法利益。如果受保护的利益属于另一个自然人（人工智能系统通过正当防卫行为保护人类的利益），那么，似乎没有任何困难。确实，这是守卫机器人（主要守卫人类、囚犯、边境和住所等）合法活动的主要基础。如果这些机器人有权为了人类利益反抗攻击，那么正当防卫就是合法的正当化抗辩。但是，问题在于，人工智能系统是否能够通过正当防卫合法地保护自身的利益。事实上，这里有两个问题：一个是道德问题，另一个是法律问题。

道德问题在于，我们是否能接受“机器人能够自我保护，并享有衍生权利（包括一些宪法性权利）”的想法。[95]这一道德问题与法律问题无关。从 20 世纪 50 年代起，人类对这一道德问题的态度基本上是积极的。请回忆上文中的阿西莫夫第三原则：“除非违背第一及第二原则，机器人必须保护自己。”[96]根据这一原则，在合适的情形下，机器人不仅有权保护自己，而且必须保护自己。但是，如上所述，这并不属于法律问题。就正当防卫是否能够适用于机器人而言，只有法律问题才有相关性。

法律问题更为简单，问题是，人工智能系统是否有能力保护自己的“生命”、自由、身体和财产。为了保护这些合法利益，人工智能系统必须首先拥有这些利益。人工智能系统只有拥有财产，才能保护财产；否则，它只能保护其他人的财产。生命、自由和身体等相关情况也是如此。目前，刑法保护人类的生命、自由和身体。机器人是否拥有类似的生命、自由和身体的问题，不仅是道德问题，同时也是法律解释问题。

207 早在几十年前，刑法便已承认，非人类实体的公司法人可以拥有生命、自由、身体和财产。[97]在下一章讨论人工智能系统的惩罚（包括死刑和监禁）之时，我们会再次使用这一类比。但是，如果关于公司法人这一抽象生物的上述法律问题已经获得肯定性回答，那么便没有理由对人工智能系统作出不同的决定，因为人工智能系统比抽象的公司法人，能更好地模拟这些人类属性。

例如，逃跑的囚犯攻击守卫机器人，并想要将机器人捆绑起来让其丧失活动能力，以便自己逃跑。机器人尽忠职守并保护自己的自由，这是否合法呢？ 如果囚犯试图拆下机器人的手臂，机器人尽忠职守并保护自己的“身体”，是否合法呢？ 如果将之类比于公司法人的答案，那么答案是肯定的。在任何案例中，尽管机器人与公司法人类似，尽管存在上述积极的道德态度，我们也不认为机器人具有“生命”“身体”和“自由”，但是，人工智能系统依然满足正当防卫的第一个条件，只要它保护的是其他自然人的生命、人身、自由和财产。

对自然人和人工智能系统而言，正当防卫的另外两个法律条件似乎没有区别。存在非法攻击的法律条件取决于攻击人，而不是防卫人的身份（无论防卫人是否是自然人）。受保护财产遭受“明确且迫切危险”的法律条件也不取决于防卫人。危险的性质由攻击人决定，而不是防卫人，所以这一条件不能通过防卫人的行为来满足，而是要分析攻击行为的性质，而这与防卫人身份并无关联。

通过“适当、即时的行为反抗攻击”的条件会引发另一个问题：机器人攻击人类是否正当，即使机器人所作出的适当、即时的行为是为了反抗人类的攻击？ 这个问题又会引发两个附属问题。第一个问题是，
正当性更加侧重的是防卫人的权利，而不是攻击人的权利，无论防卫人 208
是自然人、公司法人还是人工智能系统。第二个问题是，人工智能系统作为防卫人的限制条件不同于对自然人和公司法人的限制条件。两个附属问题都具有道德和法律两方面的特性。

第一个附属问题通常通过攻击人造成的风险来回答。社会为解决争端创造了很多和平的社会机制，如法律程序、仲裁和调解，等等。攻击人选择不采取这些和平途径，而是诉诸非法暴力。一旦采取这种行动方式而不顾解决争端的合理途径，攻击人便应承担对其违法攻击进行反抗的风险。在这种情况下，[98]比起违法行为，刑法更倾向于无辜的反应行为。这一回答认为，各种类型的攻击人和防卫人之间没有

区别。

第二个附属问题可能会存在多个道德回答，但均与法律回答无关。所以，尽管上述阿西莫夫第一原则[99]禁止机器人伤害人类，但是，实际上机器人仍然会通过各种途径被用于对人类造成伤害。比如，将机器人用于军事和警务（士兵、守卫、监狱守卫、武装无人机等），[100]便意味着可能会对人类造成伤害。只要这一用途没有被刑法明文禁止，那么它就是合法的。在这件事情上，世界范围内的法律体系似乎都同时作出了法律选择和道德选择：拒绝阿西莫夫的第一原则，该原则被认为会引起过度恐慌。

所以，机器人保护合法利益免受人类的非法攻击，在刑法中不存在任何法律问题。如果攻击人是机器人，这个问题根本不会出现，在这种情况下，答案是必须采取相当、即时的行动反抗攻击，无论防卫人是否是自然人。无论防卫人是否是自然人，对反应行为的评估应该完全相同。“反抗”是指一种对攻击的反应行为，攻击是反应行为的原因。“即
209 时”是指反应行为在攻击随后发生。反应行为并不是非法报复，而是为了消除威胁。

“相当”指防卫人不得为了消除威胁而过度使用武力。防卫人必须对威胁和（可采取的、消除威胁的）方法进行评估，在给定情形下，选择的方法不得超过特定的威胁。相当性在很多方面类似于合理性，有些人认为它是合理性的一部分。所以，若要满足这一条件，人工智能系统必须具备理性能力，如上所述，过失也需要有理性能力。[101]

最后，要求防卫人不能控制攻击行为及其发生的条件。该条件旨在追究“对自己实施攻击并试图利用正当防卫免于承担刑事责任的人员”的刑事责任。法院很可能探究产生攻击行为的深层原因。如果防卫人在这种情况下是无辜的，那么正当防卫的抗辩可以适用。该条件在对自然人、公司法人和人工智能实体的适用之间没有差别。只要人工智能实体没有牵涉这类密谋，那么，正当防卫的一般抗辩对其适用。证据可能是基于人工智能系统的记录。所以，似乎正当防卫的一般抗辩适用于人工

智能系统。

二、紧急避险

在刑法背景下，能够认为人工智能系统会出于紧急避险而采取行动吗？紧急避险是与正当防卫同种类型的正当化抗辩。正如上文所述，两者都是为了降低社会对权力的绝对垄断。[102]紧急避险和正当防卫的主要差异在于，反应行为对象的身份不同。在正当防卫中，防卫人是针对攻击人作出反应，而在紧急避险中，避险人则是针对无辜对象（无辜的人、财产等）作出反应。无辜对象并不一定与反应行为的原因有关。

例如，两个人在公海上航行。船舶撞击冰山后沉没。两个人靠临时 210
的木筏幸存下来，但是没有水和食物。几天之后，其中一人为了生存，吃了另一人。[103]受害者没有攻击吃人者，对撞船事故也不负责，他完全是无辜的。攻击人也是无辜的，因为他知道，如果不吃另一人，他注定会死亡。如果吃人者因谋杀罪被起诉，他可以主张紧急避险（正当防卫和此案无关，因为受害者没有威胁攻击人）。

紧急避险抗辩的传统方法是在特定情况下证明犯罪合理：紧要之需，则无法律（quod necessitas non habet legem）。[104]传统上，该抗辩的正当化理由是，刑法理解人性的弱点。个体出于紧急避险而采取行动，在他看来是两害相权取其轻。[105]在上述事例中，如果攻击人选择不吃另一人，那么他们都会死亡；如果他选择吃另一人，那么只有一个人会死亡。两种情况都很不幸，但是一人幸存稍微好一些。紧急避险的受害者是无辜的，无需为任何事情承担责任，但是紧急避险行为仍然被视为是正当的。[106]

鉴于紧急避险的行为由个体在政府当局无法到场时实施，所以紧急避险的一般抗辩会部分削弱一般概念的适用性。如上文所述，根据该一般概念，只有社会（国家）才能享有垄断权。在要求紧急避险行为的情形中，可以认为追究刑事责任所需的个体过错失去效力。从古代起，这一概念就为全世界的法律体系所接受。最终，该抗辩也变得更加宽泛、更 211

加精确。[107]其现代形式允许个体保护合法利益而实施避险行为。

适用该一般抗辩必须满足以下几个条件：(1)受保护的利益必须合法，合法利益指生命、自由、身体和自己或他人的财产。不要求受威胁之人与避险人事先具有联系。[108](2)受保护的利益必须处于明确且即将发生的危险之中。[109](3)紧急避险行为必须指向外部的、无辜的利益。[110](4)紧急避险行为必须是为了消除危险，必须和危险具有相当性，[111]而且必须是即时的。[112](5)避险人无法控制危险或控制危险发生的条件(原因自由行为)。

212 如果这些条件全都满足，那么就认为个体是出于紧急避险采取行动，不必为所犯罪行承担刑事责任。可是，并不是所有为了消除危险对无辜利益造成损害的行为都是紧急避险，只有完全满足上述所有条件才是紧急避险。问题在于，紧急避险的一般抗辩是否适用于人工智能系统。答案取决于，在相关情形下，人工智能系统具备满足上述条件的能力。

上述条件中第1、2、4和第5个条件与正当防卫(已作必要修正)抗辩的条件相同，不同之处在于，正当防卫是合法利益受到攻击，而紧急避险则是合法利益面临危险。正当防卫和紧急避险的主要不同之处在于，其中的一个条件不同。正当防卫中的行为指向攻击人，而紧急避险中的行为指向外部的或无辜的利益。在紧急避险案件中，避险人必须两害相权取其轻，其中一种选择会损坏外部利益，而这可能是与危险无关的无辜之人。

在这种情况下，有关人工智能系统的问题便是，它们是否有能力进行“两害相权取其轻”。例如，一辆基于人工智能技术的火车搭载着20名乘客到达两条铁路的汇合处。第一条铁路上有一个小孩在玩耍，而第二条铁路则通往悬崖。如果系统选择第一条铁路，儿童必定死亡，但是，20名乘客会幸存。如果系统选择第二条铁路，小孩会活下来。但是，根据火车的速度以及其与悬崖之间的距离，火车肯定会掉落悬崖，乘客将无一幸免。

如果人类驾驶员驾驶火车，选择了第一条铁路并且杀死了小孩，他可以凭借紧急避险的一般抗辩免于承担刑事责任。人工智能系统可以计算每个选择的概率，并作出伤亡人数最少的选择。强人工智能系统已经被用来预测复杂事件(例如，气象模式)，而且，计算前文事例中的概率则要简单得多。人工智能系统分析概率时面临的两种选择与人类驾驶员需要考虑的两种选择完全相同。

如果基于编程或者相关机器学习软件的人工智能系统考虑到可能的伤亡率，它可能会选择牺牲那个小孩。人工智能系统的这一选择完全符 213
合紧急避险的所有条件，所以如果它是自然人，它可以通过紧急避险的一般抗辩免于承担刑事责任。那么应该对人工智能系统区别对待吗?而且，如果人工智能系统改变选择并导致更加不幸的结果，我们很可能会以与人类驾驶员完全相同的方式来追究相关主体的刑事责任(编程人员、用户或者人工智能系统)。

固然，这些选择和决定会涉及一些道德难题，例如，让人工智能系统在人类生命的问题上作决定是否合法，人工智能系统造成人类死亡或者重伤是否合法。但是，这些难题和上述正当防卫的道德难题并无不同。[113]而且，关于刑事责任的问题并不会将道德问题纳入考量范围。所以，似乎紧急避险的一般抗辩与正当防卫类似，也适用于人工智能系统。

三、胁迫

在刑法背景下，能够认为人工智能系统会出于胁迫而采取行动吗?胁迫正是与正当防卫和紧急避险同种类型的正当化抗辩。如上所述，它们都是为了降低社会对权力的绝对垄断。[114]胁迫、正当防卫和紧急避险的主要不同在于行为的过程不同。正当防卫中的防卫人作出反应是为了抵抗攻击人，紧急避险中的避险人的反应行为针对的是无辜的对象，而胁迫则是屈从于胁迫而实施犯罪。

例如，一名擅长破解保险柜的罪犯已经退隐江湖。他以前的朋友伙同他一起抢劫，因为需要他的这项专长。但是，他拒绝了。他们试图说服他，他仍然拒绝。所以，他们绑架了他的儿子，并且威胁说，如果他不参加这起抢劫案，就会杀害他的儿子。他很清楚，这些人有能力这么做。他也很清楚，如果自己报警，他们也会杀害自己的儿子。所以，他
214 屈服于胁迫，发挥自己的专长，参与了抢劫。如果被捕，他可以主张自己受到胁迫。正当防卫和紧急避险与这起案件无关，因为他没有直面威胁，而是选择屈服于威胁。

胁迫抗辩的传统方法是在特定情况下将所犯罪行进行合理化。[115]该抗辩的传统正当化理由是，刑法理解人性的弱点。有时，个体在受到威胁时不愿直面威胁，而是选择实施犯罪，并为对宝贵利益造成损害而付出代价。直到 18 世纪，胁迫一般抗辩才适用于所有犯罪。[116]之后，英美法系对其适用性加以限制。如今，胁迫不适用于要求故意的严重凶杀犯罪。[117]

在上述事例中，如果所犯罪行不是抢劫而是谋杀，那么胁迫的一般抗辩将不适用于认定刑事责任，而只会在量刑时加以考虑。之所以限制其适用性是因为人类生命神圣不可侵犯。[118]不过，这一方法却有很多例外。[119]通常，胁迫不适用于杀人罪，但是，在全世界各国的刑法中，胁迫仍然能作为一般抗辩而被广泛适用。个体受到胁迫采取的行为，在他看来，是两害相权取其轻：要么向威胁屈服并实施犯罪，要么损害合法利益。

鉴于个人在胁迫之下采取行动时，政府当局并不在场，或者并不有力，胁迫的一般抗辩部分地减少一般概念的适用。正如上文所述，
215 根据该一般概念，只有社会(国家)才具有绝对的垄断权。在要求受胁迫行为的情形中，可以认为，追究刑事责任所需的个人过错失去效力。这一抗辩的现代基础在于，我们理解个人可能会屈服于威胁，而不是直面威胁，因为并不是所有人都是英雄，而且法律不要求任何人都成为英雄。[120]

适用该一般抗辩必须满足以下几个条件：(1)受保护的利益必须合法，合法利益指生命、自由、身体和自己或他人的财产。不要求受威胁

之人与被胁迫之人事先具有联系；[121](2)受保护的利益必须处于明确且即将发生的危险之中；[122](3)受胁迫之行为必须屈服于威胁；(4)受胁迫之行为必须具有危险相当性；[123](5)受胁迫之人无法控制危险或控制危险发生的条件(原因自由行为)。[124]

如果这些条件全部满足，那么就认为个体是受胁迫而采取行动，无需为所犯罪行承担刑事责任。但是，并不是所有向威胁屈服的人都是在胁迫下行动，只有完全符合上述所有条件才是受胁迫之行为。问题在于，胁迫的一般抗辩是否适用于人工智能系统。答案取决于，在相关情形下，人工智能系统具备满足上述条件的能力。

上述条件中第 1、2、4 和第 5 个条件与正当防卫和紧急避险抗辩 216
完全相同(已作必要修正)；不同之处在于，大多数法律体系中的胁迫抗辩并不要求立即行动，因为合法利益面对的威胁和危险可能是持续的。正当防卫、紧急避险和胁迫的不同之处在于，其中的一个条件不同。正当防卫中的行为指向攻击人，紧急避险中的行为指向外部或无辜利益，受胁迫之行为则是对特定威胁的屈服。

在这种情况下，有关人工智能系统的问题是，它们是否有能力实施“两害相权取其轻”。例如，监狱守卫机器人抓到一个正在逃跑的囚犯，囚犯手持上膛的手枪指着人类守卫并威胁表示，如果机器人不将自己放开，他就会向人类守卫开枪。在计算概率之后，机器人判断，危险是真实的。如果机器人向威胁屈服，那么人类守卫将得救，但是，机器人却实施了犯罪，成为囚犯逃狱的帮助犯。如果机器人不向威胁屈服，那么没有发生犯罪，囚犯逃跑将失败，但是，人类守卫将会被杀害。

如果抓到囚犯的是一个人类守卫，他会因胁迫的一般抗辩而免于承担刑事责任，因为该抗辩的所有条件都得到了满足。人工智能系统可以计算每个选择的概率，并作出伤亡人数最少的选择。强人工智能系统已经被用来预测复杂事件(例如，气象模式)，而且，计算前文事例中的概率则要简单得多。人工智能系统分析概率时面临的两种选择与人类守卫需要考虑的两种选择完全相同。

如果人工智能系统基于其编程或相关机器学习软件考虑到可能的伤亡人数，它可能会选择向威胁屈服。人工智能系统的这一选择符合胁迫的所有条件，所以，如果它是人类，便能因胁迫的一般抗辩而免于承担刑事责任。那么，应该对人工智能系统区别对待吗？ 而且，如果人工智能系统改变选择并导致更加不幸的结果，我们很可能会以与对人类守卫完全相同的方式来追究相关主体的刑事责任(编程人员、用户或者人工智能系统)。

217 固然，这些选择和决定会涉及一些道德难题，例如，让人工智能系统在人类生命的问题上作决定是否合法，人工智能系统造成人类死亡或者重伤是否合法。但是，这些难题和上述的正当防卫以及紧急避险的道德难题如出一辙。[125]而且，关于刑事责任的问题并不会将道德问题纳入考量范围。所以，似乎胁迫一般抗辩应该与正当防卫和紧急避险一样，能够适用于人工智能系统。

四、上级命令

人工智能系统根据上级命令在执行任务时犯罪，是否应免于承担刑事责任？ 上级命令的一般抗辩与在层级制的官方组织(如军队、警察和救援部队)中履行公务的个体有关。这些个体常常被要求违背其天生本能行事。比如，如果遇到重大火灾，人的本能是逃跑，而不是冲进去拯救被困的人。纪律是这些救援任务得以成功的最重要因素之一。遵守纪律的士兵即使冒着生命危险，也很可能会完成任务。因此，士兵学到的第一件事便是纪律。

但是，有时上级命令违反刑法，而执行命令则会牵涉犯罪。对此，有两种极端的解决方法。第一种是绝对抗辩模式，即所有根据上级命令采取的行动都受到法律保护。[126]这一模式将纪律置于法律之上。根据这一模式，只有指挥官才承担刑事责任。另一种极端模式是绝对责任模式，即任何行为都必须承担刑事责任，即使是履行上级命令的行为。[127]这一模式将法律置于纪律之上。

在第一种极端模式下，个人在犯罪时没有自由裁量权。这一模式 218
导致第二次世界大战和其他战争中出现大量的战争罪和反人类罪。在第二种极端模式下，个人必须精通刑法或者全程由律师陪伴，才能确保他不会因履行上级命令而承担刑事责任。鉴于这两种模式的上述缺点，逐渐发展出折中模式，其中最常见的便是明显违法的命令模式。根据这一模式，只有个人执行的是明显违法的命令，他才需承担刑事责任；如果个人执行的违法命令不是明显违法，那么，他就会受法律保护。[128]

最终问题涉及违法以及明显违法命令之间的差异。两者都在客观上违法，但是，明显违法命令还违反了公众政策。每个社会遵循的公众政策都能反应其共同价值。这些价值可能涉及道德、社会、文化和宗教。不同社会信奉不同的价值，遵循不同的公众政策。明显违法的命令会损害这些价值，从而损害社会的公众政策和社会的自身形象。

例如，一名士兵被命令去强奸一名反对军事行动的平民。强奸违法，而且在这种情况下属于明显违法，因为它违反了现代社会的基本价值。没有任何精确的和决定性的审查能区分违法命令与明显违法命令的区别，因为公众政策是动态的，随着时间、人口和社会趋势的变化而变化。但是，公共政策可以通过案例分析并予以总结归纳的方式来进行教导。所以，适用上级命令一般抗辩必须满足两个主要条件：(1)层级式的隶属于合法的公共权力机构。(2)要求服从的上级命令并非明显违法。

如果两个条件都满足，那么就认为个体是执行上级命令，无需为所犯罪行承担刑事责任。但是，并不是每次个人遵守上级命令的情况都符合该抗辩，只有同时完全符合上述两个条件才符合。问题在于，上级命
令的一般抗辩是否适用于人工智能系统。答案取决于，在相关情形下， 219
人工智能系统具备满足上述条件的能力。

第一个条件与个人和相关组织之间关系的客观特性紧密相关。[129]这种关系必须涉及：合法公共权力机构的层级从属关系，以及合法、有

效的等级秩序系统。这种系统存在于军队和警队等机构之中。但是，私人组织无权实施犯罪。人工智能系统已经被很多这类组织利用，包括军队、警队和监狱等，它们根据上级命令进行日常活动操作。这些系统根据这些命令执行各种任务。

第二个条件和特定上级命令的特性紧密相关。命令必须要求服从性，否则不能称之为命令。就内容而言，命令必须不能明显违法。如果命令合法，或者虽然违法，但不明显违法，便满足这一条件。违法命令或明显违法命令的区别由法院自由裁量，但是，它们之间的差异能够通过独立个案来归纳分析。配置机器学习设备的人工智能系统有能力推断出明显违法命令的大致概况。[130]

例如，被空军操作的人工智能无人机正在寻找恐怖分子实验室并将之摧毁。无人机发现目标，并将信息传回总部。信息显示，实验室里有一名已经确定身份的恐怖分子和他的家人。无人机接到“用重磅炸弹袭击实验室”的命令。无人机在计算概率之后，判断实验室里的所有人都会死亡，然后执行命令。检查无人机记录时发现，无人机理解，该命令的合法性处于灰色地带。而且，无人机本可以飞低一点然后再炸毁实验室，从而减少人员伤亡。

如果无人机是自然人，他可能会主张上级命令的一般抗辩，因为在特定情况下国际法认可这种命令，只要这种命令不明显违法。因此，在
220 这种情况下人类飞行员很可能会无罪释放，而且，执行上级命令的一般抗辩能够适用。那么，应该对人工智能系统区别对待吗？ 如果人类飞行员和人工智能系统具备相同的职务裁量权，而且都满足该抗辩的条件，那么在这种情况下没有任何正当理由使用双重标准。

固然，人工智能系统的刑事责任（若有刑事责任），不会对其上级的刑事责任产生影响（若有下达违法命令的上级）。这些选择和决定会涉及一些道德难题，例如，让人工智能系统在人类生命的问题上作决定是否合法，人工智能系统造成人类死亡或者重伤是否合法。这些难题和上文提及的适用其他抗辩涉及的道德问题没有区别。[131]而且，关于刑事责

任的问题并不会将道德问题纳入考量范围。所以，似乎上级命令的一般抗辩能够适用于人工智能系统。

五、轻微不计

人工智能系统能适用轻微不计的一般抗辩吗？ 绝大多数法律体系中犯罪的定义和规定十分宽泛，不可避免地会造成过度包容化或过度犯罪化。所以，本不应该是刑事犯罪的案件最终都会归为犯罪的范畴。有时，这些案件的刑事诉讼对社会的影响反而弊大于利。例如，一个 14 岁男孩偷自己哥哥的篮球的行为属于盗窃罪的范畴，问题在于，考虑到其社会影响，这种情况下提起刑事诉讼是否合适。

大多数法律制度通过赋予检察院和法院广泛的自由裁量权来解决这些问题。在公共利益微小的情况下，检察院可能决定不提起刑事诉讼，而且，即使提起诉讼，法院也可能会因为公共利益微小而决定将被告人无罪释放。检察院行使的选择权属于行政裁量权范畴之内。法院行使的 221
选择权属于司法权范畴，由于在案件中公共利益微小，法院可以利用轻微不计的一般抗辩将被告人无罪释放。

从古代起，这类司法裁量权便被广泛接受。例如，罗马法规定，刑法并不适用于未成年人和微不足道的琐事(法律不问琐碎之事)，法官不应被此类事情打扰(法官不问琐碎之事)。[132]在现代刑法中，鉴于检察院拥有广泛的行政裁量权，法院很少使用轻微不计的一般抗辩。但是，在一些极端案例中，尽管检察院拥有行政裁量权，法院依然能行使司法裁量权。[133]

轻微不计一般抗辩的基本检验是犯罪行为对社会造成的危害之一。要适用轻微不计一般抗辩，犯罪必须反映出极其微小的社会危害。[134]固然，不同社会在不同时期，可能对相同犯罪造成的社会危害有不同评定，因为社会危害的概念会随着道德、文化和宗教等的变化而变化。相关社会危害的大小由法院裁定。问题是，这一抗辩对人工智能系统犯罪是否适用。

轻微不计的一般抗辩是否适用于人工智能系统取决于所涉案件细节

及其相关方面，并不一定取决于犯罪人的身份。法院可能会考虑犯罪人的个性，但这只是评估案件的标准之一。就此而言，对自然人、公司法人或人工智能实体适用该抗辩并没有差别。其所要求的微小的社会危害会在实际事件（对物抗辩）中反映出来。例如，人类驾驶员突然转向，撞
222 上护栏。但是，没有对护栏或其他财产造成损害，也没有人员伤亡。这个案件可适用轻微不计抗辩，尽管可能存在几项交通违规。

如果驾驶员不是自然人，而是人工智能实体，这个案件在法律意义上是否会有差异？ 如果汽车归公司法人所有，案件是不是又会有不同？ 轻微不计抗辩的适用对人类、公司法人和人工智能系统而言并没有实质性区别，特别是考虑到事实上该抗辩是以实际事件的特性为依据，并不一定以犯罪人的特征为依据。所以，似乎轻微不计的一般抗辩能够适用于人工智能系统。

总结开篇事例：机器人正当防卫杀人

在本章开始部分，我们举例描述了守卫监狱的机器人自卫杀人的情形。回到这个事例上，我们可以依据本章中的观点来分析该事例。假设在检查机器人记录之后，记录披露出，机器人对谋杀罪事实构成要件的刑法标准具有意识。毫无疑问，人类守卫是在被机器人撞向墙壁后死亡（事实因果关系）。通览这一事例，我们可能会逐渐发现多个可适用的一般抗辩。

首先，植入主计算机的病毒干扰了机器人生成事实真相的正确图像的能力，并使其忽略了系统中的一些规则。由此，两种一般抗辩可能适用。第一种是上文提及的事实错误。鉴于造成事实错误的原因和法律后果无关，因此，在整个事件过程中，如果由于病毒的影响，人工智能系统生成的事实图像与事实真相不同，这即可成为事实错误一般抗辩适用的依据。

病毒导致操作中的机器人产生认识功能或意志功能障碍，也应该依据人工智能系统的记录加以审查。如果是病毒导致障碍，这可以成为适用另一种一般抗辩——失去自控（自动症、精神疾病、麻醉状 223
态）的依据。选择何种抗辩取决于，病毒对人工智能机器人造成的具体影响。鉴于植入病毒并非自愿（而是由黑客造成），如果满足相关抗辩的条件，病毒的影响很可能会使得人工智能机器人免于承担刑事责任。

当机器人观察到两个自然人在殴打之时，它误以为是两个囚犯在斗殴。通过分析机器人的记录可证明该误解。如果机器人确实误解了该情形，无论是否由病毒造成，事实错误的一般抗辩仍然适用。对于机器人将让其走开的命令误解为对其任务构成的威胁的情况，亦是如此。如果机器人确实将该命令理解为一种威胁，无论该命令实际上是否是真的威胁，问题在于，抓住人类守卫并将他撞向墙上的反应是否合理，并得以据此抗辩。

根据机器人的理解，该反应行为最多只是反抗威胁。如果满足正当防卫的所有条件，这或许能成为正当防卫一般抗辩的依据。但是，机器人的任务是阻止其他囚犯逃跑，而不是保护他们的生命、自由、人身或财产。所以，在这种情况下，正当防卫不适用，紧急避险和胁迫也不适用。即使系统接到杀死抵抗囚犯的命令，上级命令的一般抗辩也不适用。因犯人企图逃跑而杀死囚犯，从而导致其他囚犯逃跑（伪装的囚犯因机器人的行为而成功逃脱），很可能被认为是遵循明显违法的命令，而遵守这种命令并不会受到法律保护。

如果根据记录能证明，机器人杀死人类守卫的决定是系统病毒直接造成的影响，法律情形可能会有所不同。如果病毒导致机器人在杀害守卫时自动行为，或者对其认识或意志过程造成障碍从而导致机器人杀死守卫，根据病毒的具体影响，失去自控（自动症）、精神疾病或麻醉状态的一般抗辩或许能够适用。

当然，这并不会减少案件中其他人的刑事责任，包括自然人（上 224

级、囚犯、守卫和黑客)、公司法人和其他人工智能实体。总结而言，刑法中的一般抗辩似乎不仅适用于自然人和公司法人，还适用于人工智能系统。

注释

1. 参见第一章第一节第一段。

2. Nick Carbone, South Korea Rolls Out Robotic Prison Guards, http://newsfeed.time.com/2011/11/27/south-korea-debuts-robotic-prison-guards/(last visited January 11, 2019); Alex Knapp, South Korean Prison To Feature Robot Guards, http://www.forbes.com/sites/alexknapp/2011/11/27/south-korean-prison-to-feature-robot-guards/(最后访问日期：2019年1月11日)。

3. ANDREW ASHWORTH, PRINCIPLES OF CRIMINAL LAW 157—158, 202(5th ed., 2006).

4. REUVEN YARON, THE LAWS OF ESHNUNNA 265, 283(2nd ed., 1988).

5. Compare Kent Greenawalt, Distinguishing Justifications from Excuses, 49 LAW & CONTEMP. PROBS. 89(1986); Kent Greenawalt, The Perplexing Borders of Justification and Excuse, 84 COLUM. L.REV. 1897(1984); GEORGE P. FLETCHER, RETHINKING CRIMINAL LAW 759—817(1978, 2000).

6. Compare Paul H.Robinson, A Theory of Justification: Societal Harm as a Prerequisite for Criminal Liability, 23 U.C.L.A. L.REV. 266(1975); Paul H. Robinson, Testing Competing Theories of Justification, 76 N.C. L.REV. 1095 (1998); George P.Fletcher, The Nature of Justification, ACTION AND VALUE IN CRIMINAL LAW 175(Stephen Shute, John Gardner and Jeremy Horder eds., 2003).

7. 参见第五章第一节。

8. RUDOLPH SOHM, THE INSTITUTES OF ROMAN LAW 219(3rd ed., 1907).

9. 见，例如，MINN. STAT. §9913(1927); MONT. REV. CODE §10729 (1935); N.Y. PENAL CODE §816(1935); OKLA. STAT. §152(1937); UTAH REV. STAT. 103-I-40(1933)。

10. State v. George, 20 Del. 57, 54 A. 745(1902); Heilman v. Commonwealth, 84 Ky. 457, 1 S.W. 731(1886); State v. Aaron, 4 N.J.L. 269 (1818).

11. State v. Dillon, 93 Idaho 698, 471 P.2d 553(1970); State v. Jackson, 346 Mo. 474, 142 S.W.2d 45(1940).

12. 见 Godfrey v. State, 31 Ala. 323(1858); Martin v. State, 90 Ala. 602, 8 So. 858(1891); State v. J.P.S., 135 Wash.2d 34, 954 P.2d 894(1998); Beason v. State, 96 Miss. 165, 50 So. 488(1909); State v. Nickelson, 45 La. Ann. 1172, 14 So. 134(1893); Commonwealth v. Mead, 92 Mass. 398(1865); Willet v. Commonwealth, 76 Ky. 230(1877); Scott v. State, 71 Tex.Crim.R. 41, 158 S.W. 814(1913); Price v. State, 50 Tex.Crim.R. 71, 94 S.W. 901(1906)。

13. Adams v. State, 8 Md.App. 684, 262 A.2d 69(1970):“该实验的最现代化的定义是指，周围环境必须排除一切合理怀疑地表明，个体知道自己所做之事，并明白这件事是错误的。”

14. A.W.G. Kean, The History of the Criminal Liability of Children, 53 L.Q.REV. 364(1937).

15. Andrew Walkover, The Infancy Defense in the New Juvenile Court, 31 U.C. L. A. L. REV. 503 (1984); Keith Foren, Casenote: see Tyvonne M. Revisited: The Criminal Infancy Defense in Connecticut, 18 Q. L. REV. 733 (1999).

16. Frederick J.Ludwig, Rationale of Responsibility for Young Offenders, 29 NEB. L.REV. 521(1950); see Tyvonne, 211 Conn. 151, 558 A.2d 661(1989).

17. 参见第五章第二节第三段。

18. 参见第五章第二节第四段。

19. In Bratty v. Attorney-General for Northern Ireland, [1963] A.C. 386, 409, [1961] 3 All E.R. 523, [1961] 3 W.L.R. 965, 46 Cr. App. Rep 1, 丹宁勋爵注释道:“自愿行为的要求是至关重要的。这不仅是指在谋杀案之中，也包括所有刑事案件。任何非自愿的行为都不应受到惩罚。” State v. Mishne, 427 A.2d 450(Me. 1981); State v. Case, 672 A.2d 586(Me.1996).

20. 见，例如，People v. Newton, 8 Cal.App.3d 359, 87 Cal. Rptr. 394 (1970)。

21. Kenneth L. Campbell, Psychological Blow Automatism: A Narrow Defence, 23 CRIM. L.Q. 342 (1981); Winifred H. Holland, Automatism and Criminal Responsibility, 25 CRIM. L.Q. 95(1982).

22. People v. Higgins, 5 N.Y.2d 607, 186 N.Y.S.2d 623, 159 N.E.2d 179 (1959); State v. Welsh, 8 Wash. App. 719, 508 P.2d 1041(1973).

23. Reed v. State, 693 N.E.2d 988(Ind.App.1998).

24. Quick, [1973] Q.B. 910, [1973] 3 All E.R. 347, [1973] 3 W.L.R. 26, 57 Cr. App. Rep. 722, 137 J.P. 763; C, [2007] E.W.C.A. Crim. 1862, [2007] All E.R.(D) 91.

25. Fain v. Commonwealth, 78 Ky. 183(1879); Bradley v. State, 102 Tex.

Crim.R. 41, 277 S.W. 147(1926); Norval Morris, Somnambulistic Homicide: Ghosts, Spiders, and North Koreans, 5 RES JUDICATAE 29(1951).

26. McClain v. State, 678 N.E.2d 104(Ind.1997).

27. People v. Newton, 8 Cal.App.3d 359, 87 Cal.Rptr. 394(1970); Read v. People, 119 Colo. 506, 205 P.2d 233(1949); Carter v. State, 376 P.2d 351 (Okl.Crim.App.1962).

28. People v. Wilson, 66 Cal.2d 749, 59 Cal.Rptr. 156, 427 P.2d 820 (1967); People v. Lisnow, 88 Cal.App.3d Supp. 21, 151 Cal.Rptr. 621(1978); Lawrence Taylor and Katharina Dalton, Premenstrual Syndrome: A New Criminal Defense? 19 CAL. W. L. REV. 269 (1983); Michael J. Davidson, Feminine Hormonal Defenses: Premenstrual Syndrome and Postpartum Psychosis, 2000 ARMY LAWYER 5(2000).

29. Government of the Virgin Islands v. Smith, 278 F.2d 169(3rd Cir.1960); People v. Freeman, 61 Cal.App.2d 110, 142 P.2d 435(1943); State v. Hinkle, 200 W.Va. 280, 489 S.E.2d 257(1996).

30. State v. Gish, 17 Idaho 341, 393 P.2d 342(1964); Evans v. State, 322 Md. 24, 585 A.2d 204(1991); State v. Jenner, 451 N.W.2d 710(S.D.1990); Lester v. State, 212 Tenn. 338, 370 S.W.2d 405(1963); Polston v. State, 685 P.2d 1(Wyo.1984).

31. Richard Delgado, Ascription of Criminal States of Mind: Toward a Defense Theory for the Coercively Persuaded("Brainwashed") Defendant, 63 MINN. L.REV. 1(1978); Joshua Dressler, Professor Delgado's "Brainwashing" Defense: Courting a Determinist Legal System, 63 MINN. L.REV. 335(1978).

32. FRANCIS ANTONY WHITLOCK, CRIMINAL RESPONSIBILITY AND MENTAL ILLNESS 119—120(1963).

33. RG 60, 29; RG 73, 177; VRS 23, 212; VRS 46, 440; VRS 61, 339; VRS 64, 189; DAR 1985, 387; BGH 2, 14; BGH 17, 259; BGH 21, 381.

34. 关于现代刑法中的精神疾病，见 GABRIEL HALLEVY, THE MATRIX OF INSANITY IN MODERN CRIMINAL LAW(2015)。

35. KARL MENNINGER, MARTIN MAYMAN AND PAUL PRUYSER, THE VITAL BALANCE 420—489(1963); George Mora, Historical and Theoretical Trends in Psychiatry, 1 COMPREHENSIVE TEXTBOOK OF PSYCHIATRY 1, 8—19(Alfred M. Freedman, Harold Kaplan and Benjamin J. Sadock eds., 2nd ed., 1975).

36. MICHAEL MOORE, LAW AND PSYCHIATRY: RETHINKING THE RELATIONSHIP 64—65 (1984); Anthony Platt and Bernard L. Diamond, The Origins of the "Right and Wrong" Test of Criminal Responsibility and Its

Subsequent Development in the United States: An Historical Survey, 54 CAL. L. REV. 1227(1966).

37. SANDER L. GILMAN, SEEING THE INSANE(1982); JOHN BIGGS, THE GUILTY MIND 26(1955).

38. WALTER BROMBERG, FROM SHAMAN TO PSYCHOTHERAPIST: A HISTORY OF THE TREATMENT OF MENTAL ILLNESS 63(1975); GEORGE ROSEN, MADNESS IN SOCIETY: CHAPTERS IN THE HISTORICAL SOCIOLOGY OF MENTAL ILLNESS 33, 82 (1969); EDWARD NORBECK, RELIGION IN PRIMITIVE SOCIETY 215(1961).

39. JAMES COWLES PRICHARD, A TREATISE ON INSANITY AND OTHER DISORDERS AFFECTING THE MIND(1835); ARTHUR E. FINK, CAUSES OF CRIME: BIOLOGICAL THEORIES IN THE UNITED STATES, 1800—1915 48—76(1938); Janet A. Tighe, Francis Wharton and the Nineteenth Century Insanity Defense: The Origins of a Reform Tradition, 27 AM. J.LEGAL HIST. 223(1983).

40. Peter McCandless, Liberty and Lunacy: The Victorians and Wrongful Confinement, MADHOUSES, MAD-DOCTORS, AND MADMEN: THE SOCIAL HISTORY OF PSYCHIATRY IN THE VICTORIAN ERA 339, 354(Scull ed., 1981); VIEDA SKULTANS, ENGLISH MADNESS: IDEAS ON INSANITY, 1580—1890 69—97 (1979); MICHEL FOUCAULT, MADNESS AND CIVILIZATION 24(1965).

41. Seymour L.Halleck, The Historical and Ethical Antecedents of Psychiatric Criminology, PSYCHIATRIC ASPECTS OF CRIMINOLOGY 8(Halleck and Bromberg eds., 1968); FRANZ ALEXANDER AND HUGO STAUB, THE CRIMINAL, THE JUDGE, AND THE PUBLIC 24—25(1931); FRANZ ALEXANDER, OUR AGE OF UNREASON: A STUDY OF THE IRRATIONAL FORCES IN SOCIAL LIFE (rev. ed., 1971).

42. Homer D. Crotty, The History of Insanity as a Defence to Crime in English Common Law, 12 CAL. L. REV. 105, 107—108(1924).

43. M'Naghten, (1843) 10 Cl. & Fin. 200, 8 E.R. 718.

44. Oxford, (1840) 9 Car. & P. 525, 173 E.R. 941.

45. 参见第二章第二节第一段。

46. United States v. Freeman, 357 F.2d 606(2nd Cir.1966); United States v. Currens, 290 F.2d 751(3rd Cir.1961); United States v. Chandler, 393 F.2d 920 (4th Cir.1968); Blake v. United States, 407 F.2d 908(5th Cir.1969); United States v. Smith, 404 F.2d 720(6th Cir.1968); United States v. Shapiro, 383 F.2d 680(7th Cir.1967); Pope v. United States, 372 F.2d 710(8th Cir.1970).

47. Commonwealth v. Herd, 413 Mass. 834, 604 N.E.2d 1294(1992); State v. Curry, 45 Ohio St.3d 109, 543 N.E.2d 1228(1989); State v. Barrett, 768 A.2d 929(R.I.2001); State v. Lockhart, 208 W.Va. 622, 542 S.E.2d 443

(2000). See also 18 U.S.C.A. §17.

48. 美国法学会《模范刑法典》官方草案和解释性说明(1962年、1985年)第61—62条:"(1)如果任何人因精神疾病或精神缺陷,而没有能力理解其行为的犯罪性(错误性)或使其行为符合法律要求,那么他不对其所犯罪行承担刑事责任。(2)如本条所用,术语'精神疾病或精神缺陷'不包括仅由重复犯罪或其他反社会行为而表现出的异常。"

49. State v. Elsea, 251 S.W.2d 650(Mo.1952); State v. Johnson, 233 Wis. 668, 290 N.W. 159(1940); State v. Hadley, 65 Utah 109, 234 P. 940(1925); HENRY WEIHOFEN, MENTAL DISORDER AS A CRIMINAL DEFENSE 119(1954); K. W. M. Fulford, Value, Action, Mental Illness, and the Law, ACTION AND VALUE IN CRIMINAL LAW 279(Stephen Shute, John Gardner and Jeremy Horder eds., 2003).

50. 参见第二章第二节第二段和第二章第二节第三段。

51. People v. Sommers, 200 P.3d 1089(2008); McNeil v. United States, 933 A. 2d 354(2007); Rangel v. State, 2009 Tex. App. 1555(2009); Commonwealth v. Shumway, 72 Va.Cir. 481(2007).

52. R.U. Singh, History of the Defence of Drunkenness in English Criminal Law, 49 LAW Q.REV. 528(1933).

53. THEODORI LIBER POENITENTIALIS, III, 13(668—690).

54. Francis Bowes Sayre, Mens Rea, 45 HARV. L.REV. 974, 1014—1015 (1932).

55. WILLIAM OLDNALL RUSSELL, A TREATISE ON CRIMES AND MISDEMEANORS 8(1843, 1964).

56. Marshall, (1830) 1 Lewin 76, 168 E.R. 965.

57. Pearson, (1835) 2 Lewin 144, 168 E.R. 1108; Thomas, (1837) 7 Car. & P. 817, 173 E.R. 356:"在法律认定为面临充分挑衅的情况下,可以将醉酒纳入考虑,因为这种情况下的问题在于,致命行为是否归因于由之前挑衅所导致的愤怒情绪,而且一个人在处于醉酒状态时,比其在清醒状态时,更容易出现这种愤怒情绪。"

58. Meakin, (1836) 7 Car. & P. 297, 173 E.R. 131; Meade, [1909] 1 K. B. 895; Pigman v. State, 14 Ohio 555(1846); People v. Harris, 29 Cal. 678 (1866); People v. Townsend, 214 Mich. 267, 183 N.W. 177(1921).

59. Derrick Augustus Carter, Bifurcations of Consciousness: The Elimination of the Self-Induced Intoxication Excuse, 64 MO. L.REV. 383(1999); Jerome Hall, Intoxication and Criminal Responsibility, 57 HARV. L.REV. 1045(1944); Monrad G. Paulsen, Intoxication as a Defense to Crime, 1961 U.ILL. L.F. 1 (1961).

60. State v. Cameron, 104 N.J. 42, 514 A.2d 1302(1986); State v. Smith, 260 Or. 349, 490 P.2d 1262(1971); People v. Leonardi, 143 N.Y. 360, 38 N.E. 372(1894); Tate v. Commonwealth, 258 Ky. 685, 80 S.W.2d 817(1935); Roberts v. People, 19 Mich. 401(1870); People v. Kirst, 168 N.Y. 19, 60 N.E. 1057(1901); State v. Robinson, 20 W.Va. 713, 43 Am.Rep. 799 (1882).

61. Addison M. Bowman, Narcotic Addiction and Criminal Responsibility under Durham, 53 GEO. L.J. 1017(1965); Herbert Fingarette, Addiction and Criminal Responsibility, 84 YALE L.J. 413(1975); Lionel H.Frankel, Narcotic Addiction, Criminal Responsibility and Civil Commitment, 1966 UTAH L.REV. 581(1966); Peter Barton Hutt and Richard A. Merrill, Criminal Responsibility and the Right to Treatment for Intoxication and Alcoholism, 57. GEO. L.J. 835 (1969).

62. Powell v. Texas, 392 U.S. 514, 88 S.Ct. 2145, 20 L.Ed.2d 1254 (1968); United States v. Moore, 486 F.2d 1139(D.C.Cir.1973); State v. Herro, 120 Ariz. 604, 587 P.2d 1181(1978); State v. Smith, 219 N.W.2d 655 (Iowa 1974); People v. Davis, 33 N.Y.2d 221, 351 N.Y.S.2d 663, 306 N.E. 2d 787(1973).

63. 参见第二章第二节第二段和第二章第二节第三段。

64. 同上。

65. William G. Lycan, Introduction, MIND AND COGNITION 3—13(William G. Lycan ed., 1990).

66. Edwin R. Keedy, Ignorance and Mistake in the Criminal Law, 22 HARV. L. REV. 75, 78(1909); Levett, (1638) Cro. Car. 538.

67. State v. Silveira, 198 Conn. 454, 503 A.2d 599(1986); State v. Molin, 288 N.W.2d 232(Minn.1979); State v. Sexton, 160 N.J. 93, 733 A.2d 1125(1999).

68. State v. Sawyer, 95 Conn. 34, 110 A. 461(1920); State v. Cude, 14 Utah 2d 287, 383 P.2d 399(1963); Ratzlaf v. United States, 510 U.S. 135, 114 S.Ct. 655, 126 L.Ed.2d 615(1994); Cheek v. United States, 498 U.S. 192, 111S.Ct. 604, 112 L.Ed.2d 617(1991); Richard H.S. Tur, Subjectivism and Objectivism: Towards Synthesis, ACTION AND VALUE IN CRIMINAL LAW 213 (Stephen Shute, John Gardner and Jeremy Horder eds., 2003).

69. United States v. Lampkins, 4 U.S.C.M.A. 31, 15 C.M.R. 31(1954).

70. People v. Vogel, 46 Cal.2d 798, 299 P.2d 850(1956); Long v. State, 44 Del. 262, 65 A.2d 489(1949).

71. Fernand N. Dutile and Harold F. Moore, Mistake and Impossibility:

Arranging Marriage Between Two Difficult Partners, 74 Nw. U. L. Rev. 166 (1980).

72. Douglas Husak and Andrew von Hirsch, Culpability and Mistake of Law, Action and Value in Criminal Law 157, 161—167 (Stephen Shute, John Gardner and Jeremy Horder eds., 2003).

73. 《学说汇纂》第22卷第6章第9节："不知事实无害，不知法律有害。"

74. 见，例如，Brett v. Rigden, (1568) 1 Plowd. 340, 75 E. R. 516; Mildmay, (1584) 1 Co. Rep. 175a, 76 E.R. 379; Manser, (1584) 2 Co. Rep. 3, 76 E.R. 392; Vaux, (1613) 1 Blustrode 197, 80 E.R. 885; Bailey, (1818) Russ. & Ry. 341, 168 E.R. 835; Esop, (1836) 7 Car.& P. 456, 173 E.R. 203; Crawshaw, (1860) Bell. 303, 169 E.R. 1271; Schuster v. State, 48 Ala. 199 (1872)。

75. Forbes, (1835) 7 Car. & P. 224, 173 E.R. 99; Parish, (1837) 8 Car. & P. 94, 173 E.R. 413; Allday, (1837) 8 Car. & P. 136, 173 E.R. 431; Dotson v. State, 6 Cold. 545(1869); Cutter v. State, 36 N.J.L. 125(1873); Squire v. State, 46 Ind. 459(1874).

76. State v. Goodenow, 65 Me. 30(1876); State v. Whitoomb, 52 Iowa 85, 2 N.W. 970(1879).

77. Lutwin v. State, 97 N.J.L. 67, 117 A. 164(1922); State v. Whitman, 116 Fla. 196, 156 So. 705(1934); United States v. Mancuso, 139 F.2d 90(3rd Cir.1943); State v. Chicago, M. & St.P.R. Co., 130 Minn. 144, 153 N.W. 320 (1915); Coal & C.R. v. Conley, 67 W.Va. 129, 67 S.E. 613(1910); State v. Striggles, 202 Iowa 1318, 210 N.W. 137(1926); United States v. Albertini, 830 F.2d 985(9th Cir. 1987).

78. State v. Sheedy, 125 N.H. 108, 480 A.2d 887(1984); People v. Ferguson, 134 Cal.App. 41, 24 P.2d 965(1933); Andrew Ashworth, Testing Fidelity to Legal Values: Official Involvement and Criminal Justice, 63 Mod. L. Rev. 663(2000); Glanville Williams, The Draft Code and Reliance upon Official Statements, 9 Legal Stud. 177(1989).

79. Rollin M. Perkins, Ignorance and Mistake in Criminal Law, 88 U.Pa. L. Rev. 35(1940).

80. 参见第四章第二节第二段。

81. 参见第二章第二节第二段和第二章第二节第三段。

82. 参见第一章第一节第一段。

83. 参见第五章第一节。

84. Chas E. George, Limitation of Police Powers, 12 Law. & Banker & S. Bench & B. Rev. 740(1919); Kam C. Wong, Police Powers and Control in the

People's Republic of China: The History of Shoushen, 10 COLUM. J. ASIAN L. 367(1996); John S. Baker Jr., State Police Powers and the Federalization of Local Crime, 72 TEMP. L. REV. 673(1999).

85. Dolores A. Donovan and Stephanie M. Wildman, Is the Reasonable Man Obsolete? A Critical Perspective on Self-Defense and Provocation, 14 LOY. L.A. L. REV. 435, 441 (1981); Joshua Dressler, Rethinking Heat of Passion: A Defense in Search of a Rationale, 73 J. CRIM. L. & CRIMINOLOGY 421, 444—450 (1982); Kent Greenawalt, The Perplexing Borders of Justification and Excuse, 84 COLUM. L. REV. 1897, 1898, 1915—1919(1984).

86. State v. Brosnan, 221 Conn. 788, 608 A. 2d 49 (1992); State v. Gallagher, 191 Conn. 433, 465 A.2d 323(1983); State v. Nelson, 329 N.W.2d 643(Iowa 1983); State v. Farley, 225 Kan. 127, 587 P.2d 337(1978).

87. Commonwealth v. Monico, 373 Mass. 298, 366 N.E.2d 1241(1977); Commonwealth v. Johnson, 412 Mass. 368, 589 N.E.2d 311(1992); Duckett v. State, 966 P.2d 941(Wyo.1998); People v. Young, 11 N.Y.2d 274, 229 N.Y. S.2d 1, 183 N.E.2d 319(1962); Batson v. State, 113 Nev. 669, 941 P.2d 478 (1997); State v. Wenger, 58 Ohio St.2d 336, 390 N.E.2d 801(1979); Moore v. State, 25 Okl.Crim. 118, 218 P. 1102(1923).

88. Williams v. State, 70 Ga. App. 10, 27 S. E. 2d 109 (1943); State v. Totman, 80 Mo. App. 125(1899).

89. Lawson, [1986] V.R. 515; Daniel v. State, 187 Ga. 411, 1 S.E.2d 6 (1939).

90. John Barker Waite, The Law of Arrest, 24 TEX. L. REV. 279(1946).

91. People v. Williams, 56 Ill.App.2d 159, 205 N.E.2d 749(1965); People v. Minifie, 13 Cal.4th 1055, 56 Cal.Rptr.2d 133, 920 P.2d 1337(1996); State v. Coffin, 128 N.M. 192, 991 P.2d 477(1999).

92. State Philbrick, 402 A.2d 59(Me.1979); State v. Havican, 213 Conn. 593, 569 A.2d 1089(1990); State v. Harris, 222 N.W.2d 462(Iowa 1974); Judith Fabricant, Homicide in Response to a Threat of Rape: A Theoretical Examination of the Rule of Justification, 11 GOLDEN GATE U. L. REV. 945 (1981).

93. Celia Wells, Battered Woman Syndrome and Defences to Homicide: Where Now? 14 LEGAL STUD. 266 (1994); Aileen McColgan, In Defence of Battered Women who Kill, 13 OXFORD J. LEGAL STUD. 508 (1993); Joshua Dressler, Battered Women Who Kill Their Sleeping Tormenters: Reflections on Maintaining Respect for Human Life while Killing Moral Monsters, CRIMINAL LAW THEORY—DOCTRINES OF THE GENERAL PART 259 (Stephen Shute and A.P.

Simester eds., 2005).

94. State v. Moore, 158 N.J. 292, 729 A.2d 1021(1999); State v. Robinson, 132 Ohio App.3d 830, 726 N.E.2d 581(1999).

95. Lawrence B. Solum, Legal Personhood for Artificial Intelligences, 70 N. C. L.REV. 1231, 1255—1258(1992).

96. 参见第一章第二节第一段；ISAAC ASIMOV, I, ROBOT 40(1950)。

97. 见，例如，United States v. Allegheny Bottling Company, 695 F.Supp. 856(1988); John C. Coffee, Jr., "No Soul to Damn: No Body to Kick": An Unscandalised Inquiry into the Problem of Corporate Punishment, 79 MICH. L. REV. 386(1981)。

98. JUDITH JARVIS THOMSON, RIGHTS, RESTITUTION AND RISK: ESSAYS IN MORAL THEORY 33—48(1986); Sanford Kadish, Respect for Life and Regard for Rights in the Criminal Law, 64 CAL. L. REV. 871(1976); Patrick Montague, Self-Defense and Choosing Between Lives, 40 PHIL. STUD. 207(1981); Cheyney C. Ryan, Self-Defense, Pacificism, and the Possibility of Killing, 93 ETHICS 508(1983).

99. 参见第一章第二节第一段。

100. 参见第一章第一节第一段。

101. 参见第三章第二节第二段。

102. 参见第五章第三节第一段。

103. 见，例如，United States v. Holmes, 26 F. Cas. 360, 1 Wall. Jr. 1 (1842); Dudley and Stephens, [1884] 14 Q.B. D. 273。

104. W.H. Hitchler, Necessity as a Defence in Criminal Cases, 33 DICK. L. REV. 138(1929).

105. Edward B.Arnolds and Norman F. Garland, The Defense of Necessity in Criminal Law: The Right to Choose the Lesser Evil, 65 J. CRIM. L. & CRIMINOLOGY 289(1974); Lawrence P. Tiffany and Carl A. Anderson, Legislating the Necessity Defense in Criminal Law, 52 DENV. L.J. 839(1975); Rollin M. Perkins, Impelled Perpetration Restated, 33 HASTINGS L.J. 403(1981).

106. Long v. Commonwealth, 23 Va. App. 537, 478 S.E.2d 324(1996); State v. Crocker, 506 A.2d 209(Me.1986); Humphrey v. Commonwealth, 37 Va.App. 36, 553 S.E.2d 546(2001); United States v. Oakland Cannabis Buyers' Cooperative, 532 U.S. 483, 121 S.Ct. 1711, 149 L.Ed.2d 722(2001); United States v. Kabat, 797 F.2d 580(8th Cir.1986); McMillan v. City of Jackson, 701 So.2d 1105(Miss.1997).

107. BENJAMIN THORPE, ANCIENT LAWS AND INSTITUTES OF ENGLAND 47—49(1840, 2004); Reniger v. Fogossa, (1551) 1 Plowd. 1, 75 E.R. 1, 18;

Mouse, (1608) 12 Co. Rep. 63, 77 E.R. 1341; MICHAEL DALTON, THE COUNTREY JUSTICE ch. 150(1618, 2003).

108. United States v. Randall, 104 Wash. D. C. Rep. 2249 (D.C. Super. 1976); State v. Hastings, 118 Idaho 854, 801 P.2d 563 (1990); People v. Whipple, 100 Cal. App. 261, 279 P. 1008(1929); United States v. Paolello, 951 F.2d 537(3rd Cir. 1991).

109. Commonwealth v. Weaver, 400 Mass. 612, 511 N.E.2d 545(1987); Nelson v. State, 597 P.2d 977(Alaska 1979); City of Chicago v. Mayer, 56 Ill. 2d 366, 308 N.E.2d 601(1974); State v. Kee, 398 A.2d 384(Me.1979); State v. Caswell, 771 A.2d 375(Me.2001); State v. Jacobs, 371 So.2d 801(La.1979); Anthony M. Dillof, Unraveling Unknowing Justification, 77 NOTRE DAME L. REV. 1547(2002).

110. United States v. Contento-Pachon, 723 F.2d 691(9th Cir.1984); United States v. Bailey, 444 U.S. 394, 100 S.Ct. 624, 62 L.Ed.2d 575(1980); Hunt v. State, 753 So.2d 609(Fla.App.2000); State v. Anthuber, 201 Wis.2d 512, 549 N.W.2d 477(App.1996).

111. State v. Fee, 126 N.H. 78, 489 A.2d 606(1985); United States v. Sued-Jimenez, 275 F.3d 1(1st Cir.2001); United States v. Dorrell, 758 F.2d 427 (9th Cir.1985); State v. Marley, 54 Haw. 450, 509 P.2d 1095(1973); State v. Dansinger, 521 A.2d 685(Me.1987); State v. Champa, 494 A.2d 102(R.I. 1985); Wilson v. State, 777 S.W.2d 823(Tex.App.1989); State v. Cram, 157 Vt. 466, 600 A.2d 733(1991).

112. United States v. Maxwell, 254 F.3d 21(1st Cir.2001); Andrews v. People, 800 P.2d 607(Colo.1990); State v. Howley, 128 Idaho 874, 920 P.2d 391(1996); State v. Dansinger, 521 A.2d 685(Me.1987); Commonwealth v. Leno, 415 Mass. 835, 616 N.E.2d 453(1993); Commonwealth v. Lindsey, 396 Mass. 840, 489 N.E.2d 666(1986); People v. Craig, 78 N.Y.2d 616, 578 N.Y.S.2d 471, 585 N.E.2d 783(1991); State v. Warshow, 138 Vt. 22, 410 A.2d 1000(1979).

113. 参见第五章第三节第一段。

114. 同上。

115. John Lawrence Hill, A Utilitarian Theory of Duress, 84 IOWA L. REV. 275(1999); Rollin M. Perkins, Impelled Perpetration Restated, 33 HASTINGS L. J. 403(1981); United States v. Johnson, 956 F.2d 894(9th Cir.1992); Sanders v. State, 466 N.E.2d 424(Ind.1984); State v. Daoud, 141 N.H. 142, 679 A.2d 577(1996); Alford v. State, 866 S.W.2d 619(Tex.Crim.App.1993).

116. McGrowther, (1746) 18 How. St. Tr. 394.

117. United States v. LaFleur, 971 F.2d 200(9th Cir.1991); Hunt v. State, 753 So.2d 609(Fla.App.2000); Taylor v. State, 158 Miss. 505, 130 So. 502 (1930); State v. Finnell, 101 N.M. 732, 688 P.2d 769(1984); State v. Nargashian, 26 R.I. 299, 58 A. 953(1904); State v. Rocheville, 310 S.C. 20, 425 S.E.2d 32(1993); Arp v. State, 97 Ala. 5, 12 So. 301(1893).

118. State v. Nargashian, 26 R.I. 299, 58 A. 953(1904).

119. People v. Merhige, 212 Mich. 601, 180 N.W. 418(1920); People v. Pantano, 239 N.Y. 416, 146 N.E. 646(1925); Tully v. State, 730 P.2d 1206 (Okl.Crim.App.1986); Pugliese v. Commonwealth, 16 Va.App. 82, 428 S.E.2d 16(1993).

120. United States v. Bakhtiari, 913 F. 2d 1053 (2nd Cir. 1990); R. I. Recreation Center v. Aetna Cas. & Surety Co., 177 F.2d 603(1st Cir.1949); Sam v. Commonwealth, 13 Va.App. 312, 411 S.E.2d 832(1991).

121. Commonwealth v. Perl, 50 Mass. App. Ct. 445, 737 N. E. 2d 937 (2000); United States v. Contento-Pachon, 723 F.2d 691(9th Cir.1984); State v. Ellis, 232 Or. 70, 374 P.2d 461(1962); State v. Torphy, 78 Mo.App. 206 (1899).

122. People v. Richards, 269 Cal.App.2d 768, 75 Cal.Rptr. 597(1969); United States v. Bailey, 444 U.S. 394, 100 S.Ct. 624, 62 L.Ed.2d 575(1980); United States v. Gomez, 81 F.3d 846(9th Cir.1996); United States v. Arthurs, 73 F.3d 444(1st Cir.1996), United States v. Lee, 694 F.2d 649(11th Cir.1983); United States v. Campbell, 675 F.2d 815(6th Cir.1982); State v. Daoud, 141 N.H. 142, 679 A.2d 577(1996).

123. United States v. Bailey, 444 U.S. 394, 100 S.Ct. 624, 62 L.Ed.2d 575 (1980); People v. Handy, 198 Colo. 556, 603P.2d 941(1979); State v. Reese, 272 N.W.2d 863(Iowa 1978); State v. Reed, 205 Neb. 45, 286 N.W. 2d 111(1979).

124. Fitzpatrick, [1977] N.I. 20; Hasan, [2005] U.K.H.L. 22, [2005] 4 All E.R. 685, [2005] 2 Cr. App. Rep. 314, [2006] Crim. L.R. 142, [2005] All E.R.(D) 299.

125. 参见第五章第三节第一段和第五章第三节第二段。

126. Michael A. Musmanno, Are Subordinate Officials Penally Responsible for Obeying Superior Orders which Direct Commission of Crime? 67 DICK. L. REV. 221(1963).

127. Axtell, (1660) 84 E.R. 1060; Calley v. Callaway, 519 F.2d 184(5th Cir.1975); United States v. Calley, 48 C.M.R. 19, 22 U.S.C.M.A. 534(1973).

128. A.P. ROGERS, LAW ON THE BATTLEFIELD 143—147(1996).

129. Jurco v. State, 825 P.2d 909(Alaska App.1992); State v. Stoehr, 134 Wis.2d 66, 396 N.W.2d 177(1986).

130. 关于机器学习，参见第一章第一节第二段。

131. 见，例如，第五章第三节第一段、第五章第三节第二段和第五章第三节第三段。

132. Vashon R. Rogers Jr., De Minimis Non Curat Lex, 21 ALBANY L.J. 186(1880); Max L.Veech and Charles R.Moon, De Minimis non Curat Lex, 45 MICH. L. REV. 537(1947).

133. THE AMERICAN LAW INSTITUTE, MODEL PENAL CODE—OFFICIAL DRAFT AND EXPLANATORY NOTES 40(1962, 1985).

134. Stanislaw Pomorski, On Multiculturalism, Concepts of Crime, and the "De Minimis" Defense, 1997 B.Y.U. L.REV. 51(1997).

226

第六章

人工智能实体的量刑

是否能对人工智能机器人判处监禁？ 又该如何实际执行该刑罚？刑事诉讼的目标之一便是量刑。在法庭上就被告人刑事责任展开的法律讨论，被视为量刑之前的初步讨论。讨论被告人的刑事责任并不是理论练习，它确实会产生实际的后果。如果被告人被判无罪，那么就不必对其施以任何刑罚。但是，如果被告人被判有罪，那么刑罚必须能反映出社会对被告人所犯罪行及其个人情况的态度。

问题在于，刑法上的量刑程序和刑事刑罚是否与机器相关。例如，
227 人工智能机器人满足误杀的事实要素和心理要素要求，法院宣判机器人
犯误杀罪，控方和辩方已提交对其予以刑罚的证据。在这种情况下，如
果机器人是自然人，法院可能会对其判处 3 年监禁。这类刑罚适用于机
器人吗？ 刑事处罚究竟能不能适用于机器人呢？

这个问题与前几章中的开篇事例都有关，并对其进行补充。为了回答这个问题，我们必须首先探讨量刑的一般目的，以及它们对人工智能实体的适用性，然后理解对非人类实体量刑的法律技术。最后，我们讨论对人工智能实体施以刑事处罚的适用性。

第一节　对人工智能实体施以刑事处罚的概念适用性

一、人工智能量刑的目的:修复和能力剥夺相结合

实施刑事处罚有其目的性。量刑具有四个一般目标，同时也是量刑的一般理由：报应、威慑、修复(rehabilitation)和能力剥夺(incapacitation)。

报应(报复之律，lex talionis)是最为古老的量刑目标之一。[1]它和过去有关，而且包含复仇的一些特性。格言“以眼还眼，以牙还牙”体现了报应模式的基本思想，[2]即，人必须对自己造成的后果承担责任。报应的目的是让犯罪人感受到自己的伤害行为所带来的同等痛苦，但仅此而已，不能过度。报应是一种温和的刑罚方式，因为它能防止社会对犯罪人造成的伤害大于犯罪人对他人的伤害。[3]例如，不能因为有人打碎别人牙齿就对其处以死刑。

在20世纪20年代至70年代之间，报应作为刑罚主要目的的重要 228
性逐渐减弱，主要因为批判观点认为报应早已过时，又具有追溯效力，所以未能充分考虑刑罚的社会福祉。[4]报应的目的是野蛮而粗暴的。[5]但是，由于修复论在实际和概念上的失败(下文详述)，从20世纪70年代开始，报应的现代形式“罪有应得”(just desert)在刑罚目标中又重新获得重要地位。[6]

修复论关注的是犯罪人的个人特性，犯罪人因自身特性而受到刑罚，但是，报应关注的是犯罪行为的特性。[7]“罪有应得论”将犯罪人的一些个人特性与报应相结合，从而削弱了报复论意味。[8]所以，基于报应对犯罪人进行量刑有两个重要因素：(1)犯罪人对社会造成实际伤害；(2)犯罪人个人具有有罪性。[9]个体的有罪性大多可通过犯罪人的心理因素来衡量。[10]

我们需要讨论的问题是，报应是否和人工智能系统有关。报应的主 229
要目的是满足社会需求。伤害犯罪人这件事本身并没有预期价值。痛苦

或许能威慑犯罪人，但痛苦是威慑的一般目的之一，而不是报应的目的。报应通过让犯罪人痛苦或许能让社会和受害人得到情感上的宣泄，但在这种情况下，为了报复而对机器施以刑罚却毫无意义，而且不切实际。

有些人很赶时间但车却迟迟不能启动，他们可能会变得非常愤怒，然后对车拳脚相加，或者对车大吼大叫。报应性地刑罚机器，包括高度复杂的人工智能机器人，和踢打汽车没有区别。一些人或许能释放一定的愤怒，但是除此之外，没有任何其他效果。机器不会痛苦，而且，只要报应的目的是为了令其痛苦，它便不适用于刑罚机器人。经典的和现代的报应路径（“罪有应得”）都是如此。

而且，如果报应是旨在防止报复的温和量刑形式，那么更加不能为了报应而对人工智能实体量刑。报复对犯罪人造成的伤害远大于正式处罚(the official punishment)的伤害，但是，因为机器不会感受到痛苦，所以报复和报应之间的差异对机器而言，没有意义。

威慑是对义务论报应作出的目的论反应。在 18 世纪末，威慑成为量刑的一般目的。法学家受功利主义的启发，开始研究法律的预期价值。这项研究也包括量刑研究，其假定刑事处罚或许能够阻止犯罪人或潜在犯罪人进一步实施犯罪。一些学者认为，刑罚要件是定义犯罪不可或缺的一部分。[11]威慑论反映了人类对没有违法犯罪的美好社会的向
230 往。[12]而这一美好社会有望通过恐吓来实现。我们希望，犯罪人和潜在犯罪人会出于对刑罚的畏惧，而重新考虑违法犯罪的想法，并最终放弃犯罪计划。因为刑罚能威慑人类不去实施犯罪，我们假定，刑罚越严重，就越能避免犯罪。但是，这一假定会产生误导，原因包括如下两个方面。

首先，有效执行比刑罚本身对人类更具有威慑力。[13]例如，在几乎没有警察巡逻的道路上，将超速行驶的最高罚金从 100 美元增加为 200 美元，这一方法没有任何意义。但是，即使超速行驶的罚金不超过 80 美元，只要有更多警察在这条道路上巡逻，更多司机就会因为受到威慑

而不会超速。如果城市检查员(city inspector)正在罢工，而且没有正式条例对禁止停车的区域作出明确规定，大多数人会不顾最高等级的刑罚，而将车停在禁停区域。所以，刑罚本身的威慑价值十分有限。[14]

其次，刑罚的威慑价值，即使是最高刑罚，都会随着使用次数的增加而逐渐减弱，而且有些时候，刑罚最终可能会成为重复犯罪的刺激因素。[15]比如，如果犯罪人第一次被判刑入狱，这时刑罚对他的威慑效果最为明显，第二次时，威慑效果会下降一些，到第十次时，威慑效果则会大幅度降低。一名囚犯在监狱里生活了 40 年，可以说，他在监狱之外没有生活。监狱为他提供食物、社会地位、社会安全感和朋友。一旦被释放，他很可能会再次犯罪，仅仅只是为了重返监狱。

在西方国家，成千上万无家可归之人会在天气严寒时犯罪，仅仅只是为躲避严寒，吃顿热饭，有地方睡觉。刑罚不仅仅是威慑手段，它还能成为重复犯罪的刺激因素。换言之，刑罚反而变成犯罪的好处。尽管 231
如此，对于大部分犯罪人和潜在犯罪人而言，适当的执法和合适的刑罚相结合可以产生一些威慑力，尽管并非完全有效。所以，我们的问题是，威慑是否和人工智能系统有关。

威慑论旨在利用恐吓来避免再次犯罪。按照目前的技术水平，机器并不能感受到恐吓。恐吓是基于人们对犯罪后将要经历的痛苦而产生的恐惧。如上所述，因为机器不能感受痛苦，所以在考虑何种刑罚适合机器人之时，恐吓及其理由均是无效的。与此同时，在人工智能实体犯罪的案件中，报应和威慑可能适合处罚参与犯罪的自然人(例如，用户和程序员)。

修复是一种相对新颖的现代量刑目的，其基本思想是刑罚和量刑程序或许有望矫正犯罪人的社会问题。修复是受一个宗教概念启发而来，即每个人在适当的情形下都能被矫正。从 1895 年起，英国将修复作为量刑的主要原因，随后该做法便传播至全球各地。[16] 20 世纪 20 年代到 70 年代是修复论的黄金年代，[17]它之所以大受欢迎，是因为它的预期性价值使得人们对美好世界充满希望。

1974年《马丁森报告》(Martinson Report)①出版，人们对修复论的热情逐渐消退。[18]这份报告审查了纽约的修复报告，并得出了令人大跌
232 眼镜的结论："修复没有任何作用。"[19]该结论被反复审查，而每次都能得到确认，这使得人们对修复的研究，[20]甚至流行艺术都提出了各种批判。[21]如上所述，人们对修复论的失望，使得报应的现代形式"罪有应得"能够复兴。但是，修复论并没有被完全取消。在量刑时，法院仍会考虑修复因素，只是会更加谨慎。

修复论的预期目的是解决犯罪的根源。修复论希望通过解决问题的根源，来消除违法犯罪，或者至少显著地降低犯罪。为此，法院必须理解犯罪人违法犯罪的原因，衡量其修复(通过社会工作者、心理专家等专业人士的帮助)的可能性，并最终实施适当的刑罚来解决犯罪问题。[22]赋予犯罪人处理日常生活所需的认知技术和社交技术是修复论中最流行的趋势之一。[23]

这些工具有望通过社会、家庭、职业等环境促使犯罪人发生内在变化，使其有机会重新社会化并融入社会，使其为了自己和社会的利益而放弃犯罪。[24]我们的问题是，修复是否和人工智能系统有关。

233 如上所述，人工智能系统能体验决策过程，并作出可能看似不合理的决策。[25]有时，为了改善人工智能系统的决策过程，可能还需要外部指导，这是机器学习过程中的一部分。修复对人工智能实体和人类的作用方式完全相同，从社会角度来看，都会让他们在日常生活中作出更好的决策。遵循这一方法，处罚人工智能实体的目标是改善机器学习过程。

通过限制自由裁量权和借助机器学习来改善决策过程，经过修复之

---

① 该报告中马丁森及其同事们对矫正(本书译作"修复")效果提出严重的怀疑，根据1945年1月到1967年年底间完成的1000多项有关监狱矫正的研究重新加以检验的结果之一。他们认为在这1000多项研究成果中，只有231项符合传统的社会科学研究标准。报告指出："这些资料使我们很难对教养寄予希望，把它看成是已经找到的降低累犯的有效途径。这并不是说，我们没有发现成功或者部分成功的实例，而只是说，这些实例彼此孤立、无法提出能够表明某种矫正方式的效果的清晰模式。这也不等于说，矫正领域之外的一些因素，例如30岁以上的犯罪人累犯行为下降的趋势，对减少累犯没有效果；而只是说，这些因素似乎与我们现在使用的矫正方法很难有什么联系。"

后的人工智能系统能作出更加优化和更加准确的决策。所以，如果刑罚能正确地应用在人工智能系统个体之上，那么它便能成为机器学习过程中的一部分。因为在修复性刑罚的指导下，人工智能系统能够利用更好的工具来分析实际数据。修复性刑罚对人类产生的效果与之相同，也是给予人类更好的工具，帮助其面对生活现实。

所以，修复与刑罚人工智能系统的目的相关，因为修复的目的不是形成威慑或造成痛苦，而是为了提高人工智能系统的性能。在很多自然人的案例中，这一考量是第二位的，但是，对人工智能系统而言，修复是刑罚的主要目的。不仅如此，修复只是和人工智能系统有关的量刑原因之一；能力剥夺则是另一个原因。

能力剥夺指在物理上防止犯罪人进一步实施犯罪。该一般考量因素之所以存在，是因为人们怀疑其他预期考量因素(威慑和修复)无法有效降低犯罪率，所以将重点放在实施违法犯罪的物理能力之上。其基本方法就是消除犯罪人实施犯罪的物理能力。[26]例如，能力剥夺正是使“消除性犯罪人的性冲动和性犯罪能力的化学阉割”得以正当化的一般考量因素。

要在物理上预防违法犯罪，并不一定要使犯罪人的思维发生内在变 234
化或矫正其认知。要使能力剥夺的刑罚有效，并不要求犯罪人改变性格或价值观。[27]在某种程度上，能力剥夺的刑罚是一种表达失望的方式，甚至是对人性的失望，这点和表达希望的修复完全相反。如果社会对犯罪人停止犯罪活动的意愿或心理能力感到绝望，威慑论和修复论似乎都没有效果，但是，仍需要预防其进一步犯罪，则社会便会令其丧失能力。

这样，无论犯罪人是否理解、是否赞同社会需求，都能预防其再次犯罪，因为他已经失去实施犯罪的物理能力。如果说在大多数情况下修复被视为一种宽大的刑罚手段，那么，能力剥夺则是十分残酷的刑罚手段。我们的问题是，能力剥夺是否和人工智能系统有关。

如果人工智能系统实施了犯罪，而且机器学习也不能改变该行为，那么只有让它失去能力才能充分解决问题。无论人工智能系统是否理解其活动的意义，无论人工智能系统是否配有适当的、能使其产生内在变化的工具，都必须阻止人工智能系统犯罪。在这种情况下，社会必须使人工智能系统丧失进一步犯罪的物理能力，无论该系统的其他技能如何。在类似案件中，社会处置自然人犯罪人的方法与之相同。[28]

由此，我们得出结论，修复和能力剥夺都与人工智能系统的刑罚有关。两者反映出量刑的极端，都旨在实现非自然人犯罪人的刑法目的。如果人工智能系统的内在变化能对其产生影响，修复论似乎比能力剥夺
235 论更为可取，但是如果人工智能系统并不具备这类能力，那么能力剥夺论就显得更加可取。所以，正如对自然人犯罪人处刑一样，需要根据犯罪人的相关个人特征施以刑罚。

二、转化的法律技术：公司法人案例(第二回合)

我们已经了解量刑的考量因素和人工智能系统相关。问题是，我们如何将对人类的刑罚应用在机器上。例如，我们如何对人工智能系统判处监禁、罚金或死刑？ 为了实现该目的，我们需要一定的法律技术将对人类的刑罚转化为对人工智能实体的刑罚。这一法律技术可以借鉴将人类刑罚转化为适合公司法人刑罚的法律技术。第一次(第一回合)我们研究公司法人时，关注的是追究人工智能系统的刑事责任。[29]这一次(第二回合)我们关注的是如何对这些系统进行刑罚。

几个世纪以来，公司法人不仅要承担刑事责任，还会被量刑，而且不仅限于罚金。对公司法人进行刑事处罚的途径很多，包括监禁。需要注意的是，公司法人的刑罚应和公司法人的高级职员(主管、经理和员工等)的刑罚予以区分，公司法人的刑事责任认定也应和公司法人的高级职员的刑事责任予以区分。关于是否应该利用各种途径，包括监禁，对公司法人进行刑罚，这一点毋庸争辩，问题是如何实施这些刑罚。[30]

如上所述，为了回答“如何实施”的问题，还需要一般的法律转化技术。该操作需要分三个步骤来执行。首先，分析一般刑罚本身(例如，监禁、罚金、缓刑和死刑等)的意义根源。其次，在公司法人中寻

求这些根源。最后，根据在公司法人中发现的根源来调整刑罚。例如，在对公司法人实施监禁的案件中，首先，追溯监禁的根源，即剥夺个体 236 自由的行为；然后，再研究公司法人的自由这一概念的意义。

理解这个意义之后，在第三步(也就是最后一个步骤)时，法院会对公司法人判处与剥夺自由同等的刑罚。审判公司法人时可以如此运用法律转化技术。有时，为了使刑罚适用于公司法人，法院还需要创造性地调整刑罚。但是，总体框架是清晰可行的，并且适用于各类公司法人和各种刑罚方式。[31]

涉嫌价格垄断(反垄断)的阿勒格尼瓶装公司(Allegheny Bottling Company)案，[32]便是一个很好的事例。一般认为，在特定条件下，如果被告人是自然人，那么在一定期限内将其监禁便是适当的刑罚。问题在于，对公司法人判处监禁的适用性，换言之，问题是“如何监禁”。作为一般原则，法院声明“其不期望公司具有自觉性，但是却期望公司法人能够合乎道德并且遵守法律”。[33]

就该问题而言，法院没有发现自然人和公司法人有任何实质性区别，并进一步表明“本法院会以与处置同样无视法律的自然人相同的力度来处置公司法人”。[34]该声明反映出法院的一般原则是同等处置自然人被告和公司法人被告。[35]在该案中，公司法人会被判处 3 年监禁，100 万美元罚金，缓刑 3 年。法院基于上述三个步骤继续讨论监禁公司 237 法人的问题。

首先，法院会询问监禁的一般含义并认可将监禁定义为“违背个人意愿以武力或其他强制手段对其予以限制”和“违背个人意愿对其实施限制”。法院的结论简单清晰：“监禁公司法人的关键在于，监禁意味着‘限制’，而‘限制则指剥夺自由’”。法院的结论可通过多项法律规定和案例法得到补充和强化。所以，“个人被监视居住便是一种监禁，如果他离开自己的住所，他身上的电子设备就会发出警报”。

至此，法院完成了第一个步骤。在第二个步骤中，法院会寻找刑罚公司法人的意义并得出结论“监禁公司法人要求法院限制公司法人或是让其不能正常运作”，[36]并依据这一观点继续进行对公司法人判处监禁刑之程序。所以，在第三个即最后一个步骤时，法院会将监禁适用于公司法人，并按照以下方式执行：

“例如，美国联邦执法局(United states Marshal)的监控可以实现对个人的限制。与此类似，也可以通过让美国联邦执法局监控公司法人，来实现对公司法人的监禁。美国联邦执法局以没收公司法人的物理资产或部分资产的方法，或者利用特殊手段限制其行为和自由，来实现对公司法人的限制。如果考虑这种量刑方式，法院便会联系弗吉尼亚东区联邦执法局的罗杰·雷(Roger Ray)警官。当他被问到‘是否可以监禁阿勒格尼百事公司’之时，他表示可以。他声称，他曾为破产法院监禁过公司法人。他声称，他还能关闭公司法人的实体厂房，并对其进行看守。他还声称，他可以允许员工出入，如果法院有所要求，他会对某些行动或销售活动进行限制。

三百多年前，理查德·洛夫莱斯①(Richard Lovelace)曾说过，‘石墙不能就是监狱，铁窗也不能成为牢笼’。我们当然能矗立起高墙或障碍
238 物来限制自己。任何个人都是可以被监禁的，只要能用某种方式或方法对其加以限制，而不管由谁来执行。如果看管人(keeper)表明他有能力实际执行监禁，那么我又有什么资格说这是不可能的呢？ 显然，公司法人可以被监禁。若是如此，为什么公司法人要比人类公民更有特权呢？ 没有任何理由，所以，公司法人不应该享有特权。

以前的案例假设公司法人不能被监禁，尽管没有任何权威支持该观点。但是，法院也不能找到任何案例能真正证明监禁公司法人是违法的、违宪的或者是不可能的。由于误以为监禁必须拘押在监狱内，使得人们对法院监禁公司法人的能力产生很多疑惑。但是，既然监禁公司法人并不一定指拘押在监狱内，那么，‘公司法人不能被监禁’这一未经审查、没有根据的假设，也就不必继续存在于法律体系中。既然执法局

① 译者注：理查德·洛夫莱斯(Richard Lovelace, 1618—1658)，英国诗人。

能限制公司法人的自由而且已经在破产案件中也曾实际执行过，在量刑之前执法局已经如此表明，那么，在这个案件中便没有理由不这么做。”[37]

所以，监禁不仅能适用于自然人犯罪人，同样适用于公司法人犯罪人。按照这一方法，监禁并不是唯一适用于公司法人的刑罚，其他刑罚也能够被转化，即使它们一开始是针对自然人犯罪人设计的。而且，如果像监禁这种本来属于自然人的刑罚都可行，那么也很容易像征税那样，要求公司法人缴纳罚金。有关人工智能系统的问题，与此相同。

如上所述，既然能采用一般转化法律技术将自然人刑罚形式适用于公司法人犯罪，那么便也能以同样的方式将人类的刑罚形式适用于人工智能系统犯罪。下面，我们研究如何将现代刑法中的常见刑罚应用于人工智能系统。

第二节　对人工智能实体施以刑事处罚的可适用性 239

下面我们讨论以下刑罚对人工智能系统的适用性及可实施性：死刑、监禁、缓刑、公共服务和罚金。

一、死刑

死刑是人类史上最古老的刑罚之一，在大多数文化中也是最严重的刑罚。[38]过去，死刑是一项很常见的刑罚，但是，从18世纪起，全球都在限制和减少适用死刑。因此，对于大多数犯罪，死刑都被更温和的刑罚所取代，而且执行死刑的方式也得到了改善，力图减少犯罪人的痛苦。[39]例如，18世纪时，增加套索的长度就是为了加快死亡和减轻痛苦，发明断头台也是出于同样的目的。

残酷的行刑方式已经被禁止。例如，“五马分尸”（将犯罪人的胳膊和双腿绑在奔跑的马匹上来进行肢解的刑罚）便因其对犯罪人过于残忍而被禁止。有些国家已经彻底废除死刑，但是，大多数国家没有废除。

美国联邦最高法院1979年裁判道，在适当的案件中，死刑和宪法《第八修正案》(即，死刑并不是残忍和异常的刑罚)并不冲突，所以，死刑在宪法上有效。[40]在美国执行死刑也不被视为违宪。[41]

240 报复论能够将死刑适用于严重犯罪案件正当化，在这些案件中，刑罚的力度和犯罪造成的痛苦和后果相等(例如，杀人罪)。[42]威慑论认为死刑的威慑力在于威慑公众，而不是犯罪人，因为死人并不会受到恐吓。[43]修复论与死刑毫不相关，因为死人并不能进行修复。如上所述，报复论和威慑论都与人工智能量刑无关，而且因为修复论也和死刑无关，所以唯一支持对人工智能实体判处死刑的考虑因素便是能力剥夺论。

毫无疑问，死人不能再次犯罪。所以，死刑最主要的考量因素便是能力剥夺。[44]死刑对人工智能系统的适用性问题在于，如何对其实施死刑。回答这个问题，我们必须遵循上文提到的三步骤模式。

首先，我们要分析死刑的意义；其次，在人工智能系统中寻找意义的根源；最后，根据这些根源来调整刑罚。从功能上说，死刑指剥夺生命。尽管这种剥夺可能不仅会影响到犯罪人，还会影响到其他人(亲属、员工等)，但是死刑的本质是犯罪人的死亡。如果犯罪人是自然人，生命意味着人类作为功能生物而存在。如果犯罪人是公司法人或人工智能系统，其生命可能由它的活动来界定。

241 有生命的人工智能系统是发挥功能的系统，所以，人工智能系统的“生命”指它发挥自身功能的能力。停止人工智能系统的活动并不意味着系统的“死亡”。死亡是指系统永久性地失去生命。所以，人工智能系统的死刑意味着系统永久性关闭，系统不能再次实施犯罪，也不能从事任何其他活动。如果法院命令关闭人工智能系统，则意味着社会禁止运行该实体，因为其对社会而言过于危险。

将死刑适用于人工智能系统可以同时实现死刑和能力剥夺(量刑的一般目的)的双重目的。如果犯罪人对社会而言过于危险，社会决定将其处死，如果特定法律系统认可死刑，那么死刑的目的就是让犯罪人彻底失去能力。这对自然人犯罪人、公司法人和人工智能系统而言，都是如此。对人工智能系统而言，永久失去能力意味着系统按照法院命令被彻底关闭，绝不可能再被激活。

被永久性剥夺能力的系统无法进一步实施犯罪活动。或许有观点认为，系统关停可能会影响到无辜之人(例如系统的制造商、程序员等)。但是，不仅人工智能系统是这种情况，自然人犯罪人和公司法人亦是如此。处决犯罪人会影响到犯罪人的无辜家人(如果犯罪人是自然人)或者员工、主管、经理和股东等(如果犯罪人是公司法人)。如果犯罪人是人工智能系统，同样也会影响其他无辜之人，但是，这并不是人工智能系统专属的特殊情况。因此，死刑能够适用于人工智能系统。

二、监禁和暂缓监禁

监禁是多种刑罚的泛称。这些刑罚的共同特点是剥夺犯罪人的自由。物理监禁(physical incarceration)只是监禁的一种，但确实是最为常见的一种。例如，在特定情形下，公共服务能起到监禁的作用。在不同时期和不同社会，监禁的目的也不尽相同。有时监禁的目的是使犯罪人痛苦，有时监禁的目的是依据严格的纪律改造犯罪人。[45]但是，从18 242
世纪起，社会效益成为衡量监禁的主要考虑因素之一。[46]

监禁的社会效益通过累犯(recidivism)率予以衡量。如果累犯率保持不变或上升，监禁便被视为不再具有社会效益。所以，监禁能使犯罪人产生内在变化，从而造福社会。[47]因而，需要为囚犯提供专业技能、阅读和写作教育，帮助他们戒毒、戒酒和戒掉暴力习惯，并在其服刑期间鼓励他们工作。为了让监禁适应各类人群，需要对其进行调整，由此，诸如高度戒备监狱①(supermax prison)[48]和震撼监禁②(shock incarceration)应运而生。[49]

① 译者注：高度戒备监狱，也称“超级监狱”，提供最高级的监狱安保，关押的是最危险的罪犯，有在较低安全级别的监狱中犯下暴力袭击、谋杀罪或其他严重违法行为的囚犯，或者被发现或被指控是监狱帮派成员的囚犯。美国监狱管理局在全国运作着数个高度戒备监狱，其中位于科罗拉多州佛罗伦萨(Florence)的ADX Florence监狱被认为是美国警戒级别最高的监狱。

② 译者注：震撼监禁是替代刑处遇中最新的一种方式，最初的设计旨在处遇初犯的青少年，模仿军队的“战斗营”或“震撼营”模式，实施军事化训练，包括严格的纪律、体能的训练以及艰苦的劳动。

但是，因为监禁成为一项十分常见的刑罚，目前监狱人满为患成为最严重的问题。报复论支持监禁，尤其是封闭监禁，因为这会让囚犯痛苦。威慑论支持监禁，因为在监狱内遭受的痛苦可能会对犯罪人造成威慑，以预防累犯或者阻止潜在犯罪人犯罪。但是，报复论和威慑论都和人工智能系统无关，因为系统不会感到痛苦或恐惧。[50]考虑人工智能系
243 统的监禁问题应该以修复论和能力剥夺论为依据，因为这两者和人工智
能实体相关。

如果犯罪人被剥夺人身自由，社会可以在服刑期限内促使犯罪人发生内在变化，从而使其获得修复。在监狱内进行的活动会让犯罪人产生变化。如果犯罪人接受了这种内在改变并不再违法犯罪，那么就可以认为监禁成功，而且犯罪人已经获得修复。同时，犯罪人在监狱内受到严格的监管，其进一步犯罪的能力被大幅度削弱，只要监管能防止累犯犯罪人，这便可以视为能力剥夺。

监禁人工智能系统的问题在于：如何对人工智能系统实施监禁？回答这个问题，我们必须遵循上文提到的三步骤模式。首先，我们分析监禁意义的渊源；其次，我们在人工智能系统上寻找监禁意义的根源；最后，我们对刑罚加以调整，使其适用于人工智能系统。

从功能上说，监禁指剥夺人身自由。尽管剥夺自由不仅会影响到被监禁的犯罪人，还会影响到其他人（例如，亲属和员工等），但是监禁的本质是限制犯罪人的活动。如果犯罪人是自然人，自由意味着个人按照自己的意愿行动。如果犯罪人是公司法人或人工智能系统，其自由可能由它的活动来界定。人工智能系统的自由在于不受限制地从事活动的能力，包括这些活动能力本身，也包括其活动的内容。

因此，对人工智能系统实施监禁实为剥夺其行动之自由，在指定时期内对其进行严格监督，并限制其活动。在这段时间内，可以对人工智能系统进行修理，以防止其进一步犯罪。尤其是，如果系统因法院命令而被剥夺能力，修理人工智能系统的社会效益更高。这样可以同时实现修复和能力剥夺的目的，而这些和人工智能系统量刑目的有关。如果人

工智能系统被拘押、限制和监督，它便失去了犯罪的能力。

外部因素（例如程序员按照法院命令工作）和服刑期间获得的经验使 244
人工智能系统的内在发生改变，从而达到修理人工智能系统的目的，这种情况实质上属于修复，因为这降低了系统进一步犯罪的概率。监禁人工智能系统的社会价值真实存在，因为危险的系统会被从社会上移除并予以修理，同时也不能再伤害社会。监禁程序结束时，系统或许能再次实施全部活动。如果系统不能得到修复，能力剥夺便成为主要目标，这便意味着长期监禁，甚至是死刑。

暂缓监禁是一种附条件的刑罚。[51]犯罪人受到警告，不得再次犯罪，如若不然，犯罪人会因新的犯罪而招致最高监禁刑，另外还需要为最初的犯罪重新服完刑期。该刑罚的目的是威慑犯罪人不再犯罪，至少暂缓条件有效期间内不得犯罪。在犯罪人的犯罪记录上增加一些相关信息，便可执行这类刑罚。暂缓监禁刑的问题不在于执行刑罚，而在于对人工智能系统施加刑罚的社会意义。

暂缓监禁人工智能系统是为了提醒它重新考虑自己的行为过程。这一过程可能会由编程人员、用户或者制造商来完成，这和亲属以及专业人士（例如心理学家、社会工作人员）协助人类犯罪人如出一辙。而公司法人犯罪人则由其高级职员或专业人士来协助。暂缓监禁刑以一种相对温和的方式，呼吁犯罪人重新思考其行为过程。实质上，它和监禁刑并没有本质的区别，不过，就自然人犯罪人而言，它们之间还是有很大的不同：它使自然人犯罪人免受禁闭之苦，而只是通过威慑使其不再犯罪。

三、缓刑 245

监狱人满为患迫使政府推出禁闭的替代刑罚。缓刑便是其中一种普遍的替代措施，19 世纪中期，私人慈善和宗教组织推出了缓刑，负责照顾已被定罪的犯罪人，向他们提供其所需的社会工具，帮助他们放弃违法犯罪并重新融入社会。[52]大多数国家接纳缓刑，作为公共量刑系统的一部分。1878 年，马萨诸塞州率先开始实施缓刑。因此，缓刑由州政府实施和监督。[53]

根据案件的不同，为犯罪人提供的社会工具各不相同。如果犯罪人有毒瘾，那么社会工具就包括戒毒康复计划。如果犯罪人失业或没有工作，那么社会工具就包括职业培训。在此期间内，犯罪人服缓刑，政府当局对其加以监督和监控，以保证他不会再犯罪。缓刑主要是修复性的，适用于极有可能修复的犯罪人。所以，法院在判决犯罪人缓刑之前，需要准确衡量缓刑服务使得犯罪人修复的概率。[54]

报复论和缓刑无关，因为缓刑的目的不是为了让犯罪人痛苦。威慑论也和缓刑无关，缓刑是一种恐吓价值微乎其微的温和刑罚方式。而且，正如上文所述，报复论和威慑论都和人工智能量刑无关。能力剥夺和人工智能量刑相关，但是并没有在缓刑中体现出来，除非特定缓刑的行为准则极度严格，并且犯罪人丧失了犯罪能力。然而，缓刑的主要目的是，通过为犯罪人提供重新融入社会所需的相关社会技能，来促使其获得修复。

246 所以，关于缓刑对人工智能系统的适用性问题在于：如何让人工智能系统服缓刑？ 回答这个问题，我们必须遵循上文提到的三步骤模式。首先，我们分析缓刑的意义渊源；其次，我们在人工智能系统中寻找这些意义的根源；最后，我们根据根源对刑罚加以调整，使其适用于人工智能系统。

从功能层面而言，缓刑包括监视犯罪人，并为其提供重新融入社会的措施。这些措施应与作为量刑直接原因的犯罪类型相符。[55]缓刑的作用是功能性地对犯罪人进行矫正。如果人工智能系统实施犯罪，则必须对系统进行诊断，以确认其是否能被矫正。在这个阶段，诊断自然人犯罪人是为了确定其修复的概率。两类诊断都由专业人士来完成。

自然人犯罪人由缓刑服务人员、社会工作者、心理学家、精神病学者和医生进行诊断。人工智能系统则由技术专家进行诊断。如果诊断表明没有修复的可能，那么量刑的最终目的便是能力剥夺，因为社会希望避免产生更多伤害。但是，如果犯罪人修复的概率很高，便会考虑将缓刑和修复作为量刑的目的。这对自然人犯罪人、公司法人和人工智能系统而言，都是如此。是否能诊断人工智能系统的核心问题在于，按照系统目前的配置，利用机器学习是否能修理人工智能系统。

如果结论认为缓刑是适当的刑罚，还必须参考违法犯罪引起的问题，并使其与之相适应。这点适用于所有类型的犯罪人。处遇(treatment)的目标是解决特定问题，所以，处遇必须和问题相匹配。缓刑和监禁(同样包括处遇)的不同之处在于，是否在刑罚阶段剥夺犯罪人的犯罪能力。如果在处遇阶段，犯罪人被视为不具备危险性，则处以缓 247
刑就是合适的；但是，如果在处遇阶段，犯罪人应当被剥夺能力，那么处以监禁就更加合适。

因此，如果社会认为人工智能系统在处遇期间仍然能发挥功能，那么，缓刑就是合适的。如果社会认为系统对社会过于危险，那么，监禁就是合适的。如果最终确定执行缓刑，那么就必须对人工智能系统进行治疗，包括修理其内在程序。有些系统可能需要干预其机器学习过程，其他系统则需要更新硬件，还有些系统则需要介入系统的基础软件。在这个过程中，人工智能系统会在法院的监视下继续完成常规活动。

社会型缓刑和功能型缓刑对自然人犯罪人、公司法人以及人工智能系统而言，完全相同。针对不同犯罪人的特征需要不同的处遇，对自然人犯罪人亦是如此。固然，系统的制造商、程序员和用户可以在不受法院的干预下开始修理程序，但是，如果法院命令进行干预，那么这就意味着社会的意愿。同样，瘾君子或其家人可以在没有法院命令的情况下开始戒毒，但是，如果由法院命令其戒毒，那么这就代表着社会的意愿。

四、公共服务

公共服务或社区服务是监禁的代替刑罚，目的是缓解监狱人满为患的问题。对于不是特别严重的犯罪，法院可能会以公共服务代替其他刑罚，或者作为其他刑罚的附加刑。[56]这种刑罚不会剥夺犯罪人能力，与之相反，犯罪人会被迫为社会作出贡献，以“补偿”其所犯的罪行。社会以这种方式表明，眼前这类犯罪是不可接受的，但是，因为其社会伤害不是那么严重，所以可以采取宽松的措施来实现犯罪人所需的内在变化。

248 公共服务还具有另一个维度，这与社区有关。公共服务由犯罪人所在的社区来执行，表明犯罪人是社区的一部分，犯罪人要为其危害社区的行为付出代价。[57]在很多案件中，在缓刑之外并处公共服务，是为了提高犯罪人在社区内完全修复的概率。[58]公共服务的目的是，使犯罪人了解社区的需求并对这些需求保持敏感，所以，公共服务的价值并不仅仅只是补偿。公共服务是犯罪人学习和重新融入社会过程中的一部分。

报复论和公共服务无关，因为公共服务的目的不是让犯罪人痛苦。威慑论也和公共服务无关，因为公共服务是一种恐吓价值微乎其微的温和刑罚方式。报复论和威慑论都和人工智能系统量刑无关。能力剥夺和人工智能系统量刑相关，但是并没有在公共服务中体现出来，除非特定公共服务的行为准则极度严格，并且犯罪人丧失了犯罪能力。

但是，公共服务的主要目的是，通过让犯罪人重新融入社会来使其获得修复。所以，关于公共服务对人工智能系统的适用性问题在于：如何让人工智能系统进行公共服务？ 回答这个问题，我们必须遵循上文提到的三步骤模式。首先，我们分析公共服务的意义根源；其次，我们在人工智能系统中寻找这些意义的根源；最后，我们根据根源对刑罚加以调整，使其适用于人工智能系统。

从功能上说，公共服务是通过让犯罪人体验融入社会，并在监督之下补偿社会。扩大犯罪人的社会经历能帮助他更加轻松地融入社会。拓宽犯罪人的社会经历对社会有利，因为它还具有补偿的维度。社会经历
249 并不为自然人犯罪人所独有。公司法人和人工智能系统都和社区有很强的互动。公共服务能强化这些互动，并使这些互动成为产生必要内在变化的依据。

例如，具备机器学习能力的医学专家系统在私人诊所中，被用来诊断病人。法院认为系统存在过失，便对系统处以公共服务。为了执行该

刑罚，系统可能会被用于公共医疗服务中心或公立医院。这样做有两个主要目的。首先，系统能接触到更多病例，并通过机器学习改善其功能。其次，系统的工作能被视为弥补其所犯罪行对社会造成的伤害。

在公共服务刑期结束后，人工智能系统的经验更加丰富，而且，如果机器学习过程有效，系统的性能也会得到提高。因为公共服务受到监督，无论是否并处缓刑，机器学习过程和其他内在过程都能防止人工智能在公共服务期间实施犯罪。在公共服务刑期结束时，人工智能系统为社会利益贡献的时间和资源，可以视为是弥补犯罪对社会造成的伤害。所以，人工智能系统的公共服务在本质上和自然人的公共服务相似。

可能会有观点认为，实际上是系统的制造商和用户作出了贡献，因为他们会因系统不能活动而遭受痛苦。不仅人工智能系统这样，自然人犯罪人和公司法人亦是如此。如果自然人犯罪人参与社会服务，那么他的家人或亲属也会感受到他的缺席。如果公司法人参与社会服务，它的员工、主管和客户等便不能使用其资源。这种缺失是完成公共服务的一部分，无论犯罪人是何身份，所以就此而言，人工智能系统并不特殊。

五、罚金

罚金指犯罪人向国库支付款项。这不能被视为补偿，因为款项并不
是直接支付给犯罪的受害人，而是支付给社会整体。如果我们将社会视 250
为所有犯罪的受害人，便可以将罚金视为一种一般性补偿。罚金由赔偿
的一般性补偿发展而来，那时刑事程序还仅限于两个个体之间(个人原
告 vs 被告)。[59]当刑法逐渐成为公法，最初的补偿也转化为罚金。现在
的刑事法院会将罚金和补偿一起纳入刑事程序中。

18 世纪时，罚金并不是首选刑罚，因为它的威慑力没有监禁的威慑力那么强。[60]但是，在 20 世纪时，由于监狱人满为患加上州立监狱的维护成本增加，刑罚系统被迫增加使用罚金。[61]为了提高收取罚金的效率，在大多数法律体系中，如果犯罪人没有缴纳罚金，法院都有权实施监禁、公共服务或没收财产。[62]罚金并不一定和犯罪造成的伤害成正比，而是和犯罪的严重程度成正比。

如果罚金和社会伤害成正比并反映出社会伤害，那么报复论便和罚金相关。如果罚金造成的财产损失足以形成威胁，那么威慑论可能也会和罚金相关。但是，如上所述，报复论和威慑论都和人工智能系统量刑无关。罚金没有突出的修复价值，尽管支付罚金可能会要求犯罪人额外工作，进而减少他实施犯罪的自由时间。对人工智能系统处罚金的问题在于：如何让人工智能系统缴纳罚金？ 主要的困难在于人工智能系统本身不拥有任何金钱或其他财产。

251 公司法人拥有财产，所以罚金对公司法人而言是最容易的刑罚方式。但是，人工智能系统却不拥有任何财产。回答这个问题，我们必须遵循上文提到的三步骤模式。首先，我们分析罚金的意义根源；其次，我们在人工智能系统中寻找这些意义的根源；最后，我们根据根源对刑罚加以调整，使其适用于人工智能系统。对无效罚金（即难以收取的罚金）的适当解决方式也应该包含在内。

从功能上说，罚金指被迫向社会贡献有价财产。大多数情况下罚金指的是金钱，但是，在某些法律体系中，罚金指的可能是其他有价财产。罚金的数额根据被告的每个工作日、每个工作周或每个工作月的费用来确定，罚金数额应和这些费用相符。[63]即使罚金的数额固定，在大多数情况下，犯罪人所欠的金钱数额都会转化成他赚取金钱的工作时间。所以，罚金能大致反映出工作的时长、天数、周数和月数，这取决于犯罪人拥有的财富或技术。

正如上文讨论的公共服务那样，人工智能系统的生产力也能够根据为社区工作的时长来衡量。[64]人工智能系统确实没有财产，但是它们的工作能力具有价值，并可以转换为金钱价值。例如，医疗专家系统的每小时工作可能被评估为价值 500 美元。如果判决人工智能系统支付罚金 1000 美元，那么罚金便可以转化为系统工作两小时。所以，系统可以使用它所拥有的唯一货币——工作时间来支付罚金。

工作时间贡献给社会，这和公共服务贡献给社会具有相同的效果。如果自然人犯罪人没有足够的金钱支付罚金，便会对他施加其他刑罚。

其中一项便是公共服务，具体根据工作时间的长短来衡量。将工作时长作为付款的一种方式不仅能缴纳罚金（通过精确计算工作时长），还能和公共服务、监禁或其他相关刑罚一同作为强制执行罚金的备选刑罚 252
方式。

可能会有观点认为，实际向社会支付款项的人是人工智能系统的制造商或用户，因为在系统为支付罚金而工作时，他们会因失去系统的活动而遭受痛苦。不仅人工智能系统是这样，自然人犯罪人和公司法人亦是如此。如果自然人犯罪人支付罚金，那么他的家人会因失去金钱（或者他本人的离开，如果需要额外工作来补足缺欠的金钱的话）而感受痛苦。如果公司法人支付罚金，其员工、主管和客户便不能再使用其资源。这种缺失是支付罚金的一部分，无论犯罪人是何身份，所以就此而言，人工智能系统并不特殊。

总结开篇事例：杀人机器人的量刑

本章开篇，我们举例描述了犯杀人罪的人工智能机器人。我们现在可以回到这个事例，并根据本章中的观点来分析该事例。法院判决人工智能机器人犯杀人罪之后，和处理人类犯罪人一样，刑事程序继续，下一步便是量刑。控方和辩方可能会主张严厉/温和的刑罚，最终法院会根据案件的相关情节决定合适的刑罚方式。

在我们的事例中，在评估案件情节之后，法院得出结论，如果机器人是自然人，应予适用的刑罚是三年有期徒刑；如果机器人是公司法人，法院可能会以上文所述的方式将其监禁三年。[65]人工智能机器人的情况也应是如此。所以，如果法院司法裁量的结果是三年监禁，那么必须判处该刑罚，无论被告是自然人、公司法人还是人工智能犯罪人。

在确定刑罚之后，刑罚还必须予以执行。因此，对人工智能系统实 253
施监禁是指剥夺其行动之自由，在必要时期内对其严格监督，并限制其活动。在这段时间内，可以对人工智能系统进行修理，以防止其进一步犯罪。尤其是，如果系统因法庭命令而被剥夺能力，那么修理人工智能系统的社会效益便会更高。这样可以同时实现修复和能力剥夺的目的，而这些和人工智能系统量刑目的有关。如果人工智能系统被拘押、限制和监督，它便失去了犯罪的能力。

外部因素(例如，程序员按照法院命令工作)和受限期间获取的经验使人工智能系统的内在发生改变，从而达到修理人工智能系统的目的，这种情况实质上属于修复，因为它降低了系统进一步犯罪的概率。对人工智能系统实施监禁的社会价值真实存在。危险的系统会被移除出社会并予以修理，在这段时间内，系统便无法再危害社会。在法庭判处的刑期执行结束之时，系统便能够重新充分活动，正如服刑完毕的囚犯重返社会那样。

注释

1. Bronislaw Malinowski, Crime and Custom in Savage Society (1959, 1982).

2. 《出埃及记》21：24。

3. Gertrude Ezorsky, Philosophical Perspectives on Punishment 102—134(1972).

4. Sheldon Glueck, Principles of a Rational Penal Code, 41 Harv. L. Rev. 453(1928).

5. Jackson Toby, Is Punishment Necessary? 55 J. Crim. L. Criminology & Police Sci. 332(1964); C. G. Schoenfeld, In Defence of Retribution in the Law, 35 Psychoanalytic Q. 108(1966).

6. Francis Allen, The Decline of the Rehabilitative Ideal 66(1981).

7. Barbara Hudson, Understanding Justice: An Introduction to Ideas, Perspectives and Controversies in Modern Penal Theory 39(1996, 2003); Jessica Mitford, Kind and Usual Punishment: The Prison Business(1974).

8. Russell L. Christopher, Deterring Retributivism: The Injustice of "Just" Punishment, 96 Nw. U. L. Rev. 843 (2002); Douglas Husak, Holistic

Retribution, 88 Cal. L. Rev. 991 (2000); Douglas Husak, Retribution in Criminal Theory, 37 San Diego L. Rev. 959(2000); Dan Markel, Are Shaming Punishments Beautifully Retributive? Retributivism and the Implications for the Alternative Sanctions Debate, 54 Vand. L. Rev. 2157(2001).

9. Andrew von Hirsch, Doing Justice: The Choice of Punishment 74—75 (1976); Andrew von Hirsch, Proportionate Sentences: A Desert Perspective, Principled Sentencing: Readings on Theory and Policy 115 (Andrew von Hirsch, Andrew Ashworth and Julian Roberts eds., 3rd ed., 2009).

10. Paul H. Robinson and John M. Darley, The Utility of Desert, 91 Nw. U. L. Rev. 453(1997); Samuel Scheffler, Justice and Desert in Liberal Theory, 88 Cal. L. Rev. 965 (2000); Edward M. Wise, The Concept of Desert, 33 Wayne L. Rev. 1343(1987).

11. Cesare Beccaria, Traite des Delits et des Peines(1764).

12. Leon Radzinowicz, A History of English Criminal Law and Its Administration from 1750 vol. 1: The Movement for Reform (1948); Jeremy Bentham, An Introduction to the Principles of Morals and Legislation ch. 13(1789, 1996); Jeremy Bentham, Punishment and Deterrence, Principled Sentencing: Readings on Theory and Policy 53—56(Andrew von Hirsch, Andrew Ashworth and Julian Roberts eds., 3rd ed., 2009); Paul Johann Anselm Feuerbach, Lehrbuch des Gemeinen in Deutschland Gültigen Peinlichen Rechts 117(1812, 2007).

13. Johannes Andenaes, The General Preventive Effects of Punishment, 114 U. Pa. L. Rev. 949(1966); Johannes Andenaes, The Morality of Deterrence, 37 U. Chi. L. Rev. 649(1970).

14. James Q. Wilson, Thinking about Crime 123—142(2nd ed., 1985); Laurence H. Ross, Deterrence Regained: The Cheshire Constabulary's "Breathalyser Blitz", 6 J. LEGAL STUD. 241(1977).

15. Gabriel Hallevy, The Recidivist Wants to Be Punished—Punishment as an Incentive to Re-offend, 5 Int'l J. Punishment & Sentencing 124(2009).

16. Leon Radzinowicz and Roger Hood, A History of English Criminal Law and Its Administration from 1750 vol. 5: The Emergence of Penal Policy 8—57(1986).

17. Andrew Ashworth, Rehabilitation, Principled Sentencing: Readings on Theory and Policy 1, 1—10 (Andrew von Hirsch, Andrew Ashworth and Julian Roberts eds., 3rd ed., 2009).

18. Robert Martinson, What Works? Questions and Answers about Prison

Reform, 35 PUBLIC INTEREST 22(1974).

19. DOUGLAS S. LIPTON, ROBERT MARTINSON AND JUDITH WILKS, THE EFFECTIVENESS OF CORRECTIONAL TREATMENT: A SURVEY OF TREATMENT EVALUATION STUDIES(1975).

20. LEE SECHREST, SUSAN O. WHITE AND ELIZABETH D. BROWN, THE REHABILITATION OF CRIMINAL OFFENDERS: PROBLEMS AND PROSPECTS 27—34 (1979); David F. Greenberg, The Corrective Effects of Corrections: A Survey of Evaluation, CORRECTIONS AND PUNISHMENT 111 (David F. Greenberg ed., 1977).

21. 见,例如,MICHEL FOUCAULT, DISCIPLINE AND PUNISH: THE BIRTH OF THE PRISON(1977); ANTHONY M. PLATT, THE CHILD SAVERS: THE INVENTION OF DELINQUENCY (2nd ed., 1969, 1977); FRANCIS ALLEN, THE DECLINE OF THE REHABILITATIVE IDEAL 66(1981); A CLOCKWORK ORANGE (Warner Bros., 1971)。

22. Gabriel Hallevy, Therapeutic Victim-Offender Mediation within the Criminal Justice Process—Sharpening the Evaluation of Personal Potential for Rehabilitation while Righting Wrongs under the Alternative-Dispute-Resolution (ADR) Philosophy, 16 HARV. NEGOT. L. REV. 65(2011).

23. DAVID P. FARRINGTON AND BRANDON C. WELSH, PREVENTING CRIME: WHAT WORKS FOR CHILDREN, OFFENDERS, VICTIMS AND PLACES (2006); LAWRENCE W. SHERMAN, DAVID P. FARRINGTON, DORIS LEYTON MACKENZIE AND BRANDON C. WELSH, EVIDENCE-BASED CRIME PREVENTION (2006); ROSEMARY SHEEHAN, GILL MCLVOR AND CHRIS TROTTER, WHAT WORKS WITH WOMEN OFFENDERS(2007); Laaman v. Helgemoe, 437.

24. Richard P. Seiter and Karen R. Kadela, Prisoner Reentry: What Works, What Does Not, and What Is Promising, 49 CRIME AND DELINQUENCY 360 (2003); Clive R. Hollin, Treatment Programs for Offenders, 22 INT'L J. OF LAW & PSYCHIATRY 361(1999).

25. 参见第三章第二节第二段。

26. DAVID GARLAND, THE CULTURE OF CONTROL: CRIME AND SOCIAL ORDER IN CONTEMPORARY SOCIETY 102(2002).

27. Ledger Wood, Responsibility and Punishment, 28 AM. INST. CRIM. L. & CRIMINOLOGY 630, 639(1938).

28. Martin P. Kafka, Sex Offending and Sexual Appetite: The Clinical and Theoretical Relevance of Hypersexual Desire, 47 INT'L J. OF OFFENDER THERAPY AND COMPARATIVE CRIMINOLOGY 439(2003); Matthew Jones, Overcoming the Myth of Free Will in Criminal Law: The True Impact of the Genetic Revolution, 52 DUKE L. J. 1031(2003); Sanford H. Kadish, Excusing Crime, 75 CAL. L.

REV. 257(1987).

29. 参见第一章第三节第三段。

30. Stuart Field and Nico Jorg, Corporate Liability and Manslaughter: Should We Be Going Dutch?, [1991] Crim. L.R. 156(1991).

31. Gerard E. Lynch, The Role of Criminal Law in Policing Corporate Misconduct, 60 LAW & CONTEMP. PROBS. 23. (1997); Richard Gruner, To Let the Punishment Fit the Organization: Sanctioning Corporate Offenders Through Corporate Probation, 16 AM. J. CRIM. L. 1(1988); Steven Walt and William S. Laufer, Why Personhood Doesn't Matter: Corporate Criminal Liability and Sanctions, 18 AM. J. CRIM. L. 263(1991).

32. United States v. Allegheny Bottling Company, 695 F. Supp. 856(1988).

33. 同上，第 858 页。

34. 同上。

35. John C. Coffee, Jr., "No Soul to Damn: No Body to Kick": An Unscandalised Inquiry Into the Problem of Corporate Punishment, 79 MICH. L. REV. 386(1981); STEVEN BOX, POWER, CRIME AND MYSTIFICATION 16—79 (1983); Brent Fisse and John Braithwaite, The Allocation of Responsibility for Corporate Crime: Individualism, Collectivism and Accountability, 11 SYDNEY L. REV. 468(1988).

36. 阿勒格尼瓶装公司案，见前注 32，第 861 页。

37. 同上，第 861 页。

38. RUSS VERSTEEG, EARLY MESOPOTAMIAN LAW 126(2000); G. R. DRIVER AND JOHN C. MILES, THE BABYLONIAN LAWS, VOL. I: LEGAL COMMENTARY 206, 495—496(1952): "死刑通常被表述为犯罪人'将被杀死'……这在前三十四节中，出现了十七次。死刑的第二种表达方式，出现了五次，就是'他们将杀死'……犯罪人。"

39. Frank E. Hartung, Trends in the Use of Capital Punishment, 284(1) ANNALS OF THE AMERICAN ACADEMY OF POLITICAL AND SOCIAL SCIENCE 8(1952).

40. Gregg v. Georgia, 428 U.S. 153, S.Ct. 2909, 49 L.Ed.2d 859(1979).

41. Provenzano v. Moore, 744 So.2d 413(Fla. 1999); Dutton v. State, 123 Md. 373, 91 A. 417(1914); Campbell v. Wood, 18 F.3d 662(9th Cir. 1994); Wilkerson v. Utah, 99 U.S.(9 Otto) 130, 25 L.Ed. 345(1878); People v. Daugherty, 40 Cal.2d 876, 256 P.2d 911(1953); Gray v. Lucas, 710 F.2d 1048 (5th Cir. 1983); Hunt v. Nuth, 57 F.3d 1327(4th Cir. 1995).

42. ROBERT M. BOHM, DEATHQUEST: AN INTRODUCTION TO THE THEORY AND PRACTICE OF CAPITAL PUNISHMENT IN THE UNITED STATES 74(1999).

43. Peter Fitzpatrick, "Always More to Do": Capital Punishment and the

(De)Composition of Law, THE KILLING STATE—CAPITAL PUNISHMENT IN LAW, POLITICS, AND CULTURE 117(Austin Sarat ed., 1999); Franklin E. Zimring, The Executioner's Dissonant Song: On Capital Punishment and American Legal Values, THE KILLING STATE—CAPITAL PUNISHMENT IN LAW, POLITICS, AND CULTURE 137(Austin Sarat ed., 1999).

44. Anne Norton, After the Terror: Mortality, Equality, Fraternity, THE KILLING STATE—CAPITAL PUNISHMENT IN LAW, POLITICS, AND CULTURE 27 (Austin Sarat ed., 1999); Hugo Adam Bedau, Abolishing the Death Penalty Even for the Worst Murderers, THE KILLING STATE—CAPITAL PUNISHMENT IN LAW, POLITICS, AND CULTURE 40(Austin Sarat ed., 1999).

45. Sean McConville, The Victorian Prison: England 1865—1965, THE OXFORD HISTORY OF THE PRISON 131(Norval Morris and David J. Rothman eds., 1995); THORSTEN J. SELLIN, SLAVERY AND THE PENAL SYSTEM (1976); HORSFALL J. TURNER, THE ANNALS OF THE WAKEFIELD HOUSE OF CORRECTIONS FOR THREE HUNDRED YEARS 154—172(1904).

46. JOHN HOWARD, THE STATE OF PRISONS IN ENGLAND AND WALES(1777, 1996).

47. David J. Rothman, For the Good of All: The Progressive Tradition in Prison Reform, HISTORY AND CRIME 271(James A. Inciardi and Charles E. Faupel eds., 1980).

48. Roy D. King, The Rise and Rise of Supermax: An American Solution in Search of a Problem?, 1 PUNISHMENT AND SOCIETY 163 (1999); CHASE RIVELAND, SUPERMAX PRISONS: OVERVIEW AND GENERAL CONSIDERATIONS (1999); JAMIE FELLNER AND JOANNE MARINER, COLD STORAGE: SUPER-MAXIMUM SECURITY CONFINEMENT IN INDIANA(1997).

49. DORRIS LAYTON MACKANZIE AND EUGENE E. HEBERT, CORRECTIONAL BOOT CAMPS: A TOUGH INTERMEDIATE SANCTION (1996); Sue Frank, Oklahoma Camp Stresses Structure and Discipline, 53 CORRECTIONS TODAY 102 (1991); ROBERTA C. CRONIN, BOOT CAMPS FOR ADULT AND JUVENILE OFFENDERS: OVERVIEW AND UPDATE(1994).

50. 参见本章第一节第一段。

51. MARC ANCEL, SUSPENDED SENTENCE 14—17(1971); Marc Ancel, The System of Conditional Sentence or Sursis, 80 L. Q. REV. 334, 336(1964).

52. United Nations, Probation and Related Measures, UN DEPARTMENT OF SOCIAL AFFAIRS 29—30(1951).

53. DAVID J. ROTHMAN, CONSCIENCE AND CONVENIENCE: THE ASYLUM AND ITS ALTERNATIVES IN PROGRESSIVE AMERICA(1980); FRANK SCHMALLEGER,

CRIMINAL JUSTICE TODAY: AN INTRODUCTORY TEXT FOR THE 21ST CENTURY 454 (2003).

54. Paul W. Keve, The Professional Character of the Presentence Report, 26 FEDERAL PROBATION 51(1962).

55. HARRY E. ALLEN, ERIC W. CARLSON AND EVALYN C. PARKS, CRITICAL ISSUES IN ADULT PROBATION(1979); Crystal A. Garcia, Using Palmer's Global Approach to Evaluate Intensive Supervision Programs: Implications for Practice, 4 CORRECTION MANAGEMENT QUARTERLY 60 (2000); ANDREW WRIGHT, GWYNETH BOSWELL AND MARTIN DAVIES, CONTEMPORARY PROBATION PRACTICE (1993); MICHAEL CAVADINO AND JAMES DIGNAN, THE PENAL SYSTEM: AN INTRODUCTION 137—140(2002).

56. John Harding, The Development of the Community Service, ALTERNATIVE STRATEGIES FOR COPING WITH CRIME 164 (Norman Tutt ed., 1978); HOME OFFICE, REVIEW OF CRIMINAL JUSTICE POLICY (1977); Ashlee Willis, Community Service as an Alternative to Imprisonment: A Cautionary View, 24 PROBATION JOURNAL 120(1977).

57. Julie Leibrich, Burt Galaway and Yvonne Underhill, Community Sentencing in New Zealand: A Survey of Users, 50 FEDERAL PROBATION 55 (1986).

58. James Austin and Barry Krisberg, The Unmet Promise of Alternatives, 28 JOURNAL OF RESEARCH IN CRIME AND DELINQUENCY 374 (1982); Mark S. Umbreit, Community Service Sentencing: Jail Alternatives or Added Sanction? , 45 FEDERAL PROBATION 3(1981).

59. FIORI RINALDI, IMPRISONMENT FOR NON-PAYMENT OF FINES (1976); GERHARDT GREBING, THE FINE IN COMPARATIVE LAW: A SURVEY OF 21 COUNTRIES (1982).

60. LEON RADZINOWICZ AND ROGER HOOD, A HISTORY OF ENGLISH CRIMINAL LAW AND ITS ADMINISTRATION FROM 1750 VOL. 5: THE EMERGENCE OF PENAL POLICY (1986); PETER YOUNG, PUNISHMENT, MONEY AND THE LEGAL ORDER: AN ANALYSIS OF THE EMERGENCE OF MONETARY SANCTIONS WITH SPECIAL REFERENCE TO SCOTLAND(1987).

61. Gail S. Funke, The Economics of Prison Crowding, 478 ANNALS OF THE AMERICAN ACADEMY OF POLITICAL AND SOCIAL SCIENCES 86 (1985); Thomas Mathiesen, The Viewer Society: Michel Foucault's "Panopticon" Revisited, 1 THEORETICAL CRIMINOLOGY 215(1997).

62. SALLY T. HILLSMAN AND SILVIA S. G. CASALE, ENFORCEMENT OF FINES AS CRIMINAL SANCTIONS: THE ENGLISH EXPERIENCE AND ITS RELEVANCE TO

AMERICAN PRACTICE (1986); Judith A. Greene, Structuring Criminal Fines: Making an "Intermediate Penalty" More Useful and Equitable, 13 JUSTICE SYSTEM JOURNAL 37 (1988); NIGEL WALKER AND NICOLA PADFIELD, SENTENCING: THEORY, LAW AND PRACTICE(1996).

63. MICHAEL H. TONRY AND KATHLEEN HATLESTAD, SENTENCING REFORM IN OVERCROWDED TIMES: A COMPARATIVE PERSPECTIVE(1997).

64. 参见第六章第二节第四段。

65. United States v. Allegheny Bottling Company, 695 F. Supp. 856(1988).

结　语

人工智能实体的刑事责任听起来似乎很激进。数个世纪以来，刑事责任一直被认为专属于人类世界。这一概念的首次松动发生在17世纪，那时公司被纳入刑事责任的专属群体。公司犯罪人加入了自然人犯罪人，两者同样承担刑事责任，接受刑事处罚。20世纪，人类引入人工智能技术，该技术迅速发展，试图模仿人类的能力。今天，人工智能系统完美地模仿了人类的某些能力；事实上，它们在许多领域都胜过人类。然而，人类的其他能力人工智能系统仍然无法模仿。

刑事责任并不要求犯罪人拥有人类的全部能力，而只要求具备一些能力。如果人工智能实体拥有这些能力，那么，在逻辑上和理性上，只要它实施犯罪行为，就可以要求它承担刑事责任。人工智能实体的刑事责任理念不应与道德责任的概念相混淆，无论对于机器还是人类来说，道德责任都是一个非常复杂的问题。总体而言，没有任何一个关于“道德”定义能为所有社会和个人都接受。

道义论道德和目的论道德是最为接受的类型，尽管在许多情况下，它们背道而行，但两者都是“道德的”。纳粹自以为其在道义上是道德的，尽管大多数其他人、社会和个人都不这么认为。由于道德太过难以评估，故而，道德责任并不是衡量刑事案件责任的最合适和最有效的方式。因此，社会已经选择刑事责任作为处理违法犯罪的最合适的手段。现代刑事责任独立于所有种类的道德，亦不受邪恶观念的影响。我们赋予刑事责任的方式是组织结构化的，甚至于几乎是算数式的。

刑事责任有明确的要求，不可多亦不可少。如果人工智能实体满足

所有这些要求，那么便没有理由不对其赋予刑事责任。我们已经看到，
人工智能实体能够以与自然人和公司法人(但不是动物)相同的方式来满
256 足这些要求。我们也看到，所有类型的刑事责任都与人工智能技术有
关，对于人工智能实体，我们可以就刑事责任提出所有实质性的论点。
最后，我们还看到，可以通过实质上类似于公司法人的刑罚方式对人工
智能实体加以刑事处罚。

社会通过赋予人工智能实体刑事责任来获得刑法的一般利益。结论便非常简单。我们或者将刑事责任赋予人工智能实体，或者改变几千年发展而来的刑事责任的基本定义并摒弃传统的刑事责任观念。

FRANZ ALEXANDER AND HUGO STAUB, THE CRIMINAL, THE JUDGE, AND THE PUBLIC(1931).

FRANZ ALEXANDER, OUR AGE OF UNREASON: A STUDY OF THE IRRATIONAL FORCES IN SOCIAL LIFE(rev. ed., 1971).

HARRY E. ALLEN, ERIC W. CARLSON AND EVALYN C. PARKS, CRITICAL ISSUES IN ADULT PROBATION(1979).

Susan M. Allan, No Code Orders v. Resuscitation: The Decision to Withhold Life-Prolonging Treatment from the Terminally Ill, 26 WAYNE L. REV. 139 (1980).

Peter Alldridge, The Doctrine of Innocent Agency, 2 CRIM. L. F. 45(1990).

FRANCIS ALLEN, THE DECLINE OF THE REHABILITATIVE IDEAL(1981).

Marc Ancel, The System of Conditional Sentence or Sursis, 80 L. Q. REV. 334 (1964).

MARC ANCEL, SUSPENDED SENTENCE(1971).

Johannes Andenaes, The General Preventive Effects of Punishment, 114 U. PA. L. REV. 949(1966).

Johannes Andenaes, The Morality of Deterrence, 37 U. CHI. L. REV. 649(1970).

Susan Leigh Anderson, Asimov's "Three Laws of Robotics" and Machine Metaethics, 22 AI SOC. 477(2008).

Edward B. Arnolds and Norman F. Garland, The Defense of Necessity in Criminal Law: The Right to Choose the Lesser Evil, 65 J. CRIM. L. & CRIMINOLOGY 289 (1974).

Andrew Ashworth, The Scope of Criminal Liability for Omissions, 84 L. Q. REV. 424(1989).

Andrew Ashworth, Testing Fidelity to Legal Values: Official Involvement and Criminal Justice , 63 MOD. L. REV. 663(2000).

ANDREW ASHWORTH, PRINCIPLES OF CRIMINAL LAW(5th ed., 2006).

Andrew Ashworth, Rehabilitation, PRINCIPLED SENTENCING: READINGS ON THEORY AND POLICY 1 (Andrew von Hirsch, Andrew Ashworth and Julian Roberts eds., 3rd ed., 2009).

ISAAC ASIMOV, I, ROBOT(1950).

Issac Asimov, The Rest of Robots(1964).

Tom Athanasiou, High-Tech Politics: The Case of Artificial Intelligence, 92 Socialist Review 7(1987).

James Austin and Barry Krisberg, The Unmet Promise of Alternatives, 28 Journal of Research in Crime and Delinquency(1982).

John Austin, The Province of Jurisprudence Determined(1832, 2000).

Bernard Baars, In the Theatre of Consciousness(1997).

John S. Baker Jr., State Police Powers and the Federalization of Local Crime, 72 Temp. L. Rev. 673(1999).

Stephen Baker, Final Jeopardy: Man vs. Machine and the Quest to Know Everything(2011).

258 Cesare Beccaria, Traite des Delits et des Peines(1764).

Hugo Adam Bedau, Abolishing the Death Penalty Even for the Worst Murderers, The Killing State—Capital Punishment in Law, Politics, and Culture 40(Austin Sarat ed., 1999).

Richard E. Bellman, An Introduction to Artificial Intelligence: Can Computers Think? (1978).

Jeremy Bentham, An Introduction to the Principles of Morals and Legislation(1789, 1996).

Jeremy Bentham, Punishment and Deterrence, Principled Sentencing: Readings on Theory and Policy (Andrew von Hirsch, Andrew Ashworth and Julian Roberts eds., 3rd ed., 2009).

John Biggs, The Guilty Mind(1955).

Ned Block, What Intuitions About Homunculi Don't Show, 3 Behavioral & Brain Sci. 425(1980).

Robert M. Bohm, Deathquest: An Introduction to the Theory and Practice of Capital Punishment in the United States(1999).

Addison M. Bowman, Narcotic Addiction and Criminal Responsibility under Durham, 53 Geo. L. J. 1017(1965).

Steven Box, Power, Crime and Mystification(1983).

Richard B. Brandt, Ethical Theory(1959).

Kathleen F. Brickey, Corporate Criminal Accountability: A Brief History and an Observation, 60 Wash. U. L. Q. 393(1983).

Bruce Bridgeman, Brains + Programs = Minds, 3 Behavioral & Brain Sci. 427 (1980).

Walter Bromberg, From Shaman to Psychotherapist: A History of the Treatment of Mental Illness(1975).

Andrew G. Brooks and Ronald C. Arkin, Behavioral Overlays for Non-Verbal Communication Expression on a Humanoid Robot, 22 Auton. Robots 55 (2007).

Timothy L. Butler, Can a Computer Be an Author— Copyright Aspects of Artificial Intelligence, 4 Comm. Ent. L.S. 707(1982).

Kenneth L. Campbell, Psychological Blow Automatism: A Narrow Defence, 23 CRIM. L. Q. 342(1981).

W. G. Carson, Some Sociological Aspects of Strict Liability and the Enforcement of Factory Legislation, 33 MOD. L. REV. 396(1970).

W. G. Carson, The Conventionalisation of Early Factory Crime, 7 INT'L J. OF SOCIOLOGY OF LAW 37(1979).

Derrick Augustus Carter, Bifurcations of Consciousness: The Elimination of the Self-Induced Intoxication Excuse, 64 MO. L. REV. 383(1999).

MICHAEL CAVADINO AND JAMES DIGNAN, THE PENAL SYSTEM: AN INTRODUCTION(2002).

EUGENE CHARNIAK AND DREW MCDERMOTT, INTRODUCTION TO ARTIFICIAL INTELLIGENCE(1985).

Russell L. Christopher, Deterring Retributivism: The Injustice of "Just" Punishment, 96 NW. U. L. REV. 843(2002).

ARTHUR C. CLARKE, 2001: A SPACE ODYSSEY(1968).

John C. Coffee, Jr., "No Soul to Damn: No Body to Kick": An 259
Unscandalised Inquiry into the Problem of Corporate Punishment, 79 MICH. L. REV. 386(1981).

SIR EDWARD COKE, INSTITUTIONS OF THE LAWS OF ENGLAND—THIRD PART(6th ed., 1681, 1817, 2001).

Dana K. Cole, Expending Felony-Murder in Ohio: Felony-Murder or Murder-Felony, 63 OHIO ST. L. J. 15(2002).

ROBERTA C. CRONIN, BOOT CAMPS FOR ADULT AND JUVENILE OFFENDERS: OVERVIEW AND UPDATE(1994).

George R. Cross and Cary G. Debessonet, An Artificial Intelligence Application in the Law: CCLIPS, A Computer Program that Processes Legal Information, 1 HIGH TECH. L.J. 329(1986).

Homer D. Crotty, The History of Insanity as a Defence to Crime in English Common Law, 12 CAL. L. REV. 105(1924).

MICHAEL DALTON, THE COUNTREY JUSTICE(1618, 2003).

Donald Davidson, Turing's Test, MODELLING THE MIND(1990).

Michael J. Davidson, Feminine Hormonal Defenses: Premenstrual Syndrome and Postpartum Psychosis, 2000 ARMY LAWYER 5(2000).

Richard Delgado, Ascription of Criminal States of Mind: Toward a Defense Theory for the Coercively Persuaded("Brainwashed") Defendant, 63 MINN. L. REV. 1(1978).

DANIEL C. DENNETT, BRAINSTORMS(1978).

DANIELC. DENNETT, THE INTENTIONAL STANCE(1987).

Daniel C. Dennett, Evolution, Error, and Intentionality, THE FOUNDATIONS OF ARTIFICIAL INTELLIGENCE 190 (Derek Pertridge and Yorick Wilks eds., 1990, 2006).

René Descartes, Discours de la Méthode pour Bien Conduire sa Raison et Chercher

La Vérité dans Les Sciences(1637).

Anthony M. Dillof, Unraveling Unknowing Justification, 77 NOTRE DAME L. REV. 1547(2002).

Dolores A. Donovan and Stephanie M. Wildman, Is the Reasonable Man Obsolete? A Critical Perspective on Self-Defense and Provocation, 14 LOY. L. A. L. REV. 435, 441(1981).

AAGE GERHARDT DRACHMANN, THE MECHANICAL TECHNOLOGY OF GREEK AND ROMAN ANTIQUITY: A STUDY OF THE LITERARY SOURCES(1963).

Joshua Dressler, Professor Delgado's "Brainwashing" Defense: Courting a Determinist Legal System, 63 MINN. L. REV. 335(1978).

Joshua Dressler, Rethinking Heat of Passion: A Defense in Search of a Rationale, 73 J. CRIM. L. & CRIMINOLOGY 421(1982).

Joshua Dressler, Battered Women Who Kill Their Sleeping Tormenters: Reflections on Maintaining Respect for Human Life while Killing Moral Monsters, CRIMINAL LAW THEORY—DOCTRINES OF THE GENERAL PART 259 (Stephen Shute and A. P. Simester eds., 2005).

G. R. DRIVER AND JOHN C. MILES, THE BABYLONIAN LAWS, VOL. I: LEGAL COMMENTARY(1952).

260 ANTONY ROBIN DUFF, CRIMINAL ATTEMPTS(1996).

Fernand N. Dutile and Harold F. Moore, Mistake and Impossibility: Arranging Marriage Between Two Difficult Partners, 74 NW. U. L. REV. 166(1980).

Justice Ellis, Criminal Law as an Instrument of Social Control, 17 VICTORIA U. WELLINGTON L. REV. 319(1987).

GERTRUDE EZORSKY, PHILOSOPHICAL PERSPECTIVES ON PUNISHMENT(1972).

Judith Fabricant, Homicide in Response to a Threat of Rape: A Theoretical Examination of the Rule of Justification, 11 GOLDEN GATE U. L. REV. 945 (1981).

DAVID P. FARRINGTON AND BRANDON C. WELSH, PREVENTING CRIME: WHAT WORKS FOR CHILDREN, OFFENDERS, VICTIMS AND PLACES(2006).

EDWARD A. FEIGENBAUM AND PAMELA MCCORDUCK, THE FIFTH GENERATION: ARTIFICIAL INTELLIGENCE AND JAPAN'S COMPUTER CHALLENGE TO THE WORLD (1983).

S. Z. Feller, Les Délits de Mise en Danger, 40 REV. INT. DE DROIT PÉNAL 179(1969).

JAMIE FELLNER AND JOANNE MARINER, COLD STORAGE: SUPER-MAXIMUM SECURITY CONFINEMENT IN INDIANA(1997).

Robert P. Fine and Gary M. Cohen, Is Criminal Negligence a Defensible Basis for Criminal Liability?, 16 BUFF. L. REV. 749(1966).

PAUL JOHANN ANSELM FEUERBACH, LEHRBUCH DES GEMEINEN IN DEUTSCHLAND GÜLTIGEN PEINLICHEN RECHTS(1812, 2007).

Stuart Field and Nico Jorg, Corporate Liability and Manslaughter: Should We Be Going Dutch?, [1991] Crim. L.R. 156(1991).

Herbert Fingarette, Addiction and Criminal Responsibility, 84 YALE L. J. 413(1975).

ARTHUR E. FINK, CAUSES OF CRIME: BIOLOGICAL THEORIES IN THE UNITED STATES, 1800—1915(1938).

JOHN FINNIS, NATURAL LAW AND NATURAL RIGHTS(1980).

Brent Fisse and John Braithwaite, The Allocation of Responsibility for Corporate Crime: Individualism, Collectivism and Accountability, 11 SYDNEY L. REV. 468(1988).

Peter Fitzpatrick, "Always More to Do": Capital Punishment and the (De) Composition of Law, THE KILLING STATE—CAPITAL PUNISHMENT IN LAW, POLITICS, AND CULTURE 117(Austin Sarat ed., 1999).

OWEN J. FLANAGAN, JR., THE SCIENCE OF THE MIND(2nd ed., 1991).

GEORGE P. FLETCHER, RETHINKING CRIMINAL LAW(1978, 2000).

George P. Fletcher, The Nature of Justification, ACTION AND VALUE IN CRIMINAL LAW 175 (Stephen Shute, John Gardner and Jeremy Horder eds., 2003).

JERRY A. FODOR, MODULES, FRAMES, FRIDGEONS, SLEEPING DOGS AND THE MUSIC OF THE SPHERES, THE ROBOT'S DILEMMA: THE FRAME PROBLEM IN ARTIFICIAL INTELLIGENCE(Zenon W. Pylyshyn ed., 1987).

Keith Foren, Casenote: In Re Tyvonne M. Revisited: The Criminal Infancy Defense in Connecticut, 18 Q. L. REV. 733(1999).

MICHEL FOUCAULT, MADNESS AND CIVILIZATION(1965).

MICHEL FOUCAULT, DISCIPLINE AND PUNISH: THE BIRTH OF THE PRISON(1977). 261

Sue Frank, Oklahoma Camp Stresses Structure and Discipline, 53 CORRECTIONS TODAY 102(1991).

Lionel H. Frankel, Criminal Omissions: A Legal Microcosm, 11 WAYNE L. REV. 367(1965).

Lionel H. Frankel, Narcotic Addiction, Criminal Responsibility and Civil Commitment, 1966 UTAH L. REV. 581(1966).

Robert M. French, Subcognition and the Limits of the Turing Test, 99 MIND 53 (1990).

K. W. M. Fulford, Value, Action, Mental Illness, and the Law, ACTION AND VALUE IN CRIMINAL LAW 279(Stephen Shute, John Gardner and Jeremy Horder eds., 2003).

Gail S. Funke, The Economics of Prison Crowding, 478 ANNALS OF THE AMERICAN ACADEMY OF POLITICAL AND SOCIAL SCIENCES 86(1985).

JONATHAN M. E. GABBAI, COMPLEXITY AND THE AEROSPACE INDUSTRY: UNDERSTANDING EMERGENCE BY RELATING STRUCTURE TO PERFORMANCE USING MULTI-AGENT SYSTEMS(Ph.D. Thesis, University of Manchester, 2005).

Crystal A. Garcia, Using Palmer's Global Approach to Evaluate Intensive Supervision Programs: Implications for Practice, 4 CORRECTION MANAGEMENT QUARTERLY 60(2000).

HOWARD GARDNER, THE MIND'S NEW SCIENCE: AHISTORY OF THE COGNITIVE REVOLUTION(1985).

DAVID GARLAND, THE CULTURE OF CONTROL: CRIME AND SOCIAL ORDER IN CONTEMPORARY SOCIETY(2002).

Chas E. George, Limitation of Police Powers, 12 LAW. & BANKER & S. BENCH & B. REV. 740(1919).

Jack P. Gibbs, A Very Short Step toward a General Theory of Social Control, 1985 AM. B. FOUND RES. J. 607(1985).

SANDER L. GILMAN, SEEING THE INSANE(1982).

P. R. Glazebrook, Criminal Omissions: The Duty Requirement in Offences Against the Person, 55 L. Q. REV. 386(1960).

ROBERT M. GLORIOSO AND FERNANDO C. COLON OSORIO, ENGINEERING INTELLIGENT SYSTEMS: CONCEPTS AND APPLICATIONS(1980).

Sheldon Glueck, Principles of a Rational Penal Code, 41 HARV. L. REV. 453 (1928).

SIR GERALD GORDON, THE CRIMINAL LAW OF SCOTLAND(1st ed., 1967).

GERHARDT GREBING, THE FINE IN COMPARATIVE LAW: A SURVEY OF 21 COUNTRIES(1982).

Kent Greenawalt, The Perplexing Borders of Justification and Excuse, 84 COLUM. L. REV. 1897(1984).

Kent Greenawalt, Distinguishing Justifications from Excuses, 49 LAW & CONTEMP. PROBS. 89(1986).

David F. Greenberg, The Corrective Effects of Corrections: A Survey of Evaluation, CORRECTIONS AND PUNISHMENT 111(David F. Greenberg ed., 1977).

Judith A. Greene, Structuring Criminal Fines: Making an "Intermediate
262 Penalty" More Useful and Equitable, 13 JUSTICE SYSTEM JOURNAL 37(1988).

Richard Gruner, To Let the Punishment Fit the Organization: Sanctioning Corporate Offenders Through Corporate Probation, 16 AM. J. CRIM. L. 1 (1988).

JEROME HALL, GENERAL PRINCIPLES OF CRIMINAL LAW(2nd ed., 1960, 2005).

Jerome Hall, Intoxication and Criminal Responsibility, 57 HARV. L. REV. 1045 (1944).

Jerome Hall, Negligent Behaviour Should Be Excluded from Penal Liability, 63 COLUM. L. REV. 632(1963).

Seymour L. Halleck, The Historical and Ethical Antecedents of Psychiatric Criminology, PSYCHIATRIC ASPECTS OF CRIMINOLOGY 8(Halleck and Bromberg eds., 1968).

Gabriel Hallevy, The Recidivist Wants to Be Punished—Punishment as an Incentive to Re-offend, 5 INT'L J. PUNISHMENT & SENTENCING 124(2009).

GABRIEL HALLEVY, A MODERN TREATISE ON LEGALITY IN CRIMINAL.

THE PRINCIPLE OF LAW(2010).

Gabriel Hallevy, The Criminal Liability of Artificial Intelligence Entities—from Science Fiction to Legal Social Control, 4 AKRON INTELL. PROP. J. 171(2010).

Gabriel Hallevy, Unmanned Vehicles—Subordination to Criminal Law under the

Modern Concept of Criminal Liability, 21 J. L. INF. & SCI. 311(2011).

Gabriel Hallevy, Therapeutic Victim-Offender Mediation within the Criminal Justice Process—Sharpening the Evaluation of Personal Potential for Rehabilitation while Righting Wrongs under the Alternative-Dispute-Resolution (ADR) Philosophy, 16 HARV. NEGOT. L. REV. 65(2011).

GABRIEL HALLEVY, THE MATRIX OF DERIVATIVE CRIMINAL LIABILITY(2012).

GABRIEL HALLEVY, THE MATRIX OF INSANITY IN MODERN CRIMINAL LAW(2015).

John Harding, The Development of the Community Service, ALTERNATIVE STRATEGIES FOR COPING WITH CRIME 164(Norman Tutt ed., 1978).

HERBERT L. A. HART, PUNISHMENT AND RESPONSIBILITY: ESSAYS IN THE PHILOSOPHY OF LAW(1968).

Frank E. Hartung, Trends in the Use of Capital Punishment, 284(1) ANNALS OF THE AMERICAN ACADEMY OF POLITICAL AND SOCIAL SCIENCE 8(1952).

John Haugeland, Semantic Engines: An Introduction to Mind Design, MIND DESIGN 1(John Haugeland ed., 1981).

JOHN HAUGELAND, ARTIFICIAL INTELLIGENCE: THE VERY IDEA(1985).

PAMELA RAE HEATH, THE PK ZONE: A CROSS-CULTURAL REVIEW OF PSYCHOKINESIS (PK)(2003).

HERMANN VON HELMHOLTZ, THE FACTS OF PERCEPTION(1878).

John Lawrence Hill, A Utilitarian Theory of Duress, 84 IOWA L. REV. 275 (1999).

SALLY T. HILLSMAN AND SILVIA S. G. CASALE, ENFORCEMENT OF FINES AS CRIMINAL SANCTIONS: THE ENGLISH EXPERIENCE AND ITS RELEVANCE TO AMERICAN PRACTICE(1986).

Harold L. Hirsh and Richard E. Donovan, The Right to Die: Medico-Legal 263
Implications of In re Quinlan, 30 RUTGERS L. REV. 267(1977).

ANDREW VON HIRSCH, DOING JUSTICE: THE CHOICE OF PUNISHMENT(1976).

Andrew von Hirsch, Proportionate Sentences: A Desert Perspective, PRINCIPLED SENTENCING: READINGS ON THEORY AND POLICY 115(Andrew von Hirsch, Andrew Ashworth and Julian Roberts eds., 3rd ed., 2009).

W. H. Hitchler, Necessity as a Defence in Criminal Cases, 33 DICK. L. REV. 138 (1929).

THOMAS HOBBES, LEVIATHAN OR THE MATTER, FORME AND POWER OF A COMMON WEALTH ECCLESIASTICALL AND CIVIL(1651).

DOUGLAS R. HOFSTADTER, GÖDEL, ESCHER, BACH: AN ETERNAL GOLDEN BRAID(1979, 1999).

William Searle Holdsworth, English Corporation Law in the *16*th and *17*th Centuries, 31 YALE L. J. 382(1922).

WILLIAM SEARLE HOLDSWORTH, A HISTORY OF ENGLISH LAW(1923).

Winifred H. Holland, Automatism and Criminal Responsibility, 25 CRIM. L. Q. 95(1982).

Clive R. Hollin, Treatment Programs for Offenders, 22 INT'L J. OF LAW &

PSYCHIATRY 361(1999).

OLIVER W. HOLMES, THE COMMON LAW(1881, 1923).

Oliver W. Holmes, Agency, 4 HARV. L. REV. 345(1891).

HENRY HOLT, TELEKINESIS(2005).

Morton J. Horwitz, The Rise and Early Progressive Critique of Objective Causation, THE POLITICS OF LAW: A PROGRESSIVE CRITIQUE 471(David Kairys ed., 3rd ed., 1998).

JOHN HOWARD, THE STATE OF PRISONS IN ENGLAND AND WALES(1777, 1996).

FENG-HSIUNG HSU, BEHIND DEEP BLUE: BUILDING THE COMPUTER THAT DEFEATED THE WORLD CHESS CHAMPION(2002).

BARBARA HUDSON, UNDERSTANDING JUSTICE: AN INTRODUCTION TO IDEAS, PERSPECTIVES AND CONTROVERSIES IN MODERN PENAL THEORY(1996, 2003).

Graham Hughes, Criminal Omissions, 67 YALE L. J. 590(1958).

BISHOP CARLETON HUNT, THE DEVELOPMENT OF THE BUSINESS CORPORATION IN ENGLAND 1800—1867(1963).

Douglas Husak, Holistic Retribution, 88 CAL. L. REV. 991(2000).

Douglas Husak, Retribution in Criminal Theory, 37 SAN DIEGO L. REV. 959 (2000).

Douglas Husak and Andrew von Hirsch, Culpability and Mistake of Law, ACTION AND VALUE IN CRIMINAL LAW 157(Stephen Shute, John Gardner and Jeremy Horder eds., 2003).

Peter Barton Hutt and Richard A. Merrill, Criminal Responsibility and the Right to Treatment for Intoxication and Alcoholism, 57 GEO. L. J. 835(1969).

RAY JACKENDOFF, CONSCIOUSNESS AND THE COMPUTATIONAL MIND(1987).

WILLIAM JAMES, THE PRINCIPLES OF PSYCHOLOGY(1890).

PHILLIP N. JOHNSON-LAIRD, MENTAL MODELS(1983).

Matthew Jones, Overcoming the Myth of Free Will in Criminal Law: The True Impact of the Genetic Revolution, 52 DUKE L. J. 1031(2003).

264 Sanford Kadish, Respect for Life and Regard for Rights in the Criminal Law, 64 CAL. L. REV. 871(1976).

Sanford H. Kadish, Excusing Crime, 75 CAL. L. REV. 257(1987).

Martin P. Kafka, Sex Offending and Sexual Appetite: The Clinical and Theoretical Relevance of Hypersexual Desire, 47 INT'L J. OF OFFENDER THERAPY AND COMPARATIVE CRIMINOLOGY 439(2003).

IMMANUEL KANT, OUR DUTIES TO ANIMALS(1780).

A. W. G. Kean, The History of the Criminal Liability of Children, 53 L. Q. REV. 364(1937).

VOJISLAV KECMAN, LEARNING AND SOFT COMPUTING, SUPPORT VECTOR MACHINES, NEURAL NETWORKS AND FUZZY LOGIC MODELS(2001).

Edwin R. Keedy, Ignorance and Mistake in the Criminal Law, 22 HARV. L. REV. 75(1909).

Paul W. Keve, The Professional Character of the Presentence Report, 26 FEDERAL

PROBATION 51(1962).
ANTONY KENNY, WILL, FREEDOM AND POWER(1975).
ANTONY KENNY, WHAT IS FAITH? (1992).
Roy D. King, The Rise and Rise of Supermax: An American Solution in Search of a Problem?, 1 PUNISHMENT AND SOCIETY 163(1999).
RAYMOND KURZWEIL, THE AGE OF INTELLIGENT MACHINES(1990).
NICOLA LACEY AND CELIA WELLS, RECONSTRUCTING CRIMINAL LAW—CRITICAL PERSPECTIVES ON CRIME AND THE CRIMINAL PROCESS(2nd ed. 1998).
NICOLA LACEY, CELIA WELLS AND OLIVER QUICK, RECONSTRUCTING CRIMINAL LAW(3rd ed., 2003, 2006).
J. G. LANDELS, ENGINEERING IN THE ANCIENT WORLD(rev. ed., 2000).
William S. Laufer, Corporate Bodies and Guilty Minds, 43 EMORY L. J. 647 (1994).
GOTTFRIED WILHELM LEIBNIZ, CHARACTERISTICA UNIVERSALIS(1676).
Julie Leibrich, Burt Galaway and Yvonne Underhill, Community Sentencing in New Zealand: A Survey of Users, 50 FEDERAL PROBATION 55(1986).
LAWRENCE LESSIG, CODE AND OTHER LAWS OF CYBERSPACE(1999).
DAVID LEVY, ROBOTS UNLIMITED: LIFE IN A VIRTUAL AGE(2006).
DAVID LEVY, LOVE AND SEX WITH ROBOTS: THE EVOLUTION OF HUMAN-ROBOT RELATIONSHIPS(2007).
DAVID LEVY AND MONTY NEWBORN, HOW COMPUTERS PLAY CHESS(1991).
K. W. Lidstone, Social Control and the Criminal Law, 27 BRIT. J. CRIMINOLOGY 31 (1987).
DOUGLAS S. LIPTON, ROBERT MARTINSON AND JUDITH WILKS, THE EFFECTIVENESS OF CORRECTIONAL TREATMENT: A SURVEY OF TREATMENT EVALUATION STUDIES (1975).
Frederick J. Ludwig, Rationale of Responsibility for Young Offenders, 29 NEB. L. REV. 521(1950).
GEORGE F. LUGER, ARTIFICIAL INTELLIGENCE: STRUCTURES AND STRATEGIES FOR COMPLEX PROBLEM SOLVING(2001).
GEORGE F. LUGER AND WILLIAM A. STUBBLEFIELD, ARTIFICIAL INTELLIGENCE: STRUCTURES AND STRATEGIES FOR COMPLEX PROBLEM SOLVING(6th ed., 2008). 265
William G. Lycan, Introduction, MIND AND COGNITION 3(William G. Lycan ed., 1990).
Gerard E. Lynch, The Role of Criminal Law in Policing Corporate Misconduct, 60 LAW & CONTEMP. PROBS. 23(1997).
Peter Lynch, The Origins of Computer Weather Prediction and Climate Modeling, 227.
JOURNAL OF COMPUTATIONAL PHYSICS 3431(2008).
DAVID LYONS, FORMS AND LIMITS OF UTILITARIANISM(1965).
David Lyons, Open Texture and the Possibility of Legal Interpretation, 18 LAW PHIL. 297(1999).

DORRIS LAYTON MACKANZIE AND EUGENE E. HEBERT, CORRECTIONAL BOOT CAMPS: A TOUGH INTERMEDIATE SANCTION(1996).

BRONISLAW MALINOWSKI, CRIME AND CUSTOM IN SAVAGE SOCIETY(1959, 1982).

DAVID MANNERS AND TSUGIO MAKIMOTO, LIVING WITH THE CHIP(1995).

Dan Markel, Are Shaming Punishments Beautifully Retributive? Retributivism and the Implications for the Alternative Sanctions Debate, 54 VAND. L. REV. 2157 (2001).

Robert Martinson, What Works? Questions and Answers about Prison Reform, 35 PUBLIC INTEREST 22(1974).

Thomas Mathiesen, The Viewer Society: Michel Foucault's "Panopticon" Revisited, 1

THEORETICAL CRIMINOLOGY 215(1997).

Peter McCandless, Liberty and Lunacy: The Victorians and Wrongful Confinement, MADHOUSES, MAD-DOCTORS, AND MADMEN: THE SOCIAL HISTORY OF PSYCHIATRY IN THE VICTORIAN ERA(Scull ed., 1981).

Aileen McColgan, In Defence of Battered Women who Kill, 13 OXFORD J. LEGAL STUD. 508(1993).

Sean McConville, The Victorian Prison: England *1865—1965*, THE OXFORD HISTORY OF THE PRISON 131(Norval Morris and David J. Rothman eds., 1995).

J. R. Mc DONALD, G. M. BURT, J. S. ZIELINSKI AND S. D. J. MCARTHUR, INTELLIGENT KNOWLEDGE BASED SYSTEM IN ELECTRICAL POWER ENGINEERING (1997).

COLIN MCGINN, THE PROBLEM OF CONSCIOUSNESS: ESSAYS TOWARDS A RESOLUTION(1991).

KARL MENNINGER, MARTIN MAYMAN AND PAUL PRUYSER, THE VITAL BALANCE (1963).

Alan C. Michaels, Imposing Constitutional Limits on Strict Liability: Lessons from the American Experience, APPRAISING STRICT LIABILITY 218 (A. P. Simester ed., 2005).

DONALD MICHIE AND RORY JOHNSTON, THE CREATIVE COMPUTER(1984).

Justine Miller, Criminal Law—An Agency for Social Control, 43 YALE L. J. 691 (1934).

MARVIN MINSKY, THE SOCIETY OF MIND(1986).

JESSICA MITFORD, KIND AND USUAL PUNISHMENT: THE PRISON BUSINESS(1974).

Patrick Montague, Self-Defense and Choosing Between Lives, 40 PHIL. STUD. 207(1981).

MICHAEL MOORE, LAW AND PSYCHIATRY: RETHINKING THE RELATIONSHIP(1984).

George Mora, Historical and Theoretical Trends in Psychiatry, 1 COMPREHENSIVE
266 TEXTBOOK OF PSYCHIATRY 1 (Alfred M. Freedman, Harold Kaplan and Benjamin J. Sadock eds., 2nd ed., 1975).

HANS MORAVEC, ROBOT: MERE MACHINE TO TRANSCENDENT MIND(1999).

Norval Morris, Somnambulistic Homicide: Ghosts, Spiders, and North

Koreans, 5 RES JUDICATAE 29(1951).

TIM MORRIS, COMPUTER VISION AND IMAGE PROCESSING(2004).

Gerhard O. W. Mueller, Mens Rea and the Corporation—A Study of the Model Penal Code Position on Corporate Criminal Liability, 19 U. PITT. L. REV. 21 (1957).

Michael A. Musmanno, Are Subordinate Officials Penally Responsible for Obeying Superior Orders which Direct Commission of Crime? , 67 DICK. L. REV. 221(1963).

MONTY NEWBORN, DEEP BLUE(2002).

ALLEN NEWELL AND HERBERT A. SIMON, HUMAN PROBLEM SOLVING(1972).

EDWARD NORBECK, RELIGION IN PRIMITIVE SOCIETY(1961).

Anne Norton, After the Terror: Mortality, Equality, Fraternity, THE KILLING STATE—CAPITAL PUNISHMENT IN LAW, POLITICS, AND CULTURE 27 (Austin Sarat ed., 1999).

Scott T. Noth, A Penny for Your Thoughts: Post-Mitchell Hate Crime Laws Confirm a Mutating Effect upon Our First Amendment and the Government's Role in Our Lives, 10 REGENT U. L. REV. 167(1998).

DAVID ORMEROD, SMITH & HOGAN CRIMINAL LAW(11th ed., 2005).

N. P. PADHY, ARTIFICIAL INTELLIGENCE AND INTELLIGENT SYSTEMS(2005, 2009).

WILLIAM PALEY, A TREATISE ON THE LAW OF PRINCIPAL AND AGENT(2nd ed., 1847).

DAN W. PATTERSON, INTRODUCTION TO ARTIFICIAL INTELLIGENCE AND EXPERT SYSTEMS(1990).

Monrad G. Paulsen, Intoxication as a Defense to Crime, 1961 U. ILL. L. F. 1 (1961).

Rollin M. Perkins, Negative Acts in Criminal Law, 22 IOWA L. REV. 659(1937).

Rollin M. Perkins, Ignorance and Mistake in Criminal Law, 88 U. PA. L. REV. 35 (1940).

Rollin M. Perkins, "Knowledge" as a Mens Rea Requirement, 29 HASTINGS L. J. 953(1978).

Rollin M. Perkins, Impelled Perpetration Restated, 33 HASTINGS L. J. 403 (1981).

ANTHONY M. PLATT, THE CHILD SAVERS: THE INVENTION OF DELINQUENCY(2nd ed., 1969, 1977).

Anthony Platt and Bernard L. Diamond, The Origins of the "Right and Wrong" Test of Criminal Responsibility and Its Subsequent Development in the United States: An Historical Survey, 54 CAL. L. REV. 1227(1966).

FREDERICK POLLOCK AND FREDERICK WILLIAM MAITLAND, THE HISTORY OF ENGLISH LAW BEFORE THE TIME OF EDWARD I(rev. 2nd ed., 1898).

Stanislaw Pomorski, On Multiculturalism, Concepts of Crime, and the "De Minimis" Defense, 1997 B. Y. U. L. REV. 51(1997).

JAMES COWLES PRICHARD, A TREATISE ON INSANITY AND OTHER DISORDERS

AFFECTING THE MIND(1835).

267 GUSTAV RADBRUCH, DER HANDLUNGSBEGRIFF IN SEINER BEDEUTUNG FÜR DAS STRAFRECHTSSYSTEM(1904).

LEON RADZINOWICZ, A HISTORY OF ENGLISH CRIMINAL LAW AND ITS ADMINISTRATION FROM 1750 VOL. 1: THE MOVEMENT FOR REFORM(1948).

LEON RADZINOWICZ AND ROGER HOOD, A HISTORY OF ENGLISH CRIMINAL LAW AND ITS ADMINISTRATION FROM 1750 VOL.5: THE EMERGENCE OF PENAL POLICY (1986).

Craig W. Reynolds, Herds and Schools: A Distributed Behavioral Model, 21 COMPUT. GRAPH.(1987).

ELAINE RICH AND KEVIN KNIGHT, ARTIFICIAL INTELLIGENCE(2nd ed., 1991).

FIORI RINALDI, IMPRISONMENT FOR NON-PAYMENT OF FINES(1976).

Edwina L. Rissland, Artificial Intelligence and Law: Stepping Stones to a Model of Legal Reasoning, 99 YALE L. J. 1957(1990).

CHASE RIVELAND, SUPERMAX PRISONS: OVERVIEW AND GENERAL CONSIDERATIONS (1999).

OLIVIA F. ROBINSON, THE CRIMINAL LAW OF ANCIENT ROME(1995).

Paul H. Robinson, A Theory of Justification: Societal Harm as a Prerequisite for Criminal Liability, 23 U.C.L.A. L. REV. 266(1975).

Paul H. Robinson and John M. Darley, The Utility of Desert, 91 NW. U. L. REV. 453(1997).

Paul H. Robinson, Testing Competing Theories of Justification, 76 N.C. L. REV. 1095(1998).

P. ROGERS, LAW ON THE BATTLEFIELD(1996).

Vashon R. Rogers Jr., De Minimis Non Curat Lex, 21 ALBANY L. J. 186(1880).

GEORGE ROSEN, MADNESS IN SOCIETY: CHAPTERS IN THE HISTORICAL SOCIOLOGY OF MENTAL ILLNESS(1969).

Laurence H. Ross, Deterrence Regained: The Cheshire Constabulary's "Breathalyser Blitz", 6 J. LEGAL STUD. 241(1977).

DAVID J. ROTHMAN, CONSCIENCE AND CONVENIENCE: THE ASYLUM AND ITS ALTERNATIVES IN PROGRESSIVE AMERICA(1980).

David J. Rothman, For the Good of All: The Progressive Tradition in Prison Reform, HISTORY AND CRIME 271 (James A. Inciardi and Charles E. Faupel eds., 1980).

CLAUS ROXIN, STRAFRECHT—ALLGEMEINER TEIL I(4 Auf., 2006).

STUART J.RUSSELL AND PETER NORVIG, ARTIFICIAL INTELLIGENCE: A MODERN APPROACH(2002).

WILLIAM OLDNALL RUSSELL, A TREATISE ON CRIMES AND MISDEMEANORS(1843, 1964).

Cheyney C. Ryan, Self-Defense, Pacificism, and the Possibility of Killing, 93 ETHICS 508(1983).

GILBERT RYLE, THE CONCEPT OF MIND(1954).

Francis Bowes Sayre, Criminal Responsibility for the Acts of Another, 43 HARV. L. REV. 689(1930).

Francis Bowes Sayre, Mens Rea, 45 HARV. L. REV. 974(1932).

Francis Bowes Sayre, Public Welfare Offenses, 33 COLUM. L. REV. 55(1933).

ROBERT J. SCHALKOFF, ARTIFICIAL INTELLIGENCE: AN ENGINEERING APPROACH (1990).

Roger C. Schank, What is AI, Anyway?, THE FOUNDATIONS OF ARTIFICIAL INTELLIGENCE 3(Derek Pertridge and Yorick Wilks eds., 1990, 2006). 268

Samuel Scheffler, Justice and Desert in Liberal Theory, 88 CAL. L. REV. 965 (2000).

G. Schoenfeld, In Defence of Retribution in the Law, 35 PSYCHOANALYTIC Q. 108(1966).

FRANK SCHMALLEGER, CRIMINAL JUSTICE TODAY: AN INTRODUCTORY TEXT FOR THE 21ST CENTURY(2003).

WILLIAM ROBERT SCOTT, THE CONSTITUTION AND FINANCE OF ENGLISH, SCOTISH AND IRISH JOINT-STOCK COMPANIES TO 1720(1912).

John R. Searle, Minds, Brains & Programs, 3 BEHAVIORAL & BRAIN SCI. 417 (1980).

JOHN R. SEARLE, MINDS, BRAINS AND SCIENCE(1984).

JOHN R. SEARLE, THE REDISCOVERY OF MIND(1992).

LEE SECHREST, SUSAN O. WHITE AND ELIZABETH D. BROWN, THE REHABILITATION OF CRIMINAL OFFENDERS: PROBLEMS AND PROSPECTS(1979).

Richard P. Seiter and Karen R. Kadela, Prisoner Reentry: What Works, What Does Not, and What Is Promissing, 49 CRIME AND DELINQUENCY 360(2003).

THORSTEN J. SELLIN, SLAVERY AND THE PENAL SYSTEM(1976).

Robert N. Shapiro, Of Robots, Persons, and the Protection of Religious Beliefs, 56 S. CAL. L. REV. 1277(1983).

ROSEMARY SHEEHAN, GILL MCLVOR AND CHRIS TROTTER, WHAT WORKS WITH WOMEN OFFENDERS(2007).

LAWRENCE W. SHERMAN, DAVID P. FARRINGTON, DORIS LEYTON MACKENZIE AND BRANDON C. WELSH, EVIDENCE-BASED CRIME PREVENTION(2006).

Nancy Sherman, The Place of the Emotions in Kantian Morality, IDENTITY, CHARACTER, AND MORALITY 145 (Owen Flanagan & Amelie O. Rotry eds., 1990).

Stephen Shute, Knowledge and Belief in the Criminal Law, CRIMINAL LAW THEORY—DOCTRINES OF THE GENERAL PART 182 (Stephen Shute and A. P. Simester eds., 2005).

R. U. Singh, History of the Defence of Drunkenness in English Criminal Law, 49 LAW Q. REV. 528(1933).

VIEDA SKULTANS, ENGLISH MADNESS: IDEAS ON INSANITY, 1580—1890(1979).

Aaron Sloman, Motives, Mechanisms, and Emotions, THE PHILOSOPHY OF ARTIFICIAL INTELLIGENCE 231(Margaret A. Boden ed., 1990).

JOHN J. C. SMART AND BERNARD WILLIAMS, UTILITARIANISM—FOR AND AGAINST (1973).

RUDOLPH SOHM, THE INSTITUTES OF ROMAN LAW(3rd ed., 1907).

Lawrence B. Solum, Legal Personhood for Artificial Intelligences, 70 N.C. L. REV. 1231(1992).

MILAN SONKA, VACLAV HLAVAC AND ROGER BOYLE, IMAGE PROCESSING, ANALYSIS, AND MACHINE VISION(2008).

WALTER W. SOROKA, ANALOG METHODS IN COMPUTATION AND SIMULATION (1954).

John R. Spencer and Antje Pedain, Approaches to Strict and Constructive Liability in Continental Criminal Law, APPRAISING STRICT LIABILITY 237(A. P. Simester ed., 2005).

269 Jane Stapelton, Law, Causation and Common Sense, 8 OXFORD J. LEGAL STUD. 111(1988).

G.R. Sullivan, Knowledge, Belief, and Culpability, CRIMINAL LAW THEORY—DOCTRINES OF THE GENERAL PART 207(Stephen Shute and A.P. Simester eds., 2005).

G. R. Sullivan, Strict Liability for Criminal Offences in England and Wales Following Incorporation into English Law of the European Convention on Human Rights, APPRAISING STRICT LIABILITY 195(A. P. Simester ed., 2005).

ROGER J. SULLIVAN, IMMANUEL KANT'S MORAL THEORY(1989).

Victor Tadors, Recklessness and the Duty to Take Care, CRIMINAL LAW THEORY—DOCTRINES OF THE GENERAL PART 227 (Stephen Shute and A. P. Simester eds., 2005).

STEVEN L. TANIMOTO, ELEMENTS OF ARTIFICIAL INTELLIGENCE: AN INTRODUCTION USING LISP(1987).

Lawrence Taylor and Katharina Dalton, Premenstrual Syndrome: A New Criminal Defense? , 19 CAL. W. L. REV. 269(1983).

JUDITH JARVIS THOMSON, RIGHTS, RESTITUTION AND RISK: ESSAYS IN MORAL THEORY(1986).

BENJAMIN THORPE, ANCIENT LAWS AND INSTITUTES OF ENGLAND(1840, 2004).

Lawrence P. Tiffany and Carl A. Anderson, Legislating the Necessity Defense in Criminal Law, 52 DENV. L. J. 839(1975).

Janet A. Tighe, Francis Wharton and the Nineteenth Century Insanity Defense: The Origins of a Reform Tradition, 27 AM. J. LEGAL HIST. 223(1983).

Jackson Toby, Is Punishment Necessary? 55 J. CRIM. L. CRIMINOLOGY & POLICE SCI. 332(1964).

MICHAEL H. TONRY AND KATHLEEN HATLESTAD, SENTENCING REFORM IN OVERCROWDED TIMES: A COMPARATIVE PERSPECTIVE(1997).

Richard H. S. Tur, Subjectivism and Objectivism: Towards Synthesis, ACTION AND VALUE IN CRIMINAL LAW 213(Stephen Shute, John Gardner and Jeremy Horder eds., 2003).

Alan Turing, Computing Machinery and Intelligence, 59 MIND 433(1950).

AUSTIN TURK, CRIMINALITY AND LEGAL ORDER(1969).

HORSFALL J. TURNER, THE ANNALS OF THE WAKEFIELD HOUSE OF CORRECTIONS FOR THREE HUNDRED YEARS(1904).

ALAN TYREE, EXPERT SYSTEMS IN LAW(1989).

Mark S. Umbreit, Community Service Sentencing: Jail Alternatives or Added Sanction?, 45 FEDERAL PROBATION 3(1981).

Max L. Veech and Charles R. Moon, De Minimis non Curat Lex, 45 MICH. L. REV. 537(1947).

RUSS VERSTEEG, EARLY MESOPOTAMIAN LAW(2000).

John Barker Waite, The Law of Arrest, 24 TEX. L. REV. 279(1946).

NIGEL WALKER AND NICOLA PADFIELD, SENTENCING: THEORY, LAW AND PRACTICE(1996).

Andrew Walkover, The Infancy Defense in the New Juvenile Court, 31 U.C.L. 270
A. L. REV. 503(1984).

Steven Walt and William S.Laufer, Why Personhood Doesn't Matter: Corporate Criminal Liability and Sanctions, 18 AM. J. CRIM. L. 263(1991).

Mary Anne Warren, On the Moral and Legal Status of Abortion, ETHICS IN PRACTICE(Hugh Lafollette ed., 1997).

DONALD A. WATERMAN, A GUIDE TO EXPERT SYSTEMS(1986).

MAX WEBER, ECONOMY AND SOCIETY: AN OUTLINE OF INTERPRETIVE SOCIOLOGY(1968).

HENRY WEIHOFEN, MENTAL DISORDER AS A CRIMINAL DEFENSE(1954).

Paul Weiss, On the Impossibility of Artificial Intelligence, 44 REV. METAPHYSICS 335(1990).

Celia Wells, Battered Woman Syndrome and Defences to Homicide: Where Now?, 14 LEGAL STUD. 266(1994).

Yueh-Hsuan Weng and Chien-Hsun Chen and Chuen-Tsai Sun, The Legal Crisis of Next Generation Robots: On Safety Intelligence, PROCEEDINGS OF THE 11TH INTERNATIONAL CONFERENCE ON ARTIFICIAL INTELLIGENCE AND LAW 205(2007).

Yueh-Hsuan Weng, Chien-Hsun Chen and Chuen-Tsai Sun, Toward the Human-Robot Co-Existence Society: On Safety Intelligence for Next Generation Robots, 1 INT. J. SOC. ROBOT. 267(2009).

FRANCIS ANTONY WHITLOCK, CRIMINAL RESPONSIBILITY AND MENTAL ILLNESS (1963).

GLANVILLE WILLIAMS, CRIMINAL LAW: THE GENERAL PART(2nd ed., 1961).

Glanville Williams, Oblique Intention, 46 CAMB. L. J. 417(1987).

Glanville Williams, The Draft Code and Reliance upon Official Statements, 9 LEGAL STUD. 177(1989).

Glanville Williams, Innocent Agency and Causation, 3 CRIM. L. F. 289(1992).

Ashlee Willis, Community Service as an Alternative to Imprisonment: A Cautionary View, 24 PROBATION JOURNAL 120(1977).

EDWARD O. WILSON, SOCIOBIOLOGY: THE NEW SYNTHESIS(1975).

JAMES Q. WILSON, THINKING ABOUT CRIME(2nd ed., 1985).

TERRY WINOGRAD AND FERNANDO C. FLORES, UNDERSTANDING COMPUTERS AND COGNITION: A NEW FOUNDATION FOR DESIGN(1986, 1987).

Terry Winograd, Thinking Machines: Can There Be? Are We?, THE FOUNDATIONS OF ARTIFICIAL INTELLIGENCE 167 (Derek Pertridge and Yorick Wilks eds., 1990, 2006).

PATRICK HENRY WINSTON, ARTIFICIAL INTELLIGENCE(3rd ed., 1992).

Edward M. Wise, The Concept of Desert, 33 WAYNE L. REV. 1343(1987).

LUDWIG WITTGENSTEIN, PHILOSOPHISCHE UNTERSUCHUNGEN(1953).

Steven J. Wolhandler, Voluntary Active Euthanasia for the Terminally Ill and the Constitutional Right to Privacy, 69 CORNELL L. REV. 363(1984).

Kam C. Wong, Police Powers and Control in the People's Republic of China: The History of Shoushen, 10 COLUM. J. ASIAN L. 367(1996).

271 Ledger Wood, Responsibility and Punishment, 28 AM. INST. CRIM. L. & CRIMINOLOGY 630(1938).

ANDREW WRIGHT, GWYNETH BOSWELL AND MARTIN DAVIES, CONTEMPORARY PROBATION PRACTICE(1993).

Andrew J. Wu, From Video Games to Artificial Intelligence: Assigning Copyright Ownership to Works Generated by Increasingly Sophisticated Computer Programs, 25 AIPLA Q. J. 131(1997).

REUVEN YARON, THE LAWS OF ESHNUNNA(2nd ed., 1988).

MASOUD YAZDANI AND AJIT NARAYANAN, ARTIFICIAL INTELLIGENCE: HUMAN EFFECTS(1985).

PETER YOUNG, PUNISHMENT, MONEY AND THE LEGAL ORDER: AN ANALYSIS OF THE EMERGENCE OF MONETARY SANCTIONS WITH SPECIAL REFERENCE TO SCOTLAND(1987).

Rachel S. Zahniser, Morally and Legally: A Parent's Duty to Prevent the Abuse of a Child as Defined by Lane v. Commonwealth, 86 KY. L. J. 1209(1998).

REINHARD ZIMMERMANN, THE LAW OF OBLIGATIONS—ROMAN FOUNDATIONS OF THE CIVILIAN TRADITION(1996).

Franklin E. Zimring, The Executioner's Dissonant Song: On Capital Punishment and American Legal Values, THE KILLING STATE—CAPITAL PUNISHMENT IN LAW, POLITICS, AND CULTURE 137(Austin Sarat ed., 1999).

Abrams v. United States, 250 U.S. 616, 63 L.Ed. 1173, 40 S.Ct. 17(1919).

Adams v. State, 8 Md.App. 684, 262 A.2d 69(1970).

Alford v. State, 866 S.W.2d 619(Tex.Crim.App.1993).

Allday, (1837) 8 Car. & P. 136, 173 E.R. 431.

Almon, (1770) 5 Burr. 2686, 98 E.R. 411.

Anderson v. State, 66 Okl.Cr. 291, 91 P.2d 794(1939).

Anderson, [1966] 2 Q.B. 110, [1966] 2 All E.R. 644, [1966] 2 W.L.R. 1195, 50 Cr. App. Rep. 216, 130 J.P. 318.

Andrews v. People, 800 P.2d 607(Colo.1990).

Ann v. State, 30 Tenn. 159, 11 Hum. 159(1850).

Arp v. State, 97 Ala. 5, 12 So. 301(1893).

Axtell, (1660) 84 E.R. 1060.

B. v. Director of Public Prosecutions, [2000] 2 A.C. 428, [2000] 1 All E.R. 833, [2000] 2 W.L.R. 452, [2000] 2 Cr. App. Rep. 65, [2000] Crim. L. R. 403.

Bailey, (1818) Russ. & Ry. 341, 168 E.R. 835.

Barnes v. State, 19 Conn. 398(1849).

Barnfather v. Islington London Borough Council, [2003] E. W. H. C. 418 (Admin), [2003] 1 W.L.R. 2318, [2003] E.L.R. 263.

Bateman, [1925] All E.R. Rep. 45, 94 L.J.K.B. 791, 133 L.T. 730, 89 J.P. 162, 41 T.L.R. 557, 69 Sol. Jo. 622, 28 Cox. C.C. 33, 19 Cr. App.Rep. 8.

Batson v. State, 113 Nev. 669, 941 P.2d 478(1997).

Beason v. State, 96 Miss. 165, 50 So. 488(1909).

Benge, (1865) 4 F. & F. 504, 176 E.R. 665.

Birmingham, &c., Railway Co., (1842) 3 Q. B. 223, 114 E.R. 492.

Birney v. State, 8 Ohio Rep. 230(1837).

Blake v. United States, 407 F.2d 908(5th Cir.1969).

Blaker v. Tillstone, [1894] 1 Q.B. 345.

Bolden v. State, 171 S.W.3d 785(2005).

Bonder v. State, 752 A.2d 1169(Del.2000).

Boson v. Sandford, (1690) 2 Salkeld 440, 91 E.R. 382.
Boushea v. United States, 173 F.2d 131, 134(8th Cir. 1949).
Bradley v. State, 102 Tex.Crim.R. 41, 277 S.W. 147(1926).
Bratty v. Attorney-General for Northern Ireland, [1963] A.C. 386, 409, [1961] 3 All E.R. 523, [1961] 3 W.L.R. 965, 46 Cr. App. Rep 1 Brett v. Rigden, (1568) 1 Plowd. 340, 75 E.R. 516.
Burnett, (1815) 4 M. & S. 272, 105 E.R. 835.

C, [2007] E.W.C.A. Crim. 1862, [2007] All E.R.(D) 91.
Caldwell, [1982] A.C. 341, [1981] 1 All E.R. 961, [1981] 2 W.L.R. 509, 73 Cr. App. Rep. 13, 145 J.P. 211.
Calley v. Callaway, 519 F.2d 184(5th Cir.1975) Campbell v. Wood, 18 F.3d 662 (9th Cir. 1994) Carter v. State, 376 P.2d 351(Okl.Crim.App.1962).
273 Carter v. United States, 530 U.S. 255, 120 S.Ct. 2159, 147 L.Ed.2d 203(2000).
Chance v. State, 685 A.2d 351(Del.1996).
Cheek v. United States, 498 U.S. 192, 111 S.Ct. 604, 112 L.Ed.2d 617(1991).
Childs v. State, 109 Nev. 1050, 864 P.2d 277(1993).
Chisholm v. Doulton, (1889) 22 Q.B.D. 736.
Chrystal v. Commonwealth, 72 Ky. 669, 9 Bush. 669(1873).
City of Chicago v. Mayer, 56 Ill.2d 366, 308 N.E.2d 601(1974).
Coal & C.R. v. Conley, 67 W.Va. 129, 67 S.E. 613(1910).
Commonwealth v. Boynton, 84 Mass. 160, 2 Allen 160(1861).
Commonwealth v. Fortner L.P. Gas Co., 610 S.W.2d 941(Ky.App.1980).
Commonwealth v. French, 531 Pa. 42, 611 A.2d 175(1992).
Commonwealth v. Goodman, 97 Mass. 117(1867).
Commonwealth v. Green, 477 Pa. 170, 383 A.2d 877(1978).
Commonwealth v. Herd, 413 Mass. 834, 604 N.E.2d 1294(1992).
Commonwealth v. Hill, 11 Mass. 136(1814).
Commonwealth v. Johnson, 412 Mass. 368, 589 N.E.2d 311(1992).
Commonwealth v. Leno, 415 Mass. 835, 616 N.E.2d 453(1993).
Commonwealth v. Lindsey, 396 Mass. 840, 489 N.E.2d 666(1986).
Commonwealth v. McIlwain School Bus Lines, Inc., 283 Pa.Super. 1, 423 A.2d 413(1980).
Commonwealth v. Mead, 92 Mass. 398(1865).
Commonwealth v. Monico, 373 Mass. 298, 366 N.E.2d 1241(1977).
Commonwealth v. New York Cent. & H. River R. Co., 206 Mass. 417, 92 N.E. 766(1910).
Commonwealth v. Perl, 50 Mass.App.Ct. 445, 737 N.E.2d 937(2000).
Commonwealth v. Pierce, 138 Mass. 165(1884).
Commonwealth v. Proprietors of New Bedford Bridge, 68 Mass. 339(1854).
Commonwealth v. Shumway, 72 Va.Cir. 481(2007).
Commonwealth v. Thompson, 6 Mass. 134, 6 Tyng 134(1809).

Commonwealth v. Walensky, 316 Mass. 383, 55 N.E.2d 902(1944).
Commonwealth v. Weaver, 400 Mass. 612, 511 N.E.2d 545(1987).
Cox v. State, 305 Ark. 244, 808 S.W.2d 306(1991).
Crawshaw, (1860) Bell. 303, 169 E.R. 1271.
Cutter v. State, 36 N.J.L. 125(1873).

Da Silva, [2006] E.W.C.A. Crim.1654 , [2006] 4 All E.R. 900, [2006] 2 Cr. App. Rep. 517.
Dalloway, (1847) 2 Cox C.C. 273.
Daniel v. State, 187 Ga. 411, 1 S.E.2d 6(1939).
Director of Public Prosecutions v. Kent and Sussex Contractors Ltd., [1944] K.B. 146, [1944] 1 All E.R. 119.
Dixon, (1814) 3 M. & S. 11, 105 E.R. 516.
Dodd, (1736) Sess.Cas. 135, 93 E.R. 136.
Dotson v. State, 6 Cold. 545(1869).
Driver v. State, 2011 Tex. Crim. App. Lexis 4413(2011).
Duckett v. State, 966 P.2d 941(Wyo.1998).
Dudley and Stephens, [1884] 14 Q.B. D. 273.
Dugdale, (1853) 1 El. & Bl. 435, 118 E.R. 499. 274
Dusenbery v. Commonwealth, 263 S.E.2d 392(Va. 1980).
Dutton v. State, 123 Md. 373, 91 A. 417(1914).
Dyke v. Gower, [1892] 1 Q.B. 220.

Elk v. United States, 177 U.S. 529, 20 S.Ct. 729, 44 L.Ed. 874(1900).
English, [1999] A.C. 1, [1997] 4 All E.R. 545, [1997] 3 W.L.R. 959, [1998] 1 Cr. App. Rep. 261, [1998] Crim. L.R. 48, 162 J.P. 1 Esop, (1836) 7 Car. & P. 456, 173 E.R. 203.
Evans v. Bartlam, [1937] A.C. 473, 479, [1937] 2 All E.R. 646.
Evans v. State, 322 Md. 24, 585 A.2d 204(1991).

Fain v.Commonwealth, 78 Ky.183, 39 Am.Rep. 213(1879).
Farmer v. People, 77 Ill. 322(1875).
Finney, (1874) 12 Cox C.C. 625.
Firth, (1990) 91 Cr. App. Rep. 217, 154 J.P. 576, [1990] Crim. L.R. 326.
Fitzpatrick v. Kelly, [1873] 8 Q.B. 337.
Fitzpatrick, [1977] N.I. 20.
Forbes, (1835) 7 Car. & P. 224, 173 E.R. 99.
Frey v. United States, 708 So.2d 918(Fla.1998).

G., [2003] U.K.H.L. 50, [2004] 1 A.C. 1034, [2003] 3 W.L.R. 1060, [2003] 4 All E.R. 765, [2004] 1 Cr. App. Rep. 21, (2003) 167 J.P. 621, [2004] Crim. L. R. 369.

G., [2008] U.K.H.L. 37, [2009] A.C. 92.
Gammon(HongKong)Ltd.v. Attorney-General of Hong Kong, [1985] 1 A.C. 1, [1984] 2 All E.R. 503, [1984] 3 W.L.R. 437, 80 Cr. App. Rep. 194, 26 Build L.R. 159.
Gardiner, [1994] Crim. L.R. 455.
Godfrey v. State, 31 Ala. 323(1858).
Government of the Virgin Islands v. Smith, 278 F.2d 169(3_{rd} Cir.1960).
Granite Construction Co. v. Superior Court, 149 Cal.App.3d 465, 197 Cal.Rptr. 3 (1983).
Gray v. Lucas, 710 F.2d 1048(5_{th} Cir. 1983).
Great Broughton(Inhabitants), (1771) 5 Burr. 2700, 98 E.R. 418.
Gregg v. Georgia, 428 U.S. 153, S.Ct. 2909, 49 L.Ed.2d 859(1979).
Grout, (1834) 6 Car. & P. 629, 172 E.R. 1394.

Hall v. Brooklands Auto Racing Club, [1932] All E.R. 208, [1933] 1 K.B. 205, 101 L.J.K.B. 679, 147 L.T. 404, 48 T.L.R. 546.
Hardcastle v. Bielby, [1892] 1 Q.B. 709.
Hartson v. People, 125 Colo. 1, 240 P.2d 907(1951).
Hasan, [2005] U.K.H.L. 22, [2005] 4 All E.R. 685, [2005] 2 Cr. App. Rep. 314, [2006] Crim. L.R. 142, [2005] All E.R.(D) 299.
Heilman v. Commonwealth, 84 Ky. 457, 1 S.W. 731(1886).
Henderson v. Kibbe, 431 U.S. 145, 97 S.Ct. 1730, 52 L.Ed.2d 203(1977).
Henderson v. State, 11 Ala.App. 37, 65 So. 721(1914).
Hentzner v. State, 613 P.2d 821(Alaska 1980).
Hern v. Nichols, (1708) 1 Salkeld 289, 91 E.R. 256.
Hobbs v. Winchester Corporation, [1910] 2 K.B. 471.
Holbrook, (1878) 4 Q.B.D. 42.
Howard v. State, 73 Ga.App. 265, 36 S.E.2d 161(1945).
Huggins, (1730) 2 Strange 882, 93 E.R. 915.
275 Hughes v. Commonwealth, 19 Ky.L.R. 497, 41 S.W. 294(1897).
Hull, (1664) Kel. 40, 84 E.R. 1072.
Humphrey v. Commonwealth, 37 Va.App. 36, 553 S.E.2d 546(2001).
Hunt v. Nuth, 57 F.3d 1327(4th Cir. 1995).
Hunt v. State, 753 So.2d 609(Fla.App.2000).
Hunter v. State, 30 Tenn. 160, 1 Head 160(1858).

I.C.R. Haulage Ltd., [1944] K.B. 551, [1944] 1 All E.R. 691.
Ingram v. United States, 592 A.2d 992(D.C.App.1991).

Johnson v. State, 142 Ala. 70(1904).
Jones v. Hart, (1699) 2 Salkeld 441, 91 E.R. 382.
Jurco v. State, 825 P.2d 909(Alaska App.1992).

K., [2001] U.K.H.L. 41, [2002] 1 A.C. 462.
Kimoktoak v. State, 584 P.2d 25(Alaska 1978).
Kingston v. Booth, (1685) Skinner 228, 90 E.R. 105.
Knight, (1828) 1 L.C.C. 168, 168 E.R. 1000.
Kumar, [2004] E.W.C.A. Crim. 3207, [2005] 1 Cr. App. Rep. 566, [2005] Crim. L.R. 470.

Laaman v. Helgemoe, 437 F.Supp. 269(1977).
Lambert v. California, 355 U.S. 225, 78 S.Ct. 240, 2 L.Ed.2d 228(1957).
Lambert v. State, 374 P.2d 783(Okla.Crim.App.1962).
Lane v. Commonwealth, 956 S.W.2d 874(Ky.1997).
Langforth Bridge, (1635) Cro. Car. 365, 79 E.R. 919.
Larsonneur, (1933) 24 Cr. App. R. 74, 97 J.P. 206, 149 L.T. 542.
Lawson, [1986] V.R. 515.
Leach, [1937] 1 All E.R. 319.
Lee v. State, 41 Tenn. 62, 1 Cold. 62(1860).
Leet v. State, 595 So.2d 959(1991).
Lennard's Carrying Co. Ltd. v. Asiatic Petroleum Co. Ltd., [1915] A.C. 705.
In re Leroy, 285 Md. 508, 403 A.2d 1226(1979).
Lester v. State, 212 Tenn. 338, 370 S.W.2d 405(1963).
Levett, (1638) Cro. Car. 538.
Lifton(Inhabitants), (1794) 5 T.R. 498, 101 E.R. 280.
Liverpool(Mayor), (1802) 3 East 82, 102 E.R. 529.
Long v. Commonwealth, 23 Va.App. 537, 478 S.E.2d 324(1996).
Long v. State, 44 Del. 262, 65 A.2d 489(1949).
Longbottom, (1849) 3 Cox C. C. 439.
Lutwin v. State, 97 N.J.L. 67, 117 A. 164(1922).

Manser, (1584) 2 Co. Rep. 3, 76 E.R. 392.
Marshall, (1830) 1 Lewin 76, 168 E.R. 965.
Martin v. State, 90 Ala. 602, 8 So. 858(1891).
Mason v. State, 603 P.2d 1146(Okl.Crim.App.1979).
Matudi, [2004] E.W.C.A. Crim. 697.
Mavji, [1987] 2 All E.R. 758, [1987] 1 W.L.R. 1388, [1986] S.T.C. 508, Cr. App. Rep. 31, [1987] Crim. L.R. 39.
Maxey v. United States, 30 App. D.C. 63, 80(App. D.C. 1907).
McClain v. State, 678 N.E.2d 104(Ind.1997).
McGrowther, (1746) 18 How. St. Tr. 394.
McMillan v. City of Jackson, 701 So.2d 1105(Miss.1997). 276
McNeil v. United States, 933 A.2d 354(2007).
Meade, [1909] 1 K.B. 895.
Meakin, (1836) 7 Car. & P. 297, 173 E.R. 131.

Mendez v. State, 575 S.W.2d 36(Tex.Crim.App.1979).
Michael, (1840) 2 Mood. 120, 169 E.R. 48.
Middleton v. Fowler, (1699) 1 Salkeld 282, 91 E.R. 247.
Mildmay, (1584) 1 Co. Rep. 175a, 76 E.R. 379.
Miller v. State, 3 Ohio St. Rep. 475(1854).
Minor v. State, 326 Md. 436, 605 A.2d 138(1992).
Mitchell v. State, 114 Nev. 1417, 971 P.2d 813(1998).
M'Naghten, (1843) 10 Cl. & Fin. 200, 8 E.R. 718.
Montgomery v. Commonwealth, 189 Ky. 306, 224 S.W. 878(1920).
Moore v. State, 25 Okl.Crim. 118, 218 P. 1102(1923).
Mouse, (1608) 12 Co. Rep. 63, 77 E.R. 1341.
Myers v. State, 1 Conn. 502(1816).

Nelson v. State, 597 P.2d 977(Alaska 1979).
New York & G.L.R. Co. v. State, 50 N.J.L. 303, 13 A. 1(1888).
New York Cent. & H.R.R. v. United States, 212 U.S. 481, 29 S.Ct. 304, 53 L. Ed. 613(1909).
Nutt, (1728) 1 Barn. K.B. 306, 94 E.R. 208.

O'Flaherty, [2004] E.W.C.A. Crim. 526, [2004] 2 Cr. App. Rep. 315.
Oxford, (1840) 9 Car. & P. 525, 173 E.R. 941.

Parish, (1837) 8 Car. & P. 94, 173 E.R. 413.
Parnell v. State, 912 S.W.2d 422, 424(Ark.1996).
Pearson, (1835) 2 Lewin 144, 168 E.R. 1108.
Peebles v. State, 101 Ga. 585, 28 S.E. 920(1897).
People v. Bailey, 451 Mich. 657, 549 N.W.2d 325(1996).
People v. Brubaker, 53 Cal.2d 37, 346 P.2d 8(1959).
People v. Cabaltero, 31 Cal.App.2d 52, 87 P.2d 364(1939).
People v. Cherry, 307 N.Y. 308, 121 N.E.2d 238(1954).
People v. Clark, 8 N.Y.Cr. 169, 14 N.Y.S. 642(1891).
People v. Cooper, 194 Ill.2d 419, 252 Ill.Dec. 458, 743 N.E.2d 32(2000).
People v. Craig, 78 N.Y.2d 616, 578 N.Y.S.2d 471, 585 N.E.2d 783(1991).
People v. Daugherty, 40 Cal.2d 876, 256 P.2d 911(1953).
People v. Davis, 33 N.Y.2d 221, 351 N.Y.S.2d 663, 306 N.E.2d 787(1973).
People v. Decina, 2 N.Y.2d 133, 157 N.Y.S.2d 558, 138 N.E.2d 799(1956).
People v. Disimone, 251 Mich.App. 605, 650 N.W.2d 436(2002).
People v. Ferguson, 134 Cal.App. 41, 24 P.2d 965(1933).
People v. Freeman, 61 Cal.App.2d 110, 142 P.2d 435(1943).
People v. Handy, 198 Colo. 556, 603 P.2d 941(1979).
People v. Haney, 30 N.Y.2d 328, 333 N.Y.S.2d 403, 284 N.E.2d 564(1972).
People v. Harris, 29 Cal. 678(1866).

People v. Heitzman, 9 Cal.4th 189, 37 Cal.Rptr.2d 236, 886 P.2d 1229(1994). 277
People v. Henry, 239 Mich.App. 140, 607 N.W.2d 767(1999).
People v. Higgins, 5 N.Y.2d 607, 186 N.Y.S.2d 623, 159 N.E.2d 179(1959).
People v. Howk, 56 Cal.2d 687, 16 Cal.Rptr. 370, 365 P.2d 426(1961).
People v. Kemp, 150 Cal.App.2d 654, 310 P.2d 680(1957).
People v. Kessler, 57 Ill.2d 493, 315 N.E.2d 29(1974).
People v. Kirst, 168 N.Y. 19, 60 N.E. 1057(1901).
People v. Larkins, 2010 Mich. App. Lexis 1891(2010).
People v. Leonardi, 143 N.Y. 360, 38 N.E. 372(1894).
People v. Lisnow, 88 Cal.App.3d Supp. 21, 151 Cal.Rptr. 621(1978).
People v. Little, 41 Cal.App.2d 797, 107 P.2d 634(1941).
People v. Marshall, 362 Mich. 170, 106 N.W.2d 842(1961).
People v. Merhige, 212 Mich. 601, 180 N.W. 418(1920).
People v. Michalow, 229 N.Y. 325, 128 N.E. 228(1920).
People v. Minifie, 13 Cal.4th 1055, 56 Cal.Rptr.2d 133, 920 P.2d 1337(1996).
People v. Monks, 133 Cal. App. 440(Cal. Dist. Ct. App. 1933).
People v. Mutchler, 140 N.E. 820, 823(Ill. 1923).
People v. Newton, 8 Cal.App.3d 359, 87.
People v. Pantano, 239 N.Y. 416, 146 N.E. 646(1925).
People v. Prettyman, 14 Cal.4th 248, 58 Cal.Rptr.2d 827, 926 P.2d 1013 (1996).
People v. Richards, 269 Cal.App.2d 768, 75 Cal.Rptr. 597(1969).
People v. Sakow, 45 N.Y.2d 131, 408 N.Y.S.2d 27, 379 N.E.2d 1157(1978).
People v. Smith, 57 Cal. App. 4th 1470, 67 Cal. Rptr. 2d 604(1997).
People v. Sommers, 200 P.3d 1089(2008).
People v. Townsend, 214 Mich. 267, 183 N.W. 177(1921).
People v. Vogel, 46 Cal.2d 798, 299 P.2d 850(1956).
People v. Weiss, 256 App.Div. 162, 9 N.Y.S.2d 1(1939).
People v. Whipple, 100 Cal.App. 261, 279 P.1008(1929).
People v. Williams, 56 Ill.App.2d 159, 205 N.E.2d 749(1965).
People v. Wilson, 66 Cal.2d 749, 59 Cal.Rptr. 156, 427 P.2d 820(1967).
People v. Young, 11 N.Y.2d 274, 229 N.Y.S.2d 1, 183 N.E.2d 319(1962).
Pierson v. State, 956 P.2d 1119(Wyo.1998).
Pigman v. State, 14 Ohio 555(1846).
Polston v. State, 685 P.2d 1(Wyo.1984).
Pope v. United States, 372 F.2d 710(8th Cir.1970).
Powell v. Texas, 392 U.S. 514, 88 S.Ct. 2145, 20 L.Ed.2d 1254(1968).
Price v. State, 50 Tex.Crim.R. 71, 94 S.W. 901(1906).
Proctor v. State, 15 Okl.Cr. 338, 176 P. 771 Cal.Rptr. 394(1970)(1918).
Provenzano v. Moore, 744 So.2d 413(Fla. 1999). 278
Provincial Motor Cab Company Ltd. v. Dunning, [1909] 2 K.B. 599.
Pugliese v. Commonwealth, 16 Va.App. 82, 428 S.E.2d 16(1993).

Quick, [1973] Q.B. 910, [1973] 3 All E.R. 347, [1973] 3 W.L.R. 26, 57 Cr. App. Rep. 722, 137 J.P. 763.

R.I. Recreation Center v. Aetna Cas. & Surety Co., 177 F.2d 603(1st Cir.1949).
Rangel v. State, 2009 Tex.App. 1555(2009).
Ratzlaf v. United States, 510 U.S. 135, 114 S.Ct. 655, 126 L.Ed.2d 615 (1994).
Read v. People, 119 Colo. 506, 205 P.2d 233(1949).
Redmond v. State, 36 Ark. 58(1880).
Reed v. State, 693 N.E.2d 988(Ind.App.1998).
Reniger v. Fogossa, (1551) 1 Plowd. 1, 75 E.R. 1.
Rice v. State, 8 Mo. 403(1844) Richards, [2004] E.W.C.A. Crim. 192.
Richardson v. State, 697 N.E.2d 462(Ind.1998) Ricketts v. State, 291 Md. 701, 436 A.2d 906(1981).
Roberts v. People, 19 Mich. 401(1870).
Robinson v. California, 370 U.S. 660, 82 S.Ct. 1417, 8 L.Ed.2d 758(1962).
Rollins v. State, 2009 Ark. 484, 347 S.W.3d 20(2009).
Roy v. United States, 652 A.2d 1098(D.C.App.1995).

Saik, [2006] U.K.H.L. 18, [2007] 1 A.C. 18.
Saintiff, (1705) 6 Mod. 255, 87 E.R. 1002.
Sam v. Commonwealth, 13 Va.App. 312, 411 S.E.2d 832(1991).
Sanders v. State, 466 N.E.2d 424(Ind.1984).
Scales v. United States, 367 U.S. 203, 81 S.Ct. 1469, 6 L.Ed.2d 782(1961).
Schmidt v. United States, 133 F. 257(9th Cir.1904).
Schuster v. State, 48 Ala. 199(1872).
Scott v. State, 71 Tex.Crim.R. 41, 158 S.W. 814(1913).
Seaboard Offshore Ltd. v. Secretary of State for Transport, [1994] 2 All E.R. 99, [1994] 1 W.L.R. 541, [1994] 1 Lloyd's Rep. 593.
Seaman v. Browning, (1589) 4 Leonard 123, 74 E.R. 771.
Severn and Wye Railway Co., (1819) 2 B. & Ald. 646, 106 E.R. 501.
Ex parte Smith, 135 Mo. 223, 36 S.W. 628(1896).
Smith v. California, 361 U.S. 147, 80 S.Ct. 215, 4 L.Ed.2d 205(1959).
Smith v. State, 83 Ala. 26, 3 So. 551(1888).
Spiers & Pond v. Bennett, [1896] 2 Q.B. 65.
Squire v. State, 46 Ind. 459(1874).
State Philbrick, 402 A.2d 59(Me.1979).
State v. Aaron, 4 N.J.L. 269(1818).
State v. Anderson, 141 Wash.2d 357, 5 P.3d 1247(2000).
State v. Anthuber, 201 Wis.2d 512, 549 N.W.2d 477(App.1996).
State v. Asher, 50 Ark. 427, 8 S.W. 177(1888).
State v. Audette, 149 Vt. 218, 543 A.2d 1315(1988).

State v. Ayer, 136 N.H. 191, 612 A.2d 923(1992).
State v. Barker, 128 W.Va. 744, 38 S.E.2d 346(1946).
State v. Barrett, 768 A.2d 929(R.I.2001). 279
State v. Blakely, 399 N.W.2d 317(S.D.1987).
State v. Bono, 128 N.J.Super. 254, 319 A.2d 762(1974).
State v. Bowen, 118 Kan. 31, 234 P. 46(1925).
State v. Brosnan, 221 Conn. 788, 608 A.2d 49(1992).
State v. Brown, 389 So.2d 48(La.1980).
State v. Bunkley, 202 Conn. 629, 522 A.2d 795(1987).
State v. Burrell, 135 N.H. 715, 609 A.2d 751(1992).
State v. Cain, 9 W. Va. 559(1874).
State v. Cameron, 104 N.J. 42, 514 A.2d 1302(1986).
State v. Campbell, 536 P.2d 105(Alaska 1975).
State v. Carrasco, 122 N.M. 554, 928 P.2d 939(1996).
State v. Case, 672 A.2d 586(Me.1996).
State v. Caswell, 771 A.2d 375(Me.2001).
State v. Champa, 494 A.2d 102(R.I.1985).
State v. Chicago, M. & St.P.R. Co., 130 Minn. 144, 153 N.W. 320(1915).
State v. Clottu, 33 Ind. 409(1870).
State v. Coffin, 128 N.M. 192, 991 P.2d 477(1999).
State v. Cram, 157 Vt. 466, 600 A.2d 733(1991).
State v. Crocker, 431 A.2d 1323(Me.1981).
State v. Crocker, 506 A.2d 209(Me.1986).
State v. Cude, 14 Utah 2d 287, 383 P.2d 399(1963).
State v. Curry, 45 Ohio St.3d 109, 543 N.E.2d 1228(1989).
State v. Daniels, 236 La. 998, 109 So.2d 896(1958).
State v. Dansinger, 521 A.2d 685(Me.1987).
State v. Daoud, 141 N.H. 142, 679 A.2d 577(1996).
State v. Dillon, 93 Idaho 698, 471 P.2d 553(1970).
State v. Dubina, 164 Conn. 95, 318 A.2d 95(1972).
State v. Ehlers, 98 N.J.L. 263, 119 A. 15(1922).
State v. Ellis, 232 Or. 70, 374 P.2d 461(1962).
State v. Elsea, 251 S.W.2d 650(Mo.1952).
State v. Etzweiler, 125 N.H. 57, 480 A.2d 870(1984).
State v. Evans, 134 N.H. 378, 594 A.2d 154(1991).
State v. Farley, 225 Kan. 127, 587 P.2d 337(1978).
State v. Fee, 126 N.H. 78, 489 A.2d 606(1985).
State v. Finnell, 101 N.M. 732, 688 P.2d 769(1984).
State v. Fletcher, 322 N.C. 415, 368 S.E.2d 633(1988).
State v. Follin, 263 Kan. 28, 947 P.2d 8(1997).
State v. Foster, 202 Conn. 520, 522 A.2d 277(1987).
State v. Foster, 91 Wash.2d 466, 589 P.2d 789(1979).

State v. Gallagher, 191 Conn. 433, 465 A.2d 323(1983).
State v. Gartland, 304 Mo. 87, 263 S.W. 165(1924).
State v. Garza, 259 Kan. 826, 916 P.2d 9(1996).
State v. George, 20 Del. 57, 54 A. 745(1902).
State v. Gish, 17 Idaho 341, 393 P.2d 342(1964).
State v. Goodall, 407 A.2d 268(Me.1979).
State v. Goodenow, 65 Me. 30(1876).
State v. Gray, 221 Conn. 713, 607 A.2d 391(1992).
280 State v. Great Works Mill. & Mfg. Co., 20 Me. 41, 37 Am.Dec.38(1841).
State v. Hadley, 65 Utah 109, 234 P. 940(1925).
State v. Harris, 222 N.W.2d 462(Iowa 1974).
State v. Hastings, 118 Idaho 854, 801 P.2d 563(1990).
State v. Havican, 213 Conn. 593, 569 A.2d 1089(1990).
State v. Herro, 120 Ariz. 604, 587 P.2d 1181(1978).
State v. Hinkle, 200 W.Va. 280, 489 S.E.2d 257(1996).
State v. Hobbs, 252 Iowa 432, 107 N.W.2d 238(1961).
State v. Hooker, 17 Vt. 658(1845).
State v. Hopkins, 147 Wash. 198, 265 P. 481(1928).
State v. Howley, 128 Idaho 874, 920 P.2d 391(1996).
State v. I. & M. Amusements, Inc., 10 Ohio App.2d 153, 226 N.E.2d 567 (1966).
State v. J.P.S., 135 Wash.2d 34, 954 P.2d 894(1998).
State v. Jackson, 137 Wash.2d 712, 976 P.2d 1229(1999).
State v. Jackson, 346 Mo. 474, 142 S.W.2d 45(1940).
State v. Jacobs, 371 So.2d 801(La.1979).
State v. Jenner, 451 N.W.2d 710(S.D.1990).
State v. Johnson, 233 Wis. 668, 290 N.W. 159(1940).
State v. Kaiser, 260 Kan. 235, 918 P.2d 629(1996).
State v. Kee, 398 A.2d 384(Me.1979).
State v. Labato, 7 N.J. 137, 80 A.2d 617(1951).
State v. Lawrence, 97 N.C. 492, 2 S.E. 367(1887).
State v. Linscott, 520 A.2d 1067(Me.1987).
State v. Lockhart, 208 W.Va. 622, 542 S.E.2d 443(2000).
State v. Lucas, 55 Iowa 321, 7 N.W. 583(1880).
State v. Marley, 54Haw. 450, 509 P.2d 1095(1973).
State v. Martin, 119 N.J. 2, 573 A.2d 1359(1990).
State v. McDowell, 312 N.W.2d 301(N.D. 1981).
State v. Mendoza, 709 A.2d 1030(R.I.1998).
State v. Mishne, 427 A.2d 450(Me.1981).
State v. Molin, 288 N.W.2d 232(Minn.1979).
State v. Moore, 158 N.J. 292, 729 A.2d 1021(1999).
State v. Murphy, 674 P.2d 1220(Utah.1983).

State v. Nargashian, 26 R.I. 299, 58 A. 953(1904).
State v. Nelson, 329 N.W.2d 643(Iowa 1983).
State v. Neuzil, 589 N.W.2d 708(Iowa 1999).
State v. Nickelson, 45 La.Ann. 1172, 14 So. 134(1893).
State v. Pereira, 72 Conn. App. 545, 805 A.2d 787(2002).
State v. Pincus, 41 N.J.Super. 454, 125 A.2d 420(1956).
State v. Reed, 205 Neb. 45, 286 N.W.2d 111(1979).
State v. Reese, 272 N.W.2d 863(Iowa 1978).
State v. Robinson, 132 Ohio App.3d 830, 726 N.E.2d 581(1999).
State v. Robinson, 20 W.Va. 713, 43 Am.Rep. 799(1882).
State v. Rocheville, 310 S.C. 20, 425 S.E.2d 32(1993).
State v. Rocker, 52Haw. 336, 475 P.2d 684(1970).
State v. Runkles, 605 A.2d 111, 121(Md. 1992). 281
State v. Sargent, 156 Vt. 463, 594 A.2d 401(1991).
State v. Sasse, 6 S.D. 212, 60 N.W. 853(1894).
State v. Sawyer, 95 Conn. 34, 110 A. 461(1920).
State v. Schulz, 55 Ia. 628(1881).
State v. Sexton, 160 N.J. 93, 733 A.2d 1125(1999).
State v. Sheedy, 125 N.H. 108, 480 A.2d 887(1984).
State v. Silva-Baltazar, 125 Wash.2d 472, 886 P.2d 138(1994).
State v. Silveira, 198 Conn. 454, 503 A.2d 599(1986).
State v. Smith, 170 Wis.2d 701, 490 N.W.2d 40(App.1992).
State v. Smith, 219 N.W.2d 655(Iowa 1974).
State v. Smith, 260 Or. 349, 490 P.2d 1262(1971).
State v. Stepniewski, 105 Wis.2d 261, 314 N.W.2d 98(1982).
State v. Stewart, 624 N.W.2d 585(Minn.2001).
State v. Stoehr, 134 Wis.2d 66, 396 N.W.2d 177(1986).
State v. Striggles, 202 Iowa 1318, 210 N.W. 137(1926).
State v. Strong, 294 N.W.2d 319(Minn.1980).
State v. Thomas, 619 S.W.2d 513, 514(Tenn. 1981).
State v. Torphy, 78 Mo.App. 206(1899).
State v. Torres, 495 N.W.2d 678(1993).
State v. Totman, 80 Mo.App. 125(1899).
State v. VanTreese, 198 Iowa 984, 200 N.W. 570(1924).
State v. Warshow, 138 Vt. 22, 410 A.2d 1000(1979).
State v. Welsh, 8 Wash.App. 719, 508 P.2d 1041(1973).
State v. Wenger, 58 Ohio St.2d 336, 390 N.E.2d 801(1979).
State v. Whitman, 116 Fla. 196, 156 So. 705(1934).
State v. Whitoomb, 52 Iowa 85, 2 N.W. 970(1879).
State v. Wilchinski, 242 Conn. 211, 700 A.2d 1(1997).
State v. Wilson, 267 Kan. 550, 987 P.2d 1060(1999).
State v. Wyatt, 198 W.Va. 530, 482 S.E.2d 147(1996).

Stein v. State, 37 Ala. 123(1861).
Stephens, [1866] 1 Q.B. 702.
Stratford-upon-Avon Corporation, (1811) 14 East 348, 104 E.R. 636.
Studstill v. State, 7 Ga. 2(1849).
Sweet v. Parsley, [1970] A.C. 132, [1969] 1 All E.R. 347, [1969] 2 W.L.R. 470, 133 J.P. 188, 53 Cr. App. Rep. 221, 209 E.G. 703, [1969] E.G. D. 123.

Tate v.Commonwealth, 258 Ky.685, 80 S.W.2d 817(1935).
Taylor v. State, 158 Miss. 505, 130 So. 502(1930).
Texaco Inc. v. Short, 454 U.S. 516, 102 S.Ct. 781, 70 L.Ed.2d 738(1982).
Thomas, (1837) 7 Car. & P. 817, 173 E.R. 356.
Thompson v.State, 44 S.W.3d 171(Tex.App.2001).
Thompson v. United States, 348 F.Supp.2d 398(2005).
Tift v. State, 17 Ga.App. 663, 88 S.E. 41(1916).
282 Treacy v. Director of Public Prosecutions, [1971] A.C. 537, 559, [1971] 1 All E.R. 110, [1971] 2 W.L.R. 112, 55 Cr. App. Rep. 113, 135 J.P. 112.
Tully v. State, 730 P.2d 1206(Okl.Crim.App.1986).
Turberwill v. Stamp, (1697) Skinner 681, 90 E.R. 303.
In re Tyvonne, 211 Conn. 151, 558 A.2d 661(1989).

United States v. Alaska Packers' Association, 1 Alaska 217(1901).
United States v. Albertini, 830 F.2d 985(9th Cir.1987).
United States v. Allegheny Bottling Company, 695 F.Supp. 856(1988).
United States v. Andrews, 75 F.3d 552(9th Cir.1996).
United States v. Arthurs, 73 F.3d 444(1st Cir.1996).
United States v. Bailey, 444 U.S. 394, 100 S.Ct. 624, 62 L.Ed.2d 575(1980).
United States v. Bakhtiari, 913 F.2d 1053(2nd Cir.1990).
United States v. Bryan, 483 F.2d 88, 92(3d Cir. 1973).
United States v. Buber, 62 M.J. 476(2006).
United States v. Calley, 48 C.M.R. 19, 22 U.S.C.M.A. 534(1973).
United States v. Campbell, 675 F.2d 815(6th Cir.1982).
United States v. Carter, 311 F.2d 934(6th Cir.1963).
United States v. Chandler, 393 F.2d 920(4th Cir.1968).
United States v. Contento-Pachon, 723 F.2d 691(9th Cir.1984).
United States v. Currens, 290 F.2d 751(3rd Cir.1961).
United States v. Doe, 136 F.3d 631(9th Cir.1998).
United States v. Dominguez-Ochoa, 386 F.3d 639(2004).
United States v. Dorrell, 758 F.2d 427(9th Cir.1985).
United States v. Dye Construction Co., 510 F.2d 78(10th Cir.1975).
United States v. Freeman, 25 Fed.Cas. 1208(1827).
United States v. Freeman, 357 F.2d 606(2nd Cir.1966).

United States v. Gomez, 81 F.3d 846(9th Cir.1996).
United States v. Greer, 467 F.2d 1064(7th Cir.1972).
United States v. Hanousek, 176 F.3d 1116(9th Cir.1999).
United States v. Heredia, 483 F.3d 913(2006).
United States v. Holmes, 26 F.Cas. 360, 1 Wall. Jr. 1(1842).
United States v. Jewell, 532 F.2d 697(9th Cir.1976).
United States v. John Kelso Co., 86 F. 304(Cal.1898).
United States v. Johnson, 956 F.2d 894(9th Cir.1992).
United States v. Kabat, 797 F.2d 580(8th Cir.1986).
United States v. Ladish Malting Co., 135 F.3d 484(7th Cir.1998).
United States v. LaFleur, 971 F.2d 200(9th Cir.1991).
United States v. Lampkins, 4 U.S.C.M.A. 31, 15 C.M.R. 31(1954). 283
United States v. Lee, 694 F.2d 649(11th Cir.1983).
United States v. Mancuso, 139 F.2d 90(3rd Cir.1943).
United States v. Maxwell, 254 F.3d 21(1st Cir.2001).
United States v. Meyers, 906 F. Supp. 1494(1995).
United States v. Moore, 486 F.2d 1139(D.C.Cir.1973).
United States v. Oakland Cannabis Buyers' Cooperative, 532 U.S. 483, 121 S.Ct. 1711, 149 L.Ed.2d 722(2001).
United States v. Paolello, 951 F.2d 537(3rd Cir.1991).
United States v. Pomponio, 429 U.S. 10, 97 S.Ct. 22, 50 L.Ed.2d 12(1976).
United States v. Powell, 929 F.2d 724(D.C.Cir.1991).
United States v. Quaintance, 471 F. Supp.2d 1153(2006).
United States v. Ramon-Rodriguez, 492 F.3d 930(2007).
United States v. Randall, 104 Wash.D.C.Rep. 2249(D.C.Super.1976).
United States v. Randolph, 93 F.3d 656(9th Cir.1996).
United States v. Robertson, 33 M.J. 832(1991).
United States v. Ruffin, 613 F.2d 408(2d Cir. 1979).
United States v. Shapiro, 383 F.2d 680(7th Cir.1967).
United States v. Smith, 404 F.2d 720(6th Cir.1968).
United States v. Spinney, 65 F.3d 231(1st Cir.1995).
United States v. Sued-Jimenez, 275 F.3d 1(1st Cir.2001).
United States v. Thompson-Powell Drilling Co., 196 F. Supp. 571 (N. D. Tex. 1961).
United States v. Tobon-Builes, 706 F.2d 1092(11th Cir. 1983).
United States v. Torres, 977 F.2d 321(7th Cir.1992).
United States v. Warner, 28 Fed.Cas. 404, 6 W.L.J. 255, 4 McLean 463(1848).
United States v. Wert-Ruiz, 228 F.3d 250(3rd Cir.2000).
United States v. Youts, 229 F.3d 1312(10th Cir.2000).

Vantandillo, (1815) 4 M. & S. 73, 105 E.R. 762.
Vaux, (1613) 1 Blustrode 197, 80 E.R. 885.

Virgin Islands v. Joyce, 210 F. App. 208(2006).

Walter, (1799) 3 Esp. 21, 170 E.R. 524.
Webb, [2006] E.W.C.A. Crim. 2496, [2007] All E.R.(D) 406.
In re Welfare of C.R.M., 611 N.W.2d 802(Minn.2000).
Wheatley v. Commonwealth, 26 Ky.L.Rep. 436, 81 S.W. 687(1904).
Wieland v. State, 101 Md. App. 1, 643 A.2d 446(1994).
Wilkerson v. Utah, 99 U.S.(9 Otto) 130, 25 L.Ed. 345(1878).
Willet v. Commonwealth, 76 Ky. 230(1877).
Williams v. State, 70 Ga.App. 10, 27 S.E.2d 109(1943).
Williamson, (1807) 3 Car. & P. 635, 172 E.R. 579.
284 Wilson v. State, 24 S.W. 409(Tex.Crim.App.1893).
Wilson v. State, 777 S.W.2d 823(Tex.App.1989).
In re Winship, 397 U.S. 358, 90 S.Ct. 1068, 25L.Ed.2d 368(1970).
Woodrow, (1846) 15 M. & W. 404, 153 E.R. 907.

索引

A

B

C

D

H

I

J

K

L

M

N

O

P

Q

R

S

T

U

V

W

Z

译后记

问题不是制造会爱的机器人。

真正的问题是：人类能不能爱他们？

史蒂文·斯皮尔伯格，《人工智能(AJ)》，华纳兄弟电影公司，2001年。

埃隆·马斯克曾经叹言："对于人工智能的研究就仿佛是在召唤一个恶魔。" 面对恶魔，刑法当之无愧是现代人类社会最重要的社会控制工具之一。以色列奥诺学院法学院哈列维教授是国际社会中较早关注人工智能刑法问题的法学专家，他的文章和著作在全球学术界已经产生了非常广泛的影响，引发了各位专业人士的探讨热潮。本书是哈列维教授关于该主题的最新力作，目前市场上还没有英文版，全球首发便是这本中文版。

非常荣幸能够承担本书的翻译工作。这本翻译的缘起全部得益于刘宪权教授的指引。2017年年底，承蒙刘宪权教授不弃，得以在刘老师指导下从事博士后研究工作。其间，刘老师早已在国内率先开辟人工智能刑事责任研究，并已初成体系。师生交流时，常会提及欧盟、美国相关学者的研究，其中哈列维教授的论著便经常被提及。2018年9月，经过刘老师的鼓励，我正式开始翻译准备工作。此时，我们想要翻译的是哈列维教授2013年出版的 When Robots Kill：Artificial Intelligence under Criminal Law。待与作者联系、交流和商讨之后，作者提议对此书进行最新修订，并于2019年1月拟定英文最新稿。这本翻译便以此最新版本为基础。

哈列维教授对于人工智能的刑法应对问题，答案十分明确。世界各国现有的刑法体系追究刑事责任都需满足事实要素和心理要素的要求。对这两种要素要求，人工智能都能符合相应要求，故而可以承担刑事责任。而且，对人工智能的刑事处罚，也同样可以涵盖死刑、自由刑、财产刑、社区服务、缓刑。当然，哈列维教授同时强调，人工智能实体承担刑事责任，并不减少涉案自然人的刑事责任。对于涉及人工智能犯罪的自然人，根据不同情况，可以通过间接正犯、可能的后果责任机制，来对其追究刑事责任。哈列维教授还对书中论述所用及的案例予以一一列举，便于读者对照、查询。

哈列维教授的论述既有简明细致的逻辑推理，又有真实典型的现实事例，还有全面系统的体系构建。本书虽然是刑法专业理论书籍，但丝毫不枯燥晦涩，反而活泼隽永，妙趣横生。相信只要是对人工智能的刑法应对问题的志趣之士，都能发现文中的饶有兴味之处，诚愿本书能为各位同好带来启发。

基于对自身语言基础和翻译经验的“迷之自信”，承揽本书翻译工作以来，方知责任之重大，一直诚惶诚恐，时刻默念“信、达、雅”三原则。然则，学术翻译尤能凸显“求其信已大难矣，顾信矣不达”之艰难。虽自知已竭尽心力，仍不免焦灼，及于翻译交稿之日，仍惴惴不安，唯怕亏欠于作者和各位读者。故此，真诚欢迎各位读者对翻译的不足、疏漏之处提出批评指正。若有任何意见和建议，敬请拨冗发送至如下邮箱 njuchenping@163.com，来信必复。

本书的翻译能够顺利完成，完全离不开各位师友亲人的帮助和支持。特别感谢恩师刘宪权教授，是刘老师引导我进入人工智能刑法问题的研究领域，深深折服于刘老师的现实敏感性、理论敏锐性和学术洞察力。没有刘老师的引荐，就没有本书翻译的出版。特别感谢本书作者哈列维教授，感谢哈列维教授的信任，感谢哈列维教授认真细致地为我解答疑问。没有哈列维教授的肯定，就没有本书翻译的出版。特别感谢上海人民出版社和编辑夏红梅老师。夏老师承担本次翻译的组织协调、审校等繁重工作。没有夏老师的辛劳，也不会有本书翻译的出版。最后，特别感谢我的家人，感谢他们的支持与理解，关键时刻给我自由，给我鼓励。没有他们的共同付出，也不会有本书翻译的出版。

路漫修远，志而求索。

是为记。

陈　萍

2019 年 5 月 16 日

于上海浦东

图书在版编目(CIP)数据

审判机器人/彭诚信主编；(以)加布里埃尔·哈列维(Gabriel Hallevy)著；陈萍译.—上海：上海人民出版社，2019
书名原文：Criminal robots：Artificial intelligence and criminal law
ISBN 978-7-208-15976-1

Ⅰ.①审… Ⅱ.①彭… ②加… ③陈… Ⅲ.①人工智能-刑事责任-研究 Ⅳ.①D912.174

中国版本图书馆CIP数据核字(2019)第146178号

策　　划　曹培雷　苏贻鸣
责任编辑　夏红梅
封面设计　孙　康

审判机器人
[以]加布里埃尔·哈列维 著
陈　萍 译

出　　版　上海人民出版社
　　　　　(200001　上海福建中路193号)
发　　行　上海人民出版社发行中心
印　　刷　常熟市新骅印刷有限公司
开　　本　635×965　1/16
印　　张　18.75
插　　页　2
字　　数　236,000
版　　次　2019年8月第1版
印　　次　2019年8月第1次印刷
ISBN 978-7-208-15976-1/D·3450
定　　价　68.00元

“独角兽法学精品”书目

《美国法律故事:辛普森何以逍遥法外?》
《费城抉择:美国制宪会议始末》
《改变美国——25 个最高法院案例》
《人工智能:刑法的时代挑战》
《链之以法:区块链值得信任吗?》
《上海法制史(第二版)》
《人工智能时代的刑法观》

人工智能

《机器人是人吗?》
《谁为机器人的行为负责?》
《人工智能与法律的对话》
《机器人的话语权》
《审判机器人》
《批判区块链》

海外法学译丛

《美国合同法案例精解(第 6 版)》
《美国法律体系(第 4 版)》
《正义的直觉》
《失义的刑法》
《死刑——起源、历史及其牺牲品》

德国当代经济法学名著

《德国劳动法(第 11 版)》
《德国资合公司法(第 6 版)》